LES DRAMES INCONNUS

Paris. — IMP. DE LA LIBRAIRIE NOUVELLE. — A. Delcambre, 15, rue Bleda.

FRÉDÉRIC SOULIÉ

(ŒUVRES COMPLÈTES)

LES DRAMES

INCONNUS

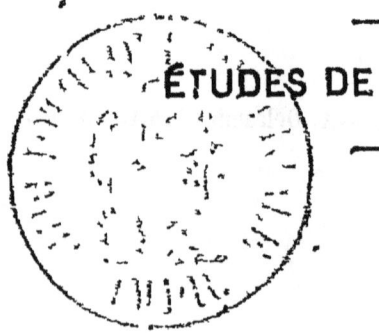

ÉTUDES DE LA VIE SOCIALE

TOME PREMIER

PARIS
LIBRAIRIE NOUVELLE
BOULEVARD DES ITALIENS, 15, EN FACE DE LA MAISON DORÉE

La traduction et la reproduction sont réservées

1857

ENVOI A M. THÉODORE HAUMAN

EN RUSSIE

> « Ceci étant un livre vrai, n'a pas besoin
> » d'être un livre vraisemblable. »

Paris, le 15 février 1844.

Mon cher Hauman,

Vous vous rappelez cette soirée que nous passâmes il y a quatre ans chez madame D... et qui fut troublée par une scène qui scandalisa singulièrement l'assemblée. Vous n'avez pas oublié quelle curiosité excita en vous l'homme dont les rudes apostrophes amenèrent cette scène. Vous me demandâtes son nom; je vous dis qu'il s'appelait Michel Meylan : et la célébrité de l'artiste vous fit désirer de connaître plus particulièrement l'histoire de l'homme. Je vous appris alors, non point ce que le monde en savait, mais ce qu'il en racontait, et je vous promis, si jamais je pénétrais plus avant dans le mystère d'une existence qui a été trop curieusement observée pour ne pas être calomniée, je vous promis, dis-je, de vous faire part de ce que j'apprendrais de lui.

Quelques jours après la scène dont je viens de vous parler, j'aurais pu satisfaire votre curiosité; car ce que j'avais espéré apprendre par moi-même me fut confié par Michel Meylan en personne. En effet, il vint chez moi avec une liasse de papiers.

— Mon ami, me dit-il, la discussion qui a eu lieu il y a quinze jours chez madame D... m'a valu une lettre que je veux que vous gardiez. Voici maintenant la réponse que je lui ai faite et le manuscrit que je joins à cette réponse. La femme à qui je les adresse est une de celles à qui leur vertu devrait donner le courage de la justice; mais elle est dominée par un entourage de prêtres et de Madeleines réformées qui lui défendront, sous peine de damnation éternelle, de laisser connaître au monde une seule des lignes que je lui écris. Tout ceci sera probablement condamné au feu

1

par celle à qui je le confie; et cependant, je ne sais pourquoi il me semble qu'un jour viendra où je voudrais que cette justification, qui aujourd'hui n'est que pour elle, fût écrite et connue de tous.

— N'êtes-vous pas le maître, lui dis-je, de la publier quand vous croyez en avoir besoin?

— Ce jour-là, me répondit-il d'un ton accablé, je ne serai plus de ce monde.

— Vous! lui dis-je en l'examinant avec inquiétude. Car Michel Meylan n'était point un de ces diseurs de phrases vides qui jouent de petites scènes de douleur factice.

Il comprit mon regard et me répondit en souriant :

— Oh! ne vous imaginez rien de sinistre, mon ami. Je n'ai aucune envie de me brûler la cervelle, je me porte fort bien; mais j'ai une maladie qui me tuera, je le sens : je m'ennuie.

Je voulus rire.

— Moi aussi, reprit-il doucement, j'ai trouvé les prétentions au spleen une chose fort ridicule; mais depuis que je suis sous l'influence de cette étrange disposition, elle me fait peur. A aucune époque de ma vie je n'ai recherché le monde avec plus d'empressement qu'aujourd'hui; jamais je n'ai tant essayé de ce remède tout-puissant qu'on appelle la distraction. Je ne hais point la vie, je me sens la tête pleine, et il me semble qu'il y reste encore la meilleure part de ce que Dieu m'a donné d'idées. Mais j'ai le cœur mort, ou plutôt, et c'est une chose que je ne puis vous dire autrement, il me semble que j'ai la poitrine vide : rien n'y bat, rien ne s'y agite, rien ne s'y émeut. Vous savez pourquoi, vous!

Michel resta silencieux; je voulus lui parler, il secoua doucement la tête et reprit aussitôt :

— Le temps viendra-t-il à mon aide? Je ne sais .. mais enfin, si je dois m'en aller, et qu'après ma mort il arrive qu'on jette sur mon nom un de ces blâmes sans pitié et sans réflexion qui salissent toute l'existence d'un homme, défendez ma tombe, je vous en prie. Ce manuscrit que je vous remets est l'histoire de ma vie.

Il s'arrêta en rêvant.

— Oui, reprit-il avec un profond soupir, c'est l'histoire de ma vie, quoique je n'y joue qu'un bien petit rôle. Mais c'est dans les événements dont cette histoire se compose que j'ai appris la vie, et voilà ce qui a peut-être rendu la mienne si dédaigneuse de ce qui fait le bonheur des autres; c'est ce qui m'a fait mépriser également le bien et le mal, comme les entend la société. Ce manuscrit ne me justifiera aux yeux de personne, mais il m'expliquera à quelques amis. Vous souriez... ajouta Michel. Vous pensez que je fais de la prétention et que je me pose en esprit et en cœur méconnus et incompris!... Nous sommes un peuple de sots et de singes. On imite tout chez nous, même la douleur, même le désespoir, même l'ennui, et l'on en fait ainsi des ridicules. Je vous parais impertinent d'être triste avec tout ce qui fait la joie des autres.

— Non, lui dis-je, et je n'ai pas besoin de savoir comment vous avez vécu pour comprendre comment vous avez pu beaucoup souffrir.

— Lisez donc ce manuscrit; vous y verrez ce qui m'a gâté le cœur; faites-en faire une copie, et gardez-la. Je vous laisse le soin de décider ce que vous devez en laisser connaître. Quand vous aurez cette copie, obligez-moi de remettre tout ceci à ma marraine, la comtesse de L...

Michel me quitta après cet entretien, et partit, à ce qu'il me dit à moi et à ses amis, pour Florence. Depuis ce temps, aucun de nous n'a reçu de ses nouvelles.

Est-il mort de cet ennui qui avait dompté cette âme si chaude, ce caractère si absolu? S'est-il retiré dans quelques-uns de ces asiles religieux qui manquent à la France et que l'Italie ouvre encore aux esprits lassés, aux cœurs malades? Nous n'avons pu le savoir, et nous sommes tous à nous demander ce qu'est devenu notre ami.

J'ai raconté à quelques-uns de ceux qui l'ont aimé comme moi, la dernière entrevue que j'ai eue avec lui; je leur ai montré le dépôt qu'il m'a confié, et tous ont été d'avis que je devais publier le manuscrit de Michel Meylan. Pour les uns, cette publication est une réponse aux bruits absurdes qu'on a fait courir sur sa disparition; pour d'autres, c'est un moyen de faire pénétrer notre souvenir dans la solitude où nous espérons qu'il s'est enfermé, et de l'arracher peut-être à son désespoir. Les cent mille feuilles du journal qui veut bien se charger de cette publication volent de Paris aux extrémités du monde. L'une d'elles arrivera jusqu'à lui; si ce n'est celle d'aujourd'hui, ce sera celle de demain. Elle lui dira qu'il y a une pensée qui veille sur son souvenir, et peut-être y répondra-t-il. C'est là notre seule espérance.

Du reste, j'ai une telle foi dans l'excellence du procédé

dont je me sers pour arriver jusqu'à lui, que je l'emploie pour vous, mon ami, bien assuré que ma lettre vous atteindra dans quelque partie que vous soyez, soit de l'Allemagne, soit de ce vaste empire de la Russie que vous parcourez, votre loyal violon à la main [1].

Ainsi donc, mon grand artiste vagabond, si vous trouvez les premières pages de ce livre à Berlin, allez ! les secondes sont à Vienne, les autres à Smolensk, la suite à Moscou, à Saint-Pétersbourg, à Odessa ; partout vous rencontrerez mon souvenir qui vous attend.

Ne trouvez-vous point que c'est une façon charmante et magnifique d'écrire ainsi à ses amis, et d'avoir pour messager cette feuille qui leur arrivera certainement partout où ils seront, même dans ce pays d'où Ovide écrivait : « Ici, c'est moi » qui suis le barbare, parce qu'ils ne me comprennent point. »

Du reste, ce malheur d'Ovide n'est point à redouter pour vous : la langue que vous parlez si supérieurement est universelle; et soit que vous chantiez sur votre violon les plaintes de Ravenswood ou le désespoir de Guido, au fond du golfe de Finlande ou sur les rives du Pont-Euxin, partout vous trouverez des oreilles intelligentes, des cœurs sympathiques et des mains pleines d'applaudissements pour battre aux champs à votre bienvenue.

Si, parmi tous vos beaux triomphes, vous gardez une heure pour lire ce que je vous envoie et pour penser à ceux qui vous aiment et qui vous attendent, j'aurai réussi autant que je le veux. Adieu donc, et à la garde de Dieu.

Votre ami,

FRÉDÉRIC SOULIÉ.

P. S. Peut-être, en lisant ce récit, trouverez-vous que c'est moins là l'histoire de Meylan que celle des gens au milieu desquels il a commencé sa vie. Mais s'il est vrai que ce soient tous ces bizarres événements, toutes ces tristes révélations qui ont fait de lui ce qu'il a été, peut-être reconnaîtrez-vous que c'est la véritable histoire d'un homme que celle où l'on apprend l'éducation de son cœur, par conséquent le principe en vertu duquel il a vécu.

---

[1] Voir la date de cette lettre.

LES DRAMES INCONNUS

I

Correspondance de 1840

LETTRE DE LA COMTESSE DE L... A MICHEL MEYLAN

« Paris, 15 février 1840.

» Mon cher ami,

» Vous voilà arrivé à un âge plus que raisonnable. Malgré votre taille élancée, votre barbiche noire, vos cheveux soigneusement bouclés, vos gants Jouvin, vos bottes vernies, vos manchettes retroussées, malgré votre allure décidée et vos prétentions à franchir les haies d'une course au clocher, vous avez quarante ans bien sonnés. J'ai lieu de le savoir mieux que personne, car je suis votre marraine; et, si je ne me trompe, ce fut en février 1800 que je vous tins sur les fonts baptismaux.

» Vous savez combien je pris au sérieux ce titre de marraine; votre mère était morte, et votre père aimait trop le plaisir pour s'occuper convenablement de vous. D'ailleurs les hommes ne comprennent ni les besoins de l'enfance, ni ses petites douleurs, ni ses caprices turbulents. Ils ne voient dans les petits enfants qu'une matière animée, bruyante et indocile, gênante et incapable de les comprendre; en conséquence, ils livrent volontiers leurs fils à une direction mercenaire qui altère toujours la naïveté de leurs premières impressions, quand elle ne vicie pas leur nature.

» Ce n'est qu'au moment où les enfants atteignent l'âge des études qui séparent les hommes des femmes, que les pères pensent à leurs fils. Combien alors n'en est-il pas qui croient faire assez en prenant quelques centaines de francs sur leurs revenus, pour le envoyer dans un collège? Vous pouvez vous rappeler que j'eus peur pour vous de cet abandon, mon cher enfant (et ce nom que je vous donne n'est pas ridicule entre nous, car j'ai soixante ans, et, malgré votre âge, je vous vois si jeune et je me sens si vieille, qu'il me semble qu'il y a toujours entre nous la distance qui séparait la grave marraine de vingt-quatre ans du petit polisson qui lui volait son rouge pour peindre des soldats sur son cerf-volant), je vous demandai à votre père qui me fit payer par un discours plein de sentences morales le service que je lui rendais.

» Le jour où il vous amena chez moi avec votre nourrice, il allait souper chez mademoiselle C... avec la belle Cyprienne, et il me fut rapporté le lendemain avec un coup d'épée que lui avait donné, entre deux bougies, un certain émigré qui le trouva de mauvaise compagnie, parce qu'en discutant il criait sans être ivre.

» Mais je ne veux pas vous faire injure, mon cher Michel; en vous rappelant vos premières années, j'aurais l'air de croire que vous les avez oubliées. Vous êtes bon, vous êtes généreux, et vos actions le prouvent à qui peut les suivre dans la retraite où vous vous enfermez; vous ne pouvez donc être ingrat. Cependant je fais comme tous ceux qui ont une grave leçon à donner, je prends des biais, je commence par assurer le droit que j'ai de vous faire des remontrances; j'appelle à mon aide toutes les circonstances qui doivent justifier l'opportunité de cette leçon, et je vous caresse pour vous saisir à mon aise et pouvoir vous corriger vertement.

» Vous avez fait de nombreuses folies, et une, entre autres, assez éclatante pour vous exiler de la France pendant de longues années. Un mari tué en duel, une femme perdue, une famille désolée, sont des crimes que la loi ne punit pas et contre lesquels le monde doit par conséquent se montrer d'autant plus sévère. Vous le trouvâtes très-injuste, il y a dix ans, de ce qu'il se détourna de vous après ce fatal scandale, et, plutôt que de courber la tête, vous lui jetâtes un insolent défi.

» Retiré à Florence avec cette femme qu'il fallait laisser oublier, vous avez tout fait pour donner à cette malheureuse liaison un éclat insultant, pour couronner votre victime d'une triste célébrité. Tous les ans vous envoyiez dédaigneusement, du fond de votre exil, ces tableaux qui ont fait votre gloire et votre fortune, et il n'en est pas un dans lequel vous n'ayez placé cette figure adorée comme dominant toujours les autres, comme une protestation permanente contre la condamnation qui vous frappait tous deux. Le public battait des mains à vos toiles, mais pas une porte ne s'est ouverte pour accueillir la femme coupable, pas un cri approbateur ne vous a soutenu dans votre lutte.

» Voilà trois ans que la mort de cette femme a brisé cette chaîne, et vos anciens amis, fiers de vos succès, ravis de pouvoir vous retrouver, vous ont rappelé en tumulte. Leur enthousiasme vous a trompé, Michel, et vous êtes rentré dans votre pays la tête haute comme un vainqueur; c'est une faute dont ils sont coupables, et qui cependant ne pèsera que sur vous, croyez-moi : la mort a fait cesser le combat, mais elle ne vous a pas donné la victoire ; on vous pardonne le passé, mais on jugera d'autant plus sévèrement l'avenir. Jamais le monde n'abdiquera ses droits pour un homme, quelque célèbre et quelque puissant qu'il soit. Il prendra de vous le grand artiste, le peintre audacieux et fécond; il vous regardera avec curiosité, vous applaudira avec transport; mais la considération calme et pure qu'il accorde à l'honnête homme de famille, les joies du foyer, les affections fraternelles de la vie domestique, l'intimité sainte où la douleur est accueillie par de douces pitiés et le bonheur par des sourires heureux, toutes ces choses qui sont la vie réelle du cœur, il vous les refusera implacablement. Vous aurez une place élevée dans toutes les fêtes publiques, et vous y trônerez; mais vous n'aurez pas un coin au feu d'une chaste maison... Vous aurez la foule avec vous tant que vous réussirez, mais vous serez seul le jour où vous aurez besoin de pleurer.

» Mon enfant, mon cher enfant, prenez garde, je vous en supplie; mesurez sagement et d'un œil calme le chemin que vous allez prendre... vous me faites peur, et je vous écris sous l'émotion de la scène qui s'est passée hier chez madame D... Mon cher Michel, pour tout autre que pour vous, les paroles que vous avez prononcées hier eussent été sans conséquence; elles ont été d'une portée fâcheuse dans votre bouche; elles ont tourné contre vous et contre la personne que vous avez voulu défendre. Dites-moi, je vous prie, pourquoi, au moment où monsieur Brunelle racontait si gaiement les mille aventures scandaleuses de madame Fazio, êtes-vous venu avec votre figure bistre, vos yeux noirs et jaunes, votre physionomie triste et maigre, dire d'un ton menaçant à monsieur Brunelle :

» — Cette femme vous a donc fait beaucoup de mal, monsieur?

» — Nullement, vous a-t-il répondu; elle est fort aimable, bonne femme, et lorsque je la rencontre dans le monde, elle est toute gracieuse pour moi.

» — Et c'est pour cela que vous la traînez si plaisamment dans la boue? lui avez-vous dit.

» L'apostrophe était due, mais peut-être n'y eût-on pas pris garde et l'eût-on attribuée à ces mouvements d'humeur sombre qui vous sont si familiers. Mais vous ne vous êtes pas arrêté là; et lorsque monsieur Brunelle vous a répondu « que s'il parlait de madame Fazio comme il le faisait, c'est parce qu'elle était au-dessous du mépris et qu'elle avait appartenu à qui l'avait désirée, » vous ne pouvez vous figurer de quel air furieux vous lui avez dit : « On doit savoir le nom de six au moins des amants d'une femme qui en a eu par centaines! » Et comme monsieur Brunelle n'a pu vous en nommer qu'un ou deux, vous vous êtes fait le défenseur de cette vertu méconnue; vous avez protesté contre la clameur publique qui flétrit justement le vice, et vous avez engagé une discussion qui eût pu finir par une affaire sérieuse, si monsieur Brunelle ne s'était retiré en homme de bonne compagnie.

» Et maintenant, quelle folle idée vous a pris de soutenir l'étrange thèse que vous avez adoptée. Que vous importe ce qu'on dit de madame Fazio? Ou plutôt, ce que l'on a raconté après votre départ serait-il vrai, et n'auriez-vous fait que défendre votre nouvelle maîtresse?

» O Michel! mon enfant, où allez-vous? Ce que la fougue de l'âge a pu vous faire pardonner une fois serait considéré aujourd'hui comme une faute irréparable. Si vous saviez avec quel chagrin j'ai écouté les jugements qu'on a portés sur vous! On a parlé de vice invétéré, d'hommes en qui sont morts tous les principes de la saine morale. Que vous dirai-je? j'ai été désolée.

» Je vous en conjure, oubliez tous ces ressentiments qui vous ont égaré, revenez au respect des lois vulgaires de l'honnêteté; fuyez ce monde pervers où vous avez trop vécu, abandonnez ces odieux paradoxes que notre littérature moderne a trop longtemps soutenus, et qui prêtent au vice une auréole d'intérêt qui le rend charmant pour les imaginations corrompues. Je suis vieille, j'ai donc le droit de vous conseiller; je vous aime, et ce droit devient un devoir pour moi. Répondez-moi, je suis sûre que vous vous justifierez, et alors j'oserai vous défendre mieux que je ne l'ai fait.

» A vous de cœur, *quand même*.

» Comtesse DE L... »

LETTRE DE MICHEL MEYLAN A MADAME LA COMTESSE DE L...

« Madame et chère marraine,

» Votre lettre m'a surpris et m'a fait du bien. Le blâme qu'elle me jette m'a attristé, mais je l'ai presque oublié en voyant que quelqu'un m'aimait encore en ce monde. Cependant vous avez fait de mon cœur, en me rappelant celle qui n'est plus, comme un ami a fait hier de ma main : il la pressait avec chaleur, sans s'apercevoir qu'il la brisait avec l'anneau que je porte à mon doigt. Quoi qu'il en soit, vous ne vous êtes pas trompée; vous me demandez une justification et je vous l'envoie.

» Pour ce qui regarde personnellement madame Fazio, ma réponse est simple : je ne la connais pas et je ne l'ai jamais vue. Pour ce qui peut être du sentiment qui a dicté ma sortie contre monsieur Brunelle, mon histoire seule pourrait vous expliquer cette étrange contradiction de mon cœur. En effet, avec peu d'estime pour les femmes, je ne sais pourquoi je suis toujours prêt à donner un démenti à celui qui les accuse. Ce que j'ai fait pour madame Fazio, je l'eusse fait pour toute autre dont on eût mal parlé. Non, madame, ce n'est point sous l'impression d'une nouvelle passion que je me suis emporté contre monsieur Brunelle; c'est parce qu'au moment où j'ai considéré cet homme avec sa face blafarde et jaune, ses cheveux plats, sa voix nasillarde et traînante, son œil fauve et bas, il m'a rappelé un misérable qui m'a fait plus de mal que vous ne pouvez le croire. C'est que monsieur Brunelle a remué en moi un souvenir terrible et fatal. C'est qu'il a fait vibrer dans mon âme une douleur qui s'y cache depuis vingt ans. C'est qu'il m'a remis sous l'empire de la funeste pensée qui m'a peut-être poussé à toutes les folies que vous me reprochez, sous l'empire de la pensée qui m'a fait engager cette lutte que j'avais espérée plus longue, et que la mort a finie sans que j'en fusse lassé; de la pensée enfin qui m'a donné cette humeur chagrine qui me dévore, et cet amour de la retraite où j'ai abrité le peu d'affections que j'ai trouvées ici-bas. C'est qu'il a agité en moi un remords que vingt ans de repentir n'ont pu effacer. C'est qu'enfin, madame, en défendant cette madame Fazio que je ne connais pas, j'ai peut-être tenu un serment fait sur une tombe fermée depuis longtemps... Car ma vie est pleine de tristesse, et lorsque je regarde dans mon passé, j'y trouve peu de souvenirs qui n'y soient marqués par un sépulcre.

» Si j'ai eu tort, c'est d'avoir répondu à un homme comme monsieur Brunelle. Cet homme s'est retiré parce qu'il est un lâche, et non point parce qu'il est un homme de bonne compagnie. Je comprends la médisance contre les femmes dans la bouche des femmes : la jalousie lui donne une excuse; mais l'homme qui salit avec cet excès une femme, quelle qu'elle soit, une femme qui a un mari, une famille, des enfants, cet homme est abominable à mes yeux.

» Du reste, et pour répondre à une phrase de votre lettre, je dis que si le vice n'avait pas, plus encore que ses joyeux conteurs, ses auditeurs empressés, il serait moins redoutable, car il mourrait dans l'obscurité. La littérature lui a prêté, dites-vous, des charmes décevants : c'est possible; mais elle n'a pas fait que le monde se plaise à ces récits et qu'il les accueille de toutes ses oreilles. J'en appelle à vous-même : n'est-il pas vrai que jamais conversation n'est plus avidement écoutée, plus ardemment entourée que lorsqu'elle roule sur des scandales ? Il est juste d'avouer que le cercle se récrie et que la lèvre des bégueules hypocrites s'allonge en moue dédaigneuse; il faut reconnaître aussi que chacun laisse tomber pour sa justification une sainte parole de mépris sur les femmes qu'on vient d'immoler à la méchanceté universelle, au besoin de s'entretenir du vice et des vicieux. Il faut dire, enfin, que tout le monde s'absout courageusement du plaisir que fait la médisance en crachant sur la victime. Est-ce en cela que la société est plus morale que la littérature ? Je le veux bien.

» Mais quant à moi, madame, je vous l'avoue, j'ai été trop longtemps exilé du monde (comme vous dites) pour ne pas m'y trouver mal placé. Je ne le comprends plus. Flagellé, insulté, repoussé par lui pour une femme à laquelle il n'a manqué qu'une position et pas une vertu, pas un sacrifice, pas un dévouement, j'ai cru, en rentrant dans ce monde si sévère et si insolent, j'ai cru naïvement que j'allais pénétrer dans un sanctuaire immaculé, blanc, pur, sérieux, chaste et tout peuplé d'honnêtes sentiments. O madame, qu'ai-je vu ?... A la vérité, ce monde est merveilleusement doré d'hypocrisie et de mensonge; mais lorsque j'ai voulu voir au delà de cette superficie brillante, quand j'ai gratté du bout de l'ongle tous ces plâtres peints à la vertu, j'ai trouvé bien vite dans ce monde régulier une corruption plus profonde que dans le désordre le plus éhonté.

» Pardonnez-moi ce que je vais vous dire, madame; mais si jamais je rencontre madame Fazio, je la saluerai plus respectueusement que je ne ferais pour aucune de ces femmes qui l'ont si indignement traitée hier. En effet, pour elle, la chance possible est qu'elle vaille mieux que ce qu'on en dit, tandis que pour celles que l'on ménage, la chance certaine c'est qu'elles valent moins que ce qu'on en pense. D'ailleurs, s'il est vrai qu'un vice est un vice, je ne pourrai jamais admettre que deux vices fassent une vertu. Cependant, combien de fois le libertinage plus l'hypocrisie sont admis à ce titre dans vos salons ! Peut-être en chimie est-il vrai que deux poisons combinés fassent un breuvage salutaire, et peut-être le monde fait-il de la chimie morale : cela doit être, mais je n'y comprends rien. Voilà ce qui m'irrite, voilà ce qui m'a fait prendre le parti de madame Fazio, voilà ce qui me fait vous dire un mot qui vous surprendra encore plus étrangement que tout ce que je viens de vous dire : c'est que je souhaite pour elle que madame Fazio soit ce qu'on en a dit ; car, s'il en était autrement, un jour peut venir où quelqu'un lui répétera ce qu'on pense d'elle, et peut-être alors lui arriverait-il ce qui est arrivé à la femme dont je veux vous raconter l'histoire. Si ce récit me justifie à vos yeux, il aura atteint le seul but que je recherche. Quant à ce que le monde peut dire de mon *don-quichottisme* en faveur de certaines femmes, je ne m'en soucie nullement. Le monde a eu sa part de ma vie, qu'il la déchire à son aise !

» Demain je retourne à Florence ; dans quelques jours, je serai dans cet atelier maintenant solitaire et auquel manque sa muse. C'est là le coin où je pleurerai, madame, si jamais je pleure ; mais c'est de là aussi que je parlerai au monde par mon pinceau et dans la langue des arts. Je ne sais pas celle qu'il parle du bout des lèvres, et il rirait de celle qui sortirait de mon cœur.

» Agréez, madame et amie, etc.

» Votre filleul,

» MICHEL MEYLAN.

» *P. S.* Je vous envoie ce manuscrit tel que je l'ai écrit il y a dix ans, quand je me donnais la peine de chercher à comprendre les hommes. C'est pour cela que vous y trouverez des analyses que je ne ferais plus maintenant. Je suis devenu trop indifférent à tout ce qui n'est pas mon art, pour chercher à connaître la raison des actions humaines. Je les vois et je les subis sans les expliquer, car elles ne m'intéressent plus. Cependant, vous y trouverez quelques réflexions que j'y ai ajoutées; car il y a eu des moments où en les relisant je me suis trouvé bien niais ou bien impertinent. Vous reconnaîtrez ces notes à la date qu'elles portent.

II

Manuscrit de 1829

VUE GÉNÉRALE PRISE DE MA FENÊTRE

J'avais vingt et un ans, c'était en 1821.

Après six mois de séjour à Bordeaux, mon père, nommé consul dans une des grandes villes du Levant, me ramena à Paris et m'y laissa pour faire mon droit. Par une singulière précaution, il m'avait fait louer un petit appartement rue de Provence, n° 3, à une bonne lieue de l'Ecole. En voici la raison. Ce que mon père craignait pour moi avant toute chose, c'était la vie d'estaminet et de bals champêtres qu'on mène au quartier latin : il préférait un cours manqué à une séance de billard, bien persuadé qu'avec un peu d'intelligence on apprend en deux mois ce que l'Université étale en trois années de redevances et de fainéantises. D'un autre côté, mon père me laissait dans un quartier où demeuraient quelques-uns de ses amis, dont la mai-

son m'était ouverte, et je me trouvais sous la surveillance
immédiate de monsieur Bonsenne, qui demeurait au n° 2
de la rue de Provence. Monsieur Bonsenne était le correspondant à qui mon père avait confié le soin de payer ma
pension et de se faire représenter mes certificats d'examen ;
c'était de plus un des vieux amis de ma famille, et sa sévérité avait paru à mon père le plus sûr moyen de main-
tenir les écarts probables de ma nature facile. Monsieur
Bonsenne avait cependant fait une triste expérience de sa
sévérité envers son propre fils, comme vous le verrez dans
le cours de ces souvenirs. Mais ces raisons de mon séjour à
Paris et du choix de ma demeure importent fort peu au
fond de ce récit, tandis qu'il serait difficile d'en comprendre
certaines circonstances si je ne donnais une description
exacte de la maison que j'habitais.

Le n° 3 de la rue de Provence occupe un carré long dont
le côté étroit est parallèle à la rue. La façade se compose
d'un bâtiment double en profondeur et élevé de quatre
étages. On entre dans la maison par une porte-cochère, et
l'escalier qui dessert ce principal corps de logis se trouve
à droite, à l'extrémité de la voûte et au ras de la cour.
Dans cette cour, et encore à droite, mais en retraite, s'é-
lève un second corps de logis simple en profondeur et qui
en occupe toute la longueur. L'escalier qui dessert ce second bâtiment également élevé de quatre étages est à son
centre, de façon que chacun de ces étages est divisé en
deux petits appartements assez mesquins. Cependant ceux
de ces appartements qui sont du côté du bâtiment principal ont un immense avantage, c'est d'avoir à la fois une
issue sur le grand escalier et une issue sur le petit escalier
dont je viens de parler. Le fond de la cour qui fait face à la rue
a aussi son petit corps de logis, haut seulement de deux
étages, et pourvu de son petit escalier. Tout le côté gauche
de la cour, à la considérer de l'entrée de la maison, est

occupé en partie par une légère construction appliquée au bâtiment principal et enfermant les cuisines de tous les grands appartements. Une disposition remarquable de cette construction, c'est que, bien qu'elle soit appuyée au bâtiment dont elle dépend, elle ne communique avec les appartements que par de petits balcons extérieurs qui occupent l'angle de la cour et qui vont de la salle à manger à la cuisine. Ces balcons sont couverts les uns par les autres; mais il a été impossible de les fermer, attendu qu'ils occupent le devant des croisées des salles à manger. Le reste de la cour, toujours du côté gauche, est clos par un mur de huit ou dix pieds, mitoyen avec une cour immense où se groupent tous les nombreux bâtiments du n° 33 du faubourg Montmartre, à l'extrémité desquels on aperçoit une file de maisons fuyant vers le boulevard.

Quant à moi, j'occupais l'appartement du second corps de logis de droite, du côté qui aboutit au fond de la cour. Si l'on a bien compris la description que je viens de faire, on doit voir que j'étais en face du mur mitoyen et que j'avais devant moi toute l'étendue de la cour voisine. J'avais à droite les deux petits appartements du fond de la cour; à gauche, tout à fait sur le côté et beaucoup plus loin, les croisées des salles à manger des grands appartements, en retour celles des cuisines, et dans l'angle les petits balcons dont j'ai parlé. Mon regard se glissait même assez avant sous la porte cochère, et, quand je le voulais bien, en me penchant un peu, personne ne pouvait entrer dans la maison sans passer sous mon inspection. J'avais donc un excellent poste pour observer la plupart de mes voisins, poste moins bon cependant que celui qui était placé au fond de la cour et qui avait vue sur mon corps de logis comme sur tous les autres.

J'ai pris possession de mon domicile, le 5 août 1821, de la manière suivante :

Mon père, arrivé avec moi à Paris à dix heures du soir, fit déposer mes malles dans mon appartement. Sa chaise de poste nous conduisit à l'hôtel des affaires étrangères, à la porte duquel j'attendis mon père pendant plus de deux heures que dura l'audience que lui accorda le ministre. Lorsqu'il sortit du ministère, il me parut à la fois soucieux et irrité. Je craignis que la réception qui lui avait été faite ne fût pas en raison de son mérite et de ses services, et je l'interrogeai.

— Il ne s'agit point de cela, me dit-il; mais il y avait ce soir réception chez le ministre, et pendant qu'il était dans son cabinet et que j'attendais, il s'est passé dans le salon une chose qui, sans m'être personnelle, m'a mis de fort mauvaise humeur.

— Qu'est-ce donc, mon père? lui dis-je.

— Rien, peut-être... peut-être aussi beaucoup.

J'étais fort curieux de connaître cet événement, mais je n'osais interroger mon père. Enfin, il se décida tout à coup à parler.

— Écoutez, me dit-il, ce n'est qu'une niaiserie, et cependant c'est toute l'histoire du monde. Il y avait dans le salon du ministre une certaine duchesse de... — le nom n'y fait rien.— C'est, je vous le garantis, la plus abominable femme que je sache; seulement elle a couvert ses crimes d'audace, d'hypocrisie et de mépris affecté pour les autres. On a annoncé la comtesse de... — je n'ai pas besoin de vous la nommer plus que l'autre. — Après avoir salué la femme du ministre, la comtesse passe devant la duchesse : jugez du scandale qu'a dû produire ceci. La duchesse a vivement porté son flacon à son nez; on lui a demandé ce qu'elle avait, et elle a répondu assez haut pour que dix personnes l'aient entendue : « Cette femme pue l'enfant mort!... »

— C'est assez sale, dis-je alors à mon père.

— Oh! me dit-il, c'est surtout abominable... après les bruits qui ont couru... c'est surtout abominable dans la bouche de celle qui l'a dit, car... Mais il est inutile de vous salir l'esprit de pareilles choses.

Je ne pressai point mon père : cette aventure et ce propos me semblèrent fort indifférents, et je les oubliai bientôt en écoutant ses conseils sur la conduite que je devais tenir. A minuit, il me disait adieu, et à une heure j'étais couché, rue de Provence, n° 3, sans avoir aucune idée ni de la maison que j'allais habiter, ni de l'appartement que j'y occupais.

Le lendemain, à mon réveil, je fis l'inspection de ma demeure; et lorsque j'eus reconnu que mon père n'avait rien oublié, ni le chevalet, ni la boîte à couleurs, que je préférais de beaucoup à mes livres de droit; ni même le mauvais piano sur lequel j'aimais à gratter des petits bouts d'opéra-comique, j'ouvris ma fenêtre pour examiner les environs. Le premier coup d'œil me montra une multitude de têtes qui me firent croire qu'on attendait ma venue; mais lorsque j'abaissai mes regards sur le sol, je vis la cause de cette affluence de curiosités. Il y avait dans la cour trois chevaux, dont un avec une selle de femme.

Cependant j'avais fait événement, et tout le monde me lorgnait. Une nouvelle figure a toujours un attrait irrésistible pendant une minute au moins. Il n'y a pas de femme qui ne détourne ses yeux de l'amant qu'elle adore pour regarder le visage qui arrive; et si le visage est beau, si quelque chose révèle en celui qui en est doté un peu d'esprit et beaucoup de passion, le regard se prolonge d'ordinaire assez longtemps pour que l'amant le trouve mauvais.

Note de 1840. — J'aime à croire que je ne pensais pas à moi en écrivant cela. Je me rappelle cependant qu'ayant eu l'audace de dire à une femme que j'étais mieux que son amant, qui était fort laid, elle me traita de fat. Cela ne me serait pas sans doute arrivé si je m'étais mis au-dessus de son mari, qui était très-beau.

J'allais examiner à mon tour ceux qui m'examinaient si bien, lorsque je vis sortir de mon escalier un jeune homme à moustaches retroussées (et à cette époque les moustaches n'appartenaient qu'aux militaires); il était suivi d'une femme de vingt ans à peine, qui porta ses yeux vers le balcon du premier étage, et qui, suivant probablement la direction des regards de la personne qui s'y trouvait, se tourna vivement vers moi. Elle poussa son cavalier du coude en me désignant du manche de sa cravache. Le jeune homme me regarda assez légèrement, échangea un sourire avec l'amazone, puis tous deux montèrent à cheval et quittèrent la cour après avoir honnêtement caracolé en reconnaissance de la curiosité qu'ils avaient excitée.

Ce jour-là je n'en vis pas davantage, non point à cause de la retraite simultanée de mes voisins et de mes voisines, mais parce que je me reculai au fond de ma chambre, ébloui et presque suffoqué. C'est que jamais je n'avais vu, je n'avais rêvé une créature plus belle que celle qui venait de m'apparaître. Son aspect m'avait fasciné et elle remporta du premier coup d'œil une immense victoire sur moi. Dans ma jeune vanité d'admirateur des femmes, j'avais souvent déclaré le plus impertinemment du monde que je ne comprenais pas qu'on pût aimer une femme si elle n'avait le teint doré des chaudes Andalouses, les cheveux d'un noir luisant comme le noir satin, l'œil sombre avec des reflets cuivrés qui passent comme des éclairs sous les longs cils des brunes Provençales, et voilà que la femme qui m'avait si soudainement ravi était blonde. Son front avait, pour ainsi dire, resplendi à mes yeux de la blancheur de l'ivoire, et quand elle avait tourné ses regards vers moi, il m'avait semblé voir deux joyaux avec de pâles saphirs jetés sur un fond de diamants. Puis, quand elle avait souri, une double rivière de perles, à l'émail humide et nacré, semblait s'être gracieusement déroulée sous ses lèvres de rose. L'effet de ce premier regard avait été éblouissant ; et, le soir même, comme je le racontais à l'un de mes camarades, il me répondit froidement : « Voilà une femme à mettre dans un écrin. » Je trouvai la plaisanterie de mauvais goût et je ne parlai plus de cette femme à personne. J'avais déjà de l'amour au cœur, puisque je craignais de m'entendre railler.

Bien des jours se passèrent sans que je pusse la revoir, car elle logeait dans le même corps de logis que moi, du côté des appartements à double issue, et j'avais beau me pencher de ma croisée pour atteindre de l'œil, ne fût-ce que le bout de son doigt, qu'un pli de sa robe, que l'ombre de sa présence, jamais je n'y pu parvenir. Et cependant le souvenir de cette femme me brûlait. Une heure après l'avoir vue, je savais qu'elle se nommait la comtesse Fanny Sainte-Mars ; et quinze jours après, j'avais passé six heures par jour à essayer de la voir.

III

PORTRAITS

Ce manége, qui ne me servait à rien vis-à-vis de ma belle blonde, m'avait mis à même d'observer les autres parties de la maison, attendu que je ne regardais pas toujours où je ne voyais personne. Voici donc ce que je découvris à ma droite, et dans le bâtiment situé au fond de la cour. L'appartement du premier était occupé par un vieux monsieur à ailes de pigeon, portant toujours des souliers à boucles. Les jours où il faisait beau, il mettait des bas de soie blancs avec un pantalon collant, de nankin, attaché à la cheville par des rubans nankin. Quand le temps était à la pluie, les bas de soie noirs et le pantalon collant, de casimir, toujours attaché à la cheville par des rubans, remplaçaient les bas blancs et le nankin. Le reste de son costume consistait en un habit bleu à bouton jaunes, un gilet blanc, une cravate blanche et un chapeau qu'il posait à plat sur les bords lorsqu'il le quittait. Il en résultait que ces bords étaient toujours relevés par devant et par derrière, ce qui donnait à ce monsieur un air tout particulier où il y avait du niais et du satyre.

Au-dessus de lui logeait une énormément belle femme qui foisonnait en appas, sur lesquels elle appuyait gravement son triple menton lorsque, les bras croisés et accoudés sur l'appui de ses fenêtres, elle arrachait ses énormes beautés à leur direction naturelle. Cette femme, prépondérante en tous points, la face réjouie, la chevelure errante, le corps libre sous d'immenses peignoirs blancs, passait les trois quarts de ses journées à rire à gorge déployée. De quoi riait-elle? De son chat qui se prenait la queue dans une porte; de sa perruche qui, perchée sur le buste de feu son époux, s'était oubliée du côté du nez du défunt; elle riait parce que quelqu'un entrait ou sortait, et surtout elle se tordait de rire si elle faisait sur sa personne la chasse à une puce. Alors elle appelait sa femme de chambre pour assister à l'expédition, et criait à tue-tête le nom des endroits où la puce cherchait un abri.

Cette femme était veuve d'un colonel anglais qu'elle avait fait mourir de désespoir de la voir rire; elle se nommait madame Smith, et avait alors quarante ans. Les épaisses couches de graisse dont elle était recouverte n'avaient pas cependant entièrement absorbé les formes d'une jolie main, l'élégance d'un beau pied, et sur l'incarnat pourpré de ses joues luisaient deux yeux d'un éclat plein de finesse et d'esprit.

A travers les croisées, trop souvent entr'ouvertes, j'avais remarqué que le monsieur du premier montait tous les matins prendre son café chez ladite dame. Il en sortait immédiatement après son déjeuner, revenait pour y dîner avec elle, et n'y passait presque jamais la soirée ; il rentrait exactement à minuit, mais chez lui, et je pouvais le voir se coucher solitairement et décemment ; car, à moins d'un froid excessif, il couchait toujours les fenêtres ouvertes. Ce monsieur était un cadet de famille qui avait servi dans l'Inde, en qualité de capitaine, jusqu'à la révolution de 89. Il avait, disait-on, émigré en 92 ; et la Restauration lui ayant compté comme services éclatants les vingt-deux ans d'inactivité qu'il avait passés à jouer le trictrac chez un grand seigneur allemand, il était arrivé au grade de maréchal de camp, et jouissait de la pension de retraite attachée à ce grade. Il portait un des plus grands noms de France : c'était le comte Corton de Favreuse. Il avait soixante-huit ans, et il ne lui restait de la belle figure qu'il avait fait valoir autrefois à Versailles que des dents fraîches comme celles d'un enfant ; et de toutes les habitudes de luxe qui l'avaient rendu célèbre, il n'avait gardé que celle de dépenser tous les matins deux voies d'eau à sa toilette. C'était la seule dépense excessive qu'il se permît de faire, et c'est probablement pour cela que madame Smith, à la fortune de laquelle il avait associé sa petite fortune, faisait des économies personnelles sur cet article du budget commun.

Indépendamment de ces deux personnages, j'avais remarqué deux autres habitants de la maison, qui tous deux me déplaisaient souverainement. L'un occupait le troisième de la maison sur la rue, l'autre le second. L'un était un monsieur d'une beauté commune, quoiqu'il eût la taille bien prise, les pieds et les mains charmants, de beaux yeux bleus, de beaux cheveux noirs, un nez grec, la bouche fine et les dents luisantes. Tous ces avantages disparaissaient sous une énorme paire de favoris noirs, onctueusement frisés et plus régulièrement taillés que les ifs de l'évêché de Castres, qui sont une merveille en ce genre. Je ne puis dire comment cela se faisait, mais d'un bout de la cour à l'autre je sentais l'huile antique dont cet homme était inondé, et je ne saurais mieux le comparer qu'à ces Apollons en perruque qui posent derrière les vitres des coiffeurs. Cet homme s'appelait monsieur le marquis de Chabron; il occupait à lui seul toutes les écuries et toutes les remises de la maison. Il n'avait pas moins de trois voitures et de six chevaux. Il avait aussi à l'écurie un danois et un griffon, et pour son appartement un lévrier de la plus haute taille. Ce monsieur était de Perpignan, à ce que je crus deviner à son accent. A Paris, on appelle les naturels du Roussillon des Gascons. C'est un grand tort. Le Roussillonnais dépasse la naïveté menteuse du Gascon de toute la forfanterie espagnole, comme les Pyrénées sont au-dessus des humbles collines de la pure Gascogne. Celui-ci avait la manie des confidences, mais dans un autre genre que madame Smith. Quatre fois par jour, il campait sur son balcon — vous savez combien ce balcon est important, — et de là il dictait, à tue-tête, ses ordres à sa valetaille qui grouillait dans la cour. De cette façon, toute la maison était informée des projets de ce monsieur, car il avait soin de dire :

— Ma calèche et un jockey !... je vais au bois. — Mon coupé !... je dîne chez le duc de..., ou le comte de... — Ma berline !... je conduis madame de... à l'Opéra.

En outre de ce système de commandement publiquement confidentiel qui m'était insupportable, cet homme portait des pantalons en cachemire rouge qui m'écorchait les yeux et des robes de chambre de soie vert-pomme qui m'agaçait les dents. Et puis encore, il avait pour moi un défaut bien plus terrible que celui-là. Toutes les fois qu'il venait le matin sur son balcon, il envoyait un petit bonjour d'une familiarité cruelle à ma belle blonde, sans que je pusse voir de quel air elle lui rendait cette marque d'intimité. Pour quelque raison que ce fût, j'exécrais cet homme, et il arriva une petite circonstance qui me le fit exécrer encore plus et qui me fit connaître le second habitant de cette maison que je devais détester.

Un jour que monsieur le marquis me lorgnait assez impertinemment et que je le regardais le plus insolemment que je pouvais, il se pencha tout à coup en dehors de son balcon et regarda au balcon du second comme pour y suivre mon regard, de façon qu'en suivant, moi, le mouvement du marquis, j'aperçus une femme appuyée sur la rampe, les yeux attachés sur moi. Je trouvai fort mauvais que ce monsieur s'imaginât que je regardais cette femme quand c'était lui que je bravais de tous mes yeux, et j'allais m'écrier lorsqu'une tête sortit des croisées qui étaient près des miennes, une tête blonde, un front d'ivoire, des yeux de saphir... des dents... Elle enfin!... Fanny!... Elle me regarda, regarda cette femme, jeta un sourire au marquis, tandis que celui-ci comptait sur ses doigts jusqu'à je ne sais quel nombre; puis, me désignant de l'œil, il sembla m'ajouter à la nombreuse liste qu'il avait parcourue. Un rire léger glissa jusqu'à moi, et tous deux, le marquis et Fanny, disparurent chacun chez soi. Cette scène d'œillades m'expliqua le mouvement du premier jour; je compris que la belle Fanny, mon aimée, s'imaginait que je jouais de la prunelle avec la dame du balcon, et je pris celle-ci en haine. C'était une femme blonde aussi, rayonnante de jeunesse et de santé. En l'examinant mieux, je m'aperçus qu'elle ne me regardait pas; les yeux fixés devant elle, elle ne voyait sans doute que l'image des pensées qui l'absorbaient, car ses noirs sourcils, abaissés sur ses yeux profonds et noirs, étaient rudement contractés. Elle quitta tout à coup la position où elle était, frappa brusquement dans ses mains, et ouvrant avec violence la porte de sa cuisine, elle dit d'une voix qui arriva jusqu'à mon oreille :

— Vous direz à mon mari que je dîne chez ma mère.

Un moment après, comme je sortais, je la rencontrai sous la porte cochère; je ne regardai point si elle était belle, je remarquai seulement l'éclat inusité de sa toilette, et je la vis monter dans un fiacre dont elle baissa les stores. Cette femme me déplut absolument, et comme elle avait l'habitude de venir s'asseoir sur le balcon de sa salle à manger pour y lire ou y broder, et qu'elle gênait la guerre à l'œil que je faisais aux démarches de ma belle blonde, je la pris en exécration. Cette position de l'observateur qui ne voit rien de ce qu'il veut voir eût pu durer fort longtemps, si un hasard ne m'avait enfin servi, après plus de deux mois de vigilance inutile. Du reste j'avais revu ma belle blonde une fois à cheval aux Champs-Élysées, une autre fois aux Tuileries, toujours avec le militaire aux moustaches retroussées, et ces deux rencontres m'avaient mis aux abois. J'étais décidé à une déclaration ou à un suicide, lorsqu'un jour je vis soudainement entrer dans ma maison et traverser ma cour un de mes camarades de collége, Matthieu Morinlaid. Il leva le nez en l'air, me reconnut, me salua, prit mon escalier, je me préparai à sa visite, mais au moment où j'allais lui ouvrir ma porte, je l'entendis sonner chez ma belle voisine, chez la blonde Fanny. Mon cœur se serra, et je faillis me trouver mal.

IV

PREMIER MOT D'UN MALHEUR

Ce ne fut pas l'aspect de mon ami Morinlaid, que j'avais perdu de vue depuis sept ou huit ans, qui me causa l'émotion que je ressentis. Si je l'avais rencontré dans la rue, c'est tout au plus si je me serais donné la peine de traverser le ruisseau pour aller à lui. Matthieu Morinlaid était de cinq ans plus âgé que moi ; il avait quitté le collége lorsque j'étais en troisième ; et cependant, tout rhétoricien qu'il était, je l'avais puni plus d'une fois de sa manie d'espionnage par de rudes volées de coups de poing. Comme élève, il était encore plus méprisé des professeurs qu'il ne l'était comme ami par ses camarades. Morinlaid était ce qu'on appelle au collége un *cancre* et un *capon*.

Tout jeune que j'étais, j'avais déjà eu l'occasion de comprendre combien le monde modifie ces jugements de l'enfance. Et, à vrai dire, si je n'eusse mis aucun empressement à retrouver Matthieu, en toute autre circonstance, je n'eusse de même gardé contre lui aucune prévention. Une seconde avant ce moment, il était pour moi l'homme le plus indifférent de tous ceux dont je savais le nom ; à ce moment, il était devenu pour moi l'homme le plus important de l'univers : il avait sonné chez madame Sainte-Mars, il allait sans doute la voir ; il la connaissait donc !

Pour bien faire comprendre à ceux qui me lisent ce que j'éprouvai, il faudrait leur apprendre ce que je suis et ce que j'ai été. Se peindre soi-même, s'apprécier, se raconter, est apparemment la chose impossible, car je n'ai jamais vu ratifier par personne la manière dont on se juge. Cela m'a donné lieu de penser qu'il y a deux grands inconnus dans ce monde : Dieu pour tous, et soi pour chacun. En présence d'une pareille difficulté, et avec le désir sincère d'être d'une entière bonne foi dans ce récit, je ne crois pas pouvoir mieux faire que d'emprunter à un homme qui m'aimait assez pour ne pas me flatter, le jugement qu'il porta sur moi quelques années plus tard. Ce jugement, qui fut le résultat de ce que j'avais été, doit être pris dans ce récit pour une prévision de ce que je devais être. Dans tous les cas, je n'en accuse pas la justesse, quoique je ne la sente pas. Lorsqu'un homme abominablement laid, et qui peut se voir dans une glace bien polie, arrive à se trouver défiguré dans un portrait qui le flatte insolemment — et c'est là l'histoire de tous les hommes, — comment supposer qu'il admettra comme fidèle l'image sévère qu'on a faite de son cœur? et en ce dernier cas, il n'a pas de miroir pour comparer. Quoi qu'il en soit de cet éternel aveuglement de l'homme sur lui-même, voici ce jugement :

« Vous êtes un fou, Michel, et vous vous croyez un homme grave. Vous portez dans toutes les choses du cœur une passion sombre que vous prenez pour de l'austérité. Plein d'indulgence pour ce que le monde blâme généralement, vous faites à vos amis, pour ce qui vous touche personnellement, des devoirs plus rigoureux que les moralistes les plus durs n'en voudraient imposer à l'amitié. Amant défiant plutôt que jaloux, vous poursuivez celle que vous aimez des espionnages les plus honteux, sans respect pour elle, sans dignité pour vous. Plein de vanité, vous ne craignez pas de perdre l'amour de votre maîtresse parce qu'elle trouvera un amant qui vaille mieux que vous, mais parce que vous n'avez pas foi dans son affection, parce que vous avez le cœur flétri par le mépris que vous faites des femmes. Indifférent à la plupart des petits intérêts de la société, peu amoureux des plaisirs du monde et des distractions usuelles de la vie, ayant peu de besoins et pouvant par conséquent vivre de peu, vous serez l'homme le plus complaisant dans le commerce intime. Ainsi, vous subirez sans récriminations les caprices d'une femme, et vous paraîtrez lui faire d'énormes sacrifices parce que vous abandonnerez pour elle des habitudes qui vous pèsent; on vous dira généreux, si vous lui donnez jamais une fortune qui vous est inutile,.. et pour cela vous demanderez à cette femme toute sa vie, son honneur, sa considération, son repos, comme le juste retour de sacrifices qui vous coûtent beaucoup. Et cependant, il n'en sera rien. Vous lui imposerez un marché de dupe pour elle, en gardant pour vous toutes les apparences du dévouement et de la générosité. Mais si jamais elle gênait la marche d'ambition que vous vous êtes tracée, assurément vous ne la sacrifieriez pas, car votre orgueil vous empêchera de renier jamais le culte auquel vous ne croyez plus ; mais ce qu'elle aurait à souffrir de vos rudesses serait effroyable.

» Une femme, quelle qu'elle soit, n'aura jamais qu'une part bien étroite dans votre cœur : une ambition, d'autant plus âcre que vous la déguisez sous un léger dédain pour vous-même ou sous une admiration affectée pour les autres, l'occupe presque tout entier. Et lorsque la meilleure part des puissances de votre esprit et de votre cœur sera aux ordres de cette ambition, il vous faudra de la femme qui vous aimera non-seulement tout ce que je vous ai dit, mais encore toutes ses pensées de toutes les heures ; vous pénétrerez violemment dans ses rêves, dans ses espérances, dans ses regrets, et vous lui en ferez autant de crimes si vous n'y tenez pas la première place. Ce despotisme ardent, vous ne l'arrêtez pas seulement au présent qui vous appartient, à l'avenir dont vous vous croirez le maître, vous tâcherez de l'étendre jusque sur le passé. Vous voudrez pouvoir en tuer le souvenir dans le cœur de celle qui est à vous, s'il est honorable; et s'il arrivait qu'il ne le fût pas, vous en feriez un supplice horrible pour celle à qui vous le rappelleriez sans cesse. Cependant on vous aimera, Michel, parce que, dans la bizarre folie de votre cœur, rien ne vous coûtera pour consoler la douleur que vous aurez causée, travaux incommensurables, faiblesses inouïes, complaisances serviles; parce que, à tous les sacrifices que vous aurez faits, vous en ajouterez qui vous coûteront horriblement. Préoccupé des moindres paroles du monde, et tremblant devant ses jugements, vous les braverez cependant audacieusement, si on ose vous reprocher d'en avoir peur.

» Enfin, Michel, vous avez une immense qualité pour être aimé, quelle que soit votre tyrannie dans l'intimité : c'est d'être toujours et tout haut pour celle que vous aimerez, d'être pour elle contre tous, de l'entourer de votre amour et de vos soins, de la défendre par votre respect, et surtout de faire croire à votre amour et à son bonheur, car il ne faut pas vous y tromper, et il y a des heures où une femme est assez heureuse lorsqu'elle se sent enviée par toutes ses rivales. »

Tel est ce jugement qui, je le crois, fut écrit dans un moment de colère. Je laisse à ceux qui me lisent et à qui je dirai, sans en rien déguiser, mes pensées et mes actions, de décider s'il ne fallait pas expliquer par une sensibilité inquiète ces brusques mouvements si durement qualifiés de rudesse. Peut-être n'est-il pas vrai que je dédaignasse si absolument tous ces plaisirs dont le sacrifice a paru facile, parce qu'il a été résolûment fait. Et quant à cette fausse modestie que ce jugement m'attribue, j'ose affirmer... Hélas! voilà que je fais ce dont je cherchais à me défendre; voilà que, n'ayant pas voulu me juger, je discute le jugement qu'on a porté de moi. Je me tais. Tenez-le donc pour bon, et permettez-moi de continuer.

Note de 1840. — Non, l'homme qui a porté ce jugement sur moi il y a dix ans n'a pas été trop sévère; maintenant que je suis seul en ce monde, maintenant que la seule affection qui animait ma vie s'est retirée de moi, je sens combien j'ai été souvent cruel, et combien j'ai appris à estimer haut, pour le bonheur d'une femme, les hommes qui, avec un dévouement moins absolu, ont une bienveillance plus constante; et qui, incapables de donner toute leur existence pour guérir la blessure qu'ils ont faite, se gardent prudemment de le faire.

Oui, lorsque j'entendis résonner la sonnette de madame Sainte-Mars sous la main de mon ami Morinlaid, un frisson de froide colère se glissa dans mes veines.

Je n'eus pas un moment l'espoir qu'il pût m'aider à arriver près d'elle; je ne vis en lui qu'un homme qui avait un droit que je n'avais pas. Et pourquoi avait-il ce droit? comment l'avait-il conquis, mérité? comment était-il admis à parler de son amour? — Car adorer madame Sainte-Mars, quand on la connaissait, était pour moi comme une de ces nécessités qui sont inséparables d'un fait, comme il est naturel d'avoir chaud quand on est au soleil. — De quel droit monsieur Morinlaid pouvait-il donc parler de son amour à Fanny? Je l'appelais Fanny dans mon cœur, dans mes vers, car je faisais des vers! Cette pensée de Morinlaid amoureux ne me fut pas plutôt venue que je me le représentai entrant soudainement chez la belle Sainte-Mars, pressant sa main, la baisant, lui, dont la main longue et creuse, aux doigts camards et spatulés, avait cette froideur humide qui vous glace lorsqu'on touche la peau d'un serpent; lui, dont les lèvres minces n'avaient jamais eu de place pour un joyeux sourire! Comme par une sorte d'intuition, je vis ses petits yeux gris se fixer tendrement sur elle; je me le représentai, avec sa maigre figure malsaine, son nez en pied de marmite, ce menton dont chaque poil de barbe poussait à travers un bouton, je le vis avec sa longue taille dégingandée, avec son cou mal attaché sortant piteusement de ses épaules rondes, qui semblaient avoir la bosse du coup de bâton; je le vis avec ses jambes grêles et flottantes dans un large pantalon, ses pieds plats, et il me semble entendre sa voix mielleuse et traînante glisser dans l'oreille de Fanny une de ces phrases engluées où l'on prend la vanité des femmes !

Je frappai violemment le plancher du pied, je laissai échapper une exclamation malséante contre ma destinée, et j'allais peut-être me livrer à quelque accès de rage lorsque j'entendis sonner à ma porte. J'allai ouvrir... C'était mon ami Morinlaid !

V

— Eh! bonjour, mon bon Michel, me dit-il; je venais faire une visite dans cette maison, et comme je n'ai trouvé personne, j'en profite pour venir te serrer la main et renouveler connaissance avec toi.

Je tendis la main à Morinlaid. Je ne lui en voulais plus. Madame Sainte-Mars était chez elle, j'en étais sûr ; je venais de la voir rentrer ; elle avait donc refusé de le recevoir. Je sus bon gré à Morinlaid de ce qu'on le mettait à la porte, et je l'accueillis d'autant plus favorablement que cette fois l'idée me vint de me servir de lui pour avoir quelques renseignements sur ma voisine. Nous causâmes d'abord de choses indifférentes, pendant lesquelles j'examinai mon ami. Soit que la bonne humeur où j'étais embellît tout à mes yeux, soit que, plus calme, je fusse seulement plus juste, je trouvai Morinlaid très-changé à son avantage. Il était bien tel que je viens de le dépeindre, mais une certaine aisance dans ses manières, des habits passablement élégants, une propreté à l'œil que je n'avais nulle envie de sonder, une assurance familière dans le regard et dans la voix, tout cela me parut faire un tout autre homme que celui que j'avais gardé dans mon souvenir. Je le priai d'entrer, je l'engageai à s'asseoir; il s'installa dans une bergère près de ma fenêtre, et voici à peu près quelle fut la conversation que nous eûmes ensemble :

— Depuis quand habites-tu donc cette maison, mon cher Michel?

— Depuis deux mois à peu près.

— Juste depuis le jour où je suis parti pour mon voyage en Bretagne.

— En effet, je ne t'ai pas vu entrer une seule fois dans cette maison.

— J'y viens cependant très-souvent, car j'y connais plusieurs personnes.

— Entre autres madame Sainte-Mars ?

Morinlaid rougit. Le rouge de Morinlaid était tacheté de blanc. Pourquoi Morinlaid rougissait-il au nom de madame Sainte-Mars? Le frisson qui m'avait glacé d'abord me reprit aussitôt.

— Il est assez naturel, répondit-il avec embarras, il est assez naturel que je la connaisse : c'est ma cousine.

Si Morinlaid m'avait dit qu'il était maréchal de France, il m'eût moins surpris qu'en m'apprenant qu'il était le cousin de madame Sainte-Mars. Un cousin si laid à une femme si belle! cela me choquait comme un manque d'harmonie dans les couleurs d'un tableau. Il dut voir mon étonnement, et il rougit encore plus. Je crus deviner qu'il se vantait. Je ne pus savoir ce qu'il en était, car il s'empressa d'ajouter :

— Quelle folle idée de t'être venu loger si loin pour faire ton droit ! Je te préviens que monsieur Delvincourt est d'une rigidité implacable pour la présence au cours, et si tu tiens à être reçu avocat, je te conseille d'aller demeurer plus près de l'École.

— Tu es bien informé à ce sujet, lui dis-je, croyant deviner dans cet avis un désir de m'éloigner de Fanny. Tu suis donc l'École?

— Je suis avocat, mon bonhomme, j'ai le droit de plaider...

— Et tu en uses?

— Peu, reprit Morinlaid d'un air mystérieux. J'ai mieux que cela à faire ! Je partage ma vie entre... Mais on ne peut pas te parler de ces choses-là, à toi, fils d'un fonctionnaire public.

— Mais qu'est-ce donc?

— Rien du tout.

A ce moment il se pencha à ma croisée assez avant pour voir les fenêtres de madame Sainte-Mars. En se relevant il envoya un léger salut à quelqu'un.

— Qui salues-tu donc? lui dis-je.

— Monsieur Léopold Deslaurières, qui occupe le second sur la rue.

Je n'avais aucun désir de savoir ce qu'était monsieur Deslaurières, et je repris tout aussitôt :

— Madame Sainte-Mars est-elle ta cousine germaine ou bien une parente éloignée?

Morinlaid était bête, il l'est encore, mais j'avais le malheur d'être amoureux et je fus encore plus bête que lui. Je ne pus lui faire cette question sans que ma voix s'altérât.

Matthieu me pointa de ses petits yeux et je me sentis rougir à mon tour. Il prit un air quasi solennel et me dit gravement :

— Madame Sainte-Mars est ma cousine d'assez près; elle

est veuve du comte Sainte-Mars, colonel de grenadiers de la garde, lequel a été tué à Waterloo.

J'ouvris des yeux et des oreilles d'une aune. En 1821, les hommes de quarante ans croyaient aux veuves des colonels tués à Waterloo, jugez de ce que devait en penser un étudiant de vingt ans. Je sentis mon amour s'accroître de tout le bonapartisme que j'avais dans le cœur, et mon visage dut exprimer une sorte d'extase profondément amoureuse et patriotique. A ce moment il m'échappa une de ces questions qui dessinent un homme d'un trait :

— Pleure-t-elle toujours son mari? demandai-je naïvement à Morinlaid.

Il dut me trouver de plus en plus bête, et cependant ce mot était déjà un des indices de mon esprit jaloux. Madame Sainte-Mars, pleurant encore son mari, ne devait aimer personne. Matthieu me répondit en retenant mal une excessive envie de me rire au nez.

— Elle le pleure tous les jours, car elle est sans fortune. Elle n'habite Paris que momentanément; elle sollicite la liquidation de sa pension, et c'est pour cela qu'elle reçoit quelquefois la visite du fils du maréchal duc de Pavie, qui la protége près du ministre de la guerre.

Je gardai le silence; mais la pensée du beau jeune homme à moustaches retroussées me donna un nouveau frisson.

— Tu l'as remarquée? me dit négligemment Morinlaid.

— Non, lui dis je avec un gros soupir et en pinçant les lèvres.

Matthieu ne put voir la grimace piquée qui accompagnait ma réponse, car il s'était levé encore et s'était penché de nouveau en dehors pour voir les fenêtres de Fanny. Dans un vif mouvement de colère, je me levai aussi pour voir ce qu'il regardait, et au moment où je me mettais à la croisée, j'entendis une voix qui traverse la cour et qui disait :

— Hé! toi, là-bas, Matthieu, tu sais que nous avons séance à six heures chez Grignon?

Morinlaid répondit par un signe de tête affirmatif à un monsieur rondelet, blond, frisé, l'œil et la bouche épanouis, et qui traversait le balcon du deuxième étage en tenant un pot à l'eau à la main. Ce monsieur leva son pot à l'eau, fit avec sa main le geste d'un homme qui se savonne le menton et fait sa barbe, puis il s'écria de nouveau :

— Nous serons gentils et nous rirons un peu.

Après cette drôlerie, il disparut en chantonnant. Cet homme logeait à l'étage où j'avais vu la femme qui m'avait tant déplu. Alors, fort embarrassé de remettre la conversation sur madame Sainte-Mars, je dis à Matthieu qui se retirait de la croisée :

— Est-ce que c'est là monsieur Léopold Deslaurières?
— Lui-même.
— Et qu'est-ce que c'est que ce monsieur?
— Comment! tu ne connais pas Léopold Deslaurières, chef au ministère de la guerre, le rival d'Armand Gouffé et de Désaugiers? C'est un des coryphées de notre société chantante. Il ne quitte pas les coulisses du Vaudeville et des Variétés. Il ne fait pas mal, mais on peut aisément le dépasser. Et puis, vois-tu, ça sent la vieille chanson, les gai! gai! gai! les larira dondaine! Moi, j'ai pris le genre de Béranger, la chanson politique... Deslaurières a voulu travailler pour le théâtre... pas une idée!... Au lieu que moi j'ai trois pièces reçues. J'irais le voir plus souvent si ce n'était sa...

Je coupai court aux confidences vaniteuses de Morinlaid en lui disant :

— Quel âge peut avoir madame Sainte-Mars?

Cette fois Matthieu fronça le sourcil, mais il se remit aussitôt et me dit :

— Vingt-trois ans tout au plus.

Cette réponse m'arracha encore un soupir de la poitrine. Morinlaid me considérait d'un air soucieux. Je le regardai à mon tour comme font les enfants quand ils désirent quelque chose qu'ils n'osent demander. Je lui aurais sauté au cou s'il m'eût dit : « Veux-tu que je te présente chez elle ? »

Fut-il inintelligent ou inflexible ? je ne sais, mais il se remit encore à la croisée et regarda aux fenêtres de madame Sainte-Mars. Aussitôt il prit sa canne et son chapeau, en me disant :

— Pardon, mon ami, de t'avoir retenu si longtemps. Voilà sans doute l'heure de ton dîner, je te quitte.

En me parlant ainsi il se pencha de nouveau à la croisée, mais il s'en retira presque aussitôt en s'écriant :

— Toujours cette femme !

Je n'avais que madame Sainte-Mars dans l'esprit, et ce mot me stupéfia si vivement que je regardai par la fenêtre, et je vis à son balcon la femme que j'y avais vue le jour où madame Sainte-Mars avait échangé des signes avec le marquis de Chabron. Morinlaid la salua respectueusement, et cette dame lui envoya un gracieux sourire.

— Quelle est donc cette dame ? lui dis-je.

— Eh bien, madame Deslaurières !

J'avais mille désirs de découvrir chez Morinlaid une passion qui ne s'adressât pas à madame Sainte-Mars, et je lui dis :

— Elle est fort jolie, cette dame.

— Oh ! me répondit-il avec un mouvement de dédain, elle serait cent fois plus belle que je m'en soucierais fort peu !

— Pourquoi donc ? lui dis-je plutôt pour répondre que pour interroger.

— Parce que je n'ai nulle envie de passer après l'univers.

J'entendis à peine ce mot, je ne pensais qu'à madame Sainte-Mars, et Matthieu ajouta pendant que je le reconduisais à la porte :

— Du reste, si elle te plaît... tu n'as qu'à dire un mot... elle est femme à te comprendre...

Ces paroles, si on me les eût demandées un quart d'heure après, je ne me les serais pas rappelées ; celle qu'elles concernaient n'existait pas pour moi. Il n'y avait de femme au monde que madame Sainte-Mars. Je me remis à la croisée pour voir sortir Morinlaid. J'entendis résonner la sonnette de Fanny, et, au même instant, un rideau de mousseline, qui avait été jeté en dehors de la fenêtre de madame Sainte-Mars, fut vivement retiré. Morinlaid ne passa point ; on l'avait donc reçu, et ce rideau devait sans doute lui marquer l'instant où on pourrait le recevoir. Maintenant, ou bien six mois après ce jour-là, voilà ce que j'eusse compris ; mais alors je ne pensais qu'au désespoir de ne pouvoir aborder madame Sainte-Mars. J'étais donc bien bête et bien amoureux : hélas ! j'avais vingt ans...

VI

LE BILLET DOUX

L'espoir que j'avais fondé un moment sur ma rencontre avec Morinlaid m'échappa au bout de quelques jours. Je ne le revis plus, et quoique je ne fisse que sortir et rentrer pour regarder de face aux fenêtres de madame Sainte-Mars, je ne pus l'apercevoir. Mon état n'était pas tenable. Si l'on s'étonne de la violence d'une pareille passion, je répondrai que j'en suis étonné moi-même et que je cherche en vain à me l'expliquer.

Note marginale de 1840. — Où avais-je donc la tête quand j'ai écrit cette phrase, et n'avais-je donc pas assez éprouvé la bizarrerie de mon caractère, en 1829, pour comprendre que l'irrésistible attrait de madame Sainte-Mars était de me rester inabordable ? Ne me souvenais-je donc plus qu'après avoir passé des heures entières pour la voir, je ne m'arrêtais pas plus de quelques minutes à la regarder lorsque je l'avais rencontrée ? Ne savais-je donc pas que ce n'est presque jamais avec la réalité, mais avec mes rêves que j'ai vécu, et que madame Sainte-Mars, absente et rêvée, avait pour moi l'attrait de l'inconnu, cette puissance qui fait toutes les grandes passions et qui est le principe de la religion, la plus grande passion de l'humanité ?

Quoi qu'il en soit, je l'aimais avec une sorte de fureur, et je ne pensais nuit et jour qu'à inventer un moyen d'aborder madame Sainte-Mars. Si l'on demande au plus grand séducteur de la terre quel est le moyen d'arriver à une femme que l'on aime, il ne vous en enseignera guère que deux : le premier, de lui écrire ; le second, de se faire présenter chez elle. Or le second m'était interdit : je dus donc adopter le premier. La seule différence qu'il y ait entre un grand séducteur et un véritable amoureux est toute dans la manière dont la lettre est écrite, et surtout dans la façon dont on la fait remettre. J'écrivis donc. J'ai gardé le brouillon de cette lettre, et elle peut montrer jusqu'à quel point un homme qui depuis a passé pour avoir quelque esprit, peut dire de sottises en quelques lignes :

« Madame,

» Ne jetez pas cette lettre avant de l'avoir lue jusqu'au

bout; ne vous tenez pas pour offensée si j'ose vous écrire sans vous connaître. Je vous aime, madame, et ma passion me fait passer par-dessus toutes les convenances; elle me fait oublier le respect que je vous dois et que j'ai pour vous. Que puis-je vous dire pour m'excuser? Rien, si ce n'est ce qui vous offensera encore: Je vous aime; oui, madame, je vous aime ! La première fois que je vous ai vue, il m'a semblé que le ciel s'ouvrait devant moi et qu'un de ses anges me couvrait d'un rayon de sa lumière reflétée dans ses yeux azurés. O madame, quel bonheur est préférable au bonheur d'être aimé de vous ! Quelle félicité ineffable que d'entendre votre voix, de presser votre main, de pouvoir vous dire à toutes les heures : Je vous aime, je vous aime, je vous aime !

» Hélas ! madame, je ne suis qu'un pauvre étudiant; mais je voudrais être un roi pour réparer envers vous les injustices de la fortune. Oh ! si vous vouliez me permettre de vous voir, de me présenter chez vous, peut-être qu'avec le temps vous trouveriez que je ne suis pas indigne de vous parler de la passion qui me dévore; peut-être accepteriez-vous cet amour qui remplit toute mon âme.

» J'appartiens à une famille honorable, madame, et le nom que je porte, quoique moins illustre que le vôtre, ne fera jamais rougir celle qui daignerait l'accepter.

» Je suis avec respect, madame, etc.

» MICHEL MEYLAN. »

Voilà cette sotte épître.

Note de 1840. — La remarque est plus sotte que l'épître. En quoi cette épître était-elle sotte? Celui qui a écrit naïvement ce qu'il pense, et qui parle à une femme le langage qu'il croit qu'elle mérite, peut être dupe; mais la pire des sottises serait, ce me semble, d'accorder la supériorité de l'esprit à ceux qui mentent sur ceux qui disent la vérité.

Je fus bien longtemps à décider si j'enverrais cette lettre par la poste, ou si je la ferais remettre par un commissionnaire. Le premier parti me paraissait mesquin et honteux, le second compromettant. D'ailleurs, j'aurais rougi jusqu'au blanc des yeux en la confiant au père Guillotin, qui stationnait à l'angle du faubourg Montmartre. Je ne savais pas encore que les médecins et les commissionnaires sont des confidents bien plus discrets que les amis les plus dévoués. Je n'avais pas encore retrouvé mon camarade Bélion, qui avait inventé au sujet des billets doux une manière admirable. Quand cette fantaisie lui prenait, il se campait aux environs de la maison où logeait la belle dont il tentait la conquête. Là, il attendait patiemment qu'il passât un laquais de bonne mine et de livrée élégante, puis il l'arrêtait en lui présentant son billet et une pièce de cent sous. Il était rare que le laquais refusât une course si grassement payée, et la lettre arrivait avec un éclat qui ouvrait d'ordinaire les portes auxquelles frappait mon ami Bélion. Il est vrai de dire que pour moi cette ressource eût été impossible, car on connaissait trop bien ma modeste femme de ménage pour que je pusse risquer le moindre petit domestique galonné. Dans le doute où j'étais, je pris un parti qui ne mettait personne dans ma confidence. Je me décidai à remettre mon épître moi-même. Ce fut un voyage bien pénible et bien plein d'émotions que celui que je fis de mon second étage au premier de madame Sainte-Mars. L'appréhension du soldat qui marche à la première bataille n'est pas comparable au serrement de cœur de l'amant qui va porter sa première lettre. Le soldat obéit à un ordre, et il est sous le regard de milliers d'hommes qui l'encouragent ; l'amant doit avoir à la fois la force de la volonté et celle de l'exécution. Pour le soldat il y a honte à fuir, pour l'amant il y a peut-être ridicule à avancer. L'idée qu'on pourrait rire de ma lettre me glaçait le cœur.

Note de 1840. — Voilà qui est juste et vrai, voilà ce que je sens encore, comme je l'ai senti alors. C'est que dans tous les malheurs de l'amour, c'est le ridicule qui est toujours la peine la plus poignante.

Puis, le soldat va jouer sa vie et l'amant va jouer son amour, c'est-à-dire la vie de sa vie : c'est affreux.

Je descendis les vingt marches qui séparaient ces deux étages, une à une, tout en relisant ma lettre en moi-même ; puis, lorsque je fus en présence du seuil inexorable de Fanny, je restai immobile. J'entendis monter, je regagnai mon second étage en trois sauts. De mon palier, je vis monter un beau jeune homme, le chapeau sur l'oreille ; je crus qu'il allait chez madame Sainte-Mars. Où pouvait aller un beau jeune homme, s'il n'allait pas chez madame Sainte-Mars ? Il monta cependant jusqu'à mon second en sifflotant ; il parut étonné de me rencontrer, me toisa des pieds à la tête et continua de monter jusqu'au quatrième étage. Je l'entendis mettre une clef dans une serrure, je jugeai que c'était un de mes voisins que je ne connaissais pas encore. Cet incident, qui avait failli me faire renoncer à mon projet, en détermina pour ainsi dire l'exécution. Je fis comme ces baigneurs qui pendant un quart d'heure tâtent l'eau de l'orteil, et qui, la trouvant trop froide pour s'y plonger doucement, y sautent tout à coup à corps perdu ; je redescendis mon escalier au galop et je tirai la sonnette à tour de bras. J'entendis aussitôt ouvrir et fermer tumultueusement des portes, puis on parut. Le sourire apprêté sans doute pour la personne à qui l'on reconnaissait le droit de sonner avec cette violence se changea à mon égard en un regard mécontent, et le visage de la femme de chambre qui se présenta passa subitement du gracieux au courroucé. Je demeurai interdit. La soubrette m'examina attentivement et attendit une minute. Je ne trouvai rien à dire. Alors un léger hochement de tête, un petit rire étouffé m'avertirent de ma gaucherie. Je n'en fus que plus troublé : la chambrière prit un air de pitié et me dit en me tendant la main :

— Allons, donnez-moi donc votre lettre !

Que ce mot était profond, et combien de choses il eût dû me faire découvrir, si j'en eusse compris la portée ! Que d'expérience il annonçait ! Que cette fille devait avoir vu souvent des visages pareils au mien, pour deviner si bien pourquoi j'étais venu ! Ce mot me rendit si confus que je cherchais ma lettre dans ma poche, je la tenais à la main. Je la donnai à Victoire, qui me regarda assez longtemps et finit par me dire d'une voix dont l'inflexion avait quelque chose de triste :

— Je remettrai votre lettre à madame, monsieur.

Je m'éloignai, et j'entendis cependant que la femme de chambre murmurait entre ses dents :

— Mais j'espère qu'elle ne répondra pas.

Voilà encore un de ces mots qui eussent dû m'éclairer; mais je le pris pour un sentiment de malveillance contre moi. J'étais bien aveugle ! Ma lettre fut-elle remise? je ne puis le savoir. Non-seulement je ne reçus point de réponse, mais encore le premier jour que je rencontrai madame Sainte-Mars, elle me regarda comme elle m'avait regardé un mois auparavant, sans que rien me montrât que je ne fusse pas pour elle un inconnu. Ce fut la première fois que j'éprouvai combien il vaut mieux être repoussé et détesté qu'indifférent.

VII

LES LOISIRS D'UNE VOISINE QUI S'ENNUIE

J'en étais à souffrir horriblement lorsque arriva une chose qui devait avoir de bien tristes conséquences. Depuis quinze jours je vivais à ma fenêtre ; lorsque madame Sainte-Mars sortait, je la suivais. En traversant ma cour, je m'arrêtais sous ses fenêtres pour l'apercevoir. Si j'avais été moins fou, j'aurais remarqué que ma portière, madame Dumesnil, me regardait d'un air attristé ; j'aurais fait attention aussi à ce mot que Victoire me jeta un jour en passant :

— Vous n'êtes qu'un enfant...

J'aurais peut-être remarqué aussi que, soit que je sortisse, soit que je rentrasse, j'étais l'objet d'une surveillance active de la part de madame Smith, qui s'établissait pompeusement aux abords de sa fenêtre pour espionner tous mes mouvements. Le tort des caractères ardents, ce qui les livre pieds et poings liés aux gens sans passion, c'est qu'ils ne croient jamais faire assez pour prouver ce qu'ils veulent montrer. J'étais déjà énormément ridicule aux yeux de toute la maison, que je pensais encore que madame Sainte-Mars ignorait mon amour. L'excitation que me causait cette attente, toujours plus ardente et chaque jour plus vivement déçue devenait un malheur réel, lorsqu'un matin, et contre son habitude, madame Dumesnil, ma portière, me monta une lettre. En vérité, j'aurais presque honte de raconter toutes ces petites circonstances, si elles ne montraient par quels imperceptibles moyens s'organise un malheur immense.

Au petit air narquois avec lequel madame Dumesnil me

remit cette lettre, il me parut qu'elle savait d'où elle venait. Je crus m'être trompé en voyant le timbre de la poste. Toutefois cette lettre me troubla : le papier en était parfumé, et l'adresse était d'une écriture si menue qu'il ne pouvait y avoir qu'une main de femme qui l'eût écrite. Je dévorais l'adresse des yeux, tandis que madame Dumesnil me regardait comme quelqu'un qui a une confidence à faire. Cette fois, je l'avouerai, je la compris très-bien; mais je ne voulus pas recevoir cette confidence, il me semblait qu'elle devait me gâter le bonheur que je tenais entre mes mains. Combien de fois, et pour des circonstances beaucoup plus graves, ai-je été aussi fou ! combien de fois ai-je refusé d'entendre l'avis qui voulait me sauver ! Je fis à madame Dumesnil un de ces : « C'est bien ! » qui signifient très-clairement : « Allez-vous-en ! » Elle poussa un gros soupir et marmotta en me tournant le dos :

— Je n'ai pas voulu m'en charger, on l'a mise à la poste; je n'ai plus rien à y voir.

Je ne me donnai pas le temps de réfléchir à cette parole, et dès que madame Dumesnil fut partie, j'ouvris la lettre. Lorsque je me rappelle la joie qu'elle me causa, et que je me rappelle que ce fut un besoin de frivole amusement qui en dicta les termes, je me demande si ceux qui se donnèrent ce plaisir n'étaient pas les gens les plus méchants du monde.

Note de 1840. — Ils n'étaient pas plus méchants que ne le sont tous les gens gais; pour eux, toute passion sérieuse est une proie qui leur appartient, non parce qu'ils sont méchants, mais parce qu'ils sont gais. La vie change tellement d'aspect selon la façon dont on l'envisage, qu'ils ne croient pas faire mal. Et véritablement, n'est-ce pas une chose qu'il faut reconnaître qu'il n'y a matière à rire pour les uns que dans ce qui appelle les larmes chez les autres?

De quoi rit-on le plus dans le monde, si ce n'est des maris trompés, ces personnages terribles du drame moderne ? De quoi rit on dans Molière, si ce n'est des fils qui se moquent de leurs pères, et dont nous avons fait les maudits qui traînent leurs pâles figures dans nos romans ? Qu'y a-t-il de plus divertissant que le destin du forçat libéré exploité par Robert-Macaire, et de plus lamentable sous la plume d'un philanthrope humanitaire ? Et trouvez-vous quelque chose de plus effrayant et de plus comique à la fois que l'amant jaloux, selon que le génie en fait Othello ou Bartholo ?

Voici ce que contenait cette lettre :

« J'ai compris votre passion, et elle m'épouvante autant qu'elle me charme par son imprudence. Il m'est impossible de vous recevoir chez moi ; trop de regards nous entourent. Demain mardi, je me promènerai à dix heures du matin dans la grande avenue des Champs-Élysées. »

C'était un rendez-vous !...
Un rendez-vous ! un rendez-vous !...
Je bondis dans ma chambre, je baisai la lettre... je baisai les murs, je criai... je ris... je chantai, et je finis par me poser devant ma glace... Je me trouvai superbe : j'avais un rendez-vous !

Il me restait les deux tiers de la journée, toute la nuit et une partie de la matinée du lendemain à passer avant d'arriver à l'heure de ce rendez-vous.

Il me sembla que le bonheur que j'avais en moi s'échapperait au contact du monde extérieur, comme fait l'électricité dont on charge démesurément un corps quelconque. Je m'enfermai donc avec ma joie, je ne sortis point, je n'ouvris point mes fenêtres. A mon sens, Fanny aurait eu le droit de se fâcher si je m'étais montré au dehors avec une pareille espérance dans le cœur; c'eût été presque une indiscrétion. Son aveu devait se deviner dans ma joie... On eût lu sa lettre dans mes yeux. Mon Dieu! que l'homme est heureux quand il aime, et de combien de façons il perçoit le bonheur! Durant ces longues heures d'attente, je fis dix fois le roman de ma rencontre avec Fanny. D'abord je me la représentai tremblante et confuse devant moi; une autre fois, fière et hardie. Je m'imaginai qu'elle m'imposait un amour respectueux et soumis, puis je la vis se confiant à mon honneur avec un abandon plein de naïveté; je la rêvai ardente et glacée, je la rêvai tristement sévère ou d'une gaieté folle, et toujours je fus heureux de la manière dont mon amour me la présenta.

Le lendemain arriva enfin, et avec ce lendemain ce que je croyais mon bonheur, et je m'y préparai avec religion. Une des choses les plus réjouissantes pour quelqu'un qui pourrait voir à travers le trou d'une serrure, ce serait la toilette d'un amoureux partant pour son premier rendez-vous. Je ne parle pas ici d'un homme habitué aux belles galanteries de l'amour, d'un homme qui a l'expérience de sa personne, qui sait se faire beau à la façon dont il doit l'être; je parle d'un pauvre jeune homme qui s'imagine que plus il se pare selon le goût vulgaire, et plus il fait honneur à celle qu'il adore. C'est ainsi que je pensais alors, et je le pensais si bien qu'à neuf heures du matin j'étais en cravate blanche et en bas de soie, et que je justifiais parfaitement le mot que dit madame Dumesnil lorsque je lui remis la clef de mon appartement :

— Il paraît que monsieur va à la noce?

A neuf heures et demie, j'étais dans l'avenue des Champs-Élysées que je parcourus d'abord dans toute sa longueur, de façon à me trouver à dix heures à côté des chevaux de Coustou. Jusque-là je n'avais éprouvé d'autre impatience que celle que me causait la lenteur du temps. Bientôt arriva l'impatience de l'attente. Les minutes se passèrent sans que je visse arriver personne, puis se passèrent les quarts d'heure, puis une heure entière. J'avais monté et descendu plusieurs fois, avec une rapidité toujours croissante, cette longue avenue, m'arrêtant à l'allée Marigny, revenant précipitamment à la place Louis XV, car celle que j'attendais pouvait arriver également des deux côtés. J'allais ainsi, jetant de toutes parts un regard ardent et effaré, pour voir si je n'apercevrais pas le pli d'un châle, le volant d'une robe, la pointe d'une plume, l'ombre d'une fleur; car il me semblait que je l'eusse reconnue à la moindre parcelle de sa personne qui eût frappé mes yeux... Rien ne venait... Ce fut alors que je sentis la première atteinte de ce mal qui m'a tant fait souffrir depuis, et qui sera mon supplice tant que je vivrai; ce fut alors que je me demandai si madame Sainte-Mars ne s'était pas moquée de moi; ce fut alors que je craignis d'être la dupe de mon cœur, et que, par un contraste bizarre, je ravalai immédiatement en moi-même au-dessous des femmes les plus misérables celle que, quelques heures avant, j'adorais comme une divinité.

Ce qui contribua beaucoup à cette disposition chagrine de mon esprit, ce furent les regards moqueurs dont je me sentis poursuivi par les rares promeneurs qui se trouvaient à cette heure aux Champs-Elysées. Assurément c'était moi qui me donnais le ridicule dont on riait; c'était l'expression inquiète et exagérée de ma figure; c'était ma démarche tantôt rapide, tantôt suspendue, qui avertissait les passants de mon attente; je le sentais et je cherchais à me contenir. Alors je prenais une attitude guindée, menaçante, et je dévorais des yeux ceux qui osaient me regarder. Cependant le temps passait toujours et personne ne venait: dix fois j'avais condamné et excusé Fanny en moi-même. Le rendez-vous avait été donné pour dix heures; il était midi, et je n'avais pas eu un moment la pensée qu'une autre que madame Sainte-Mars eût pu avoir l'envie de me faire faire si sottement le pied de grue. J'étais à bout de patience et j'allais partir, lorsqu'un fiacre aux stores baissés s'arrêta tout près de la contre-allée où je me trouvais. Je ne sais ce que j'avais dans le cœur, ou plutôt dans l'esprit, mais l'aspect de cette voiture mystérieuse dissipa toutes mes sombres idées; je fus convaincu que c'était madame Sainte-Mars qui arrivait, et j'accourus en toute hâte, pendant que le cocher ouvrait la portière de ce fiacre, et j'étais sur le point de crier: « Me voici! » lorsque j'aperçus un pied élégant, cherchant timidement le marchepied crotté de la maigre voiture. Une femme descendit enveloppée d'un long châle de cachemire et d'un long voile. Je ne vis ni sa tournure, ni son visage; mais je fus assuré que ce n'était pas madame Sainte-Mars. Cette femme jeta un regard rapide autour d'elle. Il me sembla qu'elle tressaillait en m'apercevant. Je crus m'être trompé, je m'avançai vers cette inconnue, elle remonta vivement dans le fiacre, qui reprit sa marche, toujours les stores baissés. Au moment où il passa devant moi, une main d'une merveilleuse finesse souleva le store, et, à travers la riche dentelle du voile, je crus voir un œil étincelant m'observer avec curiosité. A cet aspect il me prit une de ces idées que le *Don Juan* de Byron avait déjà mises à la mode. Cette femme qui venait sans doute pour un amant qui ne venait pas, et moi qui étais venu pour une belle qui ne devait plus venir, ne pouvions-nous pas bien nous entendre, et n'eût-il pas été digne d'un *cavalier* un peu délibéré d'aller lui en faire la proposition? Mais, hélas! si j'ai l'esprit très-osé, j'ai le cœur et le caractère très-timides; je me contentai de suivre tristement des yeux cette voiture qui s'arrêta à quelques pas plus loin.

— Ainsi donc, m'écriai-je en moi-même, le cœur tout

gonflé de cette rage jalouse qu'excite chez les malheureux le bonheur des autres ; ainsi il y a des hommes que les femmes poursuivent et que les femmes attendent !

Cette pensée me serrait si fort le cœur, que je m'enfonçais les ongles dans la paume des mains, lorsque, du bout de l'avenue, je vis arriver un cabriolet de place au galop. Quand on est malheureux, tout devient insupportable. L'homme qui pouvait arriver à faire galoper un cabriolet de place me semblait doué d'un bonheur insolent ; et j'avoue que jamais je ne me sentis si disposé à chercher querelle à quelqu'un, que lorsque je reconnus au fond du cabriolet ce beau voisin qui m'avait surpris dans mon escalier le jour où je remettais si bêtement ma lettre à madame Sainte-Mars. Ce monsieur ne daigna même pas me regarder, et je le vis presque aussitôt montrer à son cocher le fiacre qui stationnait à quelque distance. Désespéré pour mon compte, il me sembla que je ne serais pas si malheureux si je gênais le bonheur des autres. Je suivis le cabriolet ; il s'arrêta derrière le fiacre. Ce monsieur descendit, la femme descendit également de sa voiture, et tous deux marchèrent côte à côte. Le jeune homme parlait avec chaleur, la femme écoutait la tête basse. Je les suivis en les examinant ; et moi qui tout à l'heure attendais, comme un ange du ciel, la femme que je supposais m'avoir donné un rendez-vous sans me connaître, je trouvai que celle qui avait donné un rendez-vous à ce monsieur était une indigne créature.

Autant que je pus en juger par l'ardeur avec laquelle parlait le monsieur, et par les petits mouvements de tête négatifs de la dame, mon voisin en était encore à solliciter des faveurs qu'on lui refusait. Cependant je crus m'apercevoir que la résistance diminuait sensiblement, et il y eut un moment où elle céda tout à coup, car la dame se tourna vivement, comme pour voir si elle n'était pas surveillée ;

4

dans ce brusque mouvement son voile s'écarta, et je la reconnus : c'était ma voisine, madame Deslaurières. Je ne sais si elle me reconnut, je ne sais ce qu'elle fit ensuite, car je me détournai avec dégoût.

VIII

SECOND MOT D'UN GRAND MALHEUR. — PETITE MISÈRE

Grâce à ce que Morinlaid m'avait dit de cette femme, le rendez-vous donné par elle à un homme qui demeurait comme moi dans sa maison me parut le dernier degré de la dégradation. En conséquence, je méprisai profondément madame Deslaurières pour une action que j'aurais bénie et adorée chez madame de Sainte-Mars, surtout si elle l'eût faite pour moi. Je quittai les Champs-Élysées plein de cette colère aigre et méchante qui frappe au hasard tout ce qu'elle peut atteindre, parce qu'elle ne peut pas arriver à l'objet qui l'excite véritablement. Je passai par les Tuileries, et je rencontrai mon ami Morinlaid. Mon désappointement était sans doute écrit sur ma figure, car il me demanda immédiatement la cause de ma tristesse. L'homme devrait marcher toujours avec un miroir à la main, il devrait s'y regarder sans cesse, et peut-être l'expression de sa figure lui ferait-elle comprendre la laideur de ses pensées. Je ne sais de quel air je me coiffai sur l'oreille, de quelle façon je mis négligemment ma main dans mon gilet, de quelle manière très-impertinente je jetai la jambe en avant, mais je dus être fort remarquablement ridicule, car je vis la figure de Morinlaid s'animer d'un sourire tout à fait ironique lorsque je lui dis :

— Non, ma foi, je ne suis pas triste; mais je viens d'être témoin d'une saleté qui m'a mis de mauvaise humeur contre la race entière des femmes.

— Quelle est donc celle qui t'intéresse assez pour t'irriter à ce point? dit Morinlaid.

— Je ne la connais point, lui dis-je, si ce n'est par toi. Mais quand je pense qu'une femme mariée quitte sa maison pendant que son mari est sérieusement occupé de ses affaires; quand je pense que cette femme se cache dans un fiacre pour aller à un rendez-vous qu'on lui aura donné d'une fenêtre à l'autre, je trouve cela si misérable, si honteux, qu'il me semble qu'on devrait fouetter ces femmes en place publique, et que tous les hommes devraient s'entendre pour chasser du monde de pareilles drôlesses.

Pendant que Morinlaid écoutait, il y avait sur sa figure une expression d'inquiétude qui me frappa; il parvint à la vaincre, et il reprit, en ayant l'air de se mettre à mon diapason :

— Et quelle est donc cette princesse que tu as ainsi surprise et que tu connais par moi ?

— Mais c'est tout simplement madame Deslaurières.

A ce nom, Morinlaid devint vert comme un noyé; mais j'étais trop occupé de mes colères intérieures pour prêter, au moment même, une grande importance à la fureur concentrée de Matthieu.

Il reprit d'une voix sèche et brève qui paraissait l'étrangler.

— As-tu reconnu le monsieur comme tu as reconnu la dame ?

— Parfaitement reconnu.

— Son nom? dit Morinlaid avec un sourire qui semblait lui scier le visage.

— Son nom? je ne le sais pas. Mais tout ce que je puis te dire, c'est qu'il loge dans ma maison, au quatrième étage de mon escalier.

— C'est Ernest Molinos, murmura Morinlaid d'une voix sombre. Il ajouta : — Où les as-tu laissés ?

— Ma foi, lui dis-je d'un air fort dégagé, je les ai laissés ensemble, bras dessus bras dessous, se promenant aux Champs-Élysées.

Le bras dessus bras dessous était de mon invention ; mais il fit son effet, car Morinlaid me dit aussitôt :

— Pardieu, je suis curieux de voir comment cela finira ! Et il s'éloigna de toute la rapidité de ses longues jambes.

J'étais en verve de dédain ; je trouvai Morinlaid très-ridicule de passer son temps à s'occuper de si basses intrigues, et je continuai ma promenade d'un air fort conquérant.

Quand un homme est marqué pour être grotesque, le hasard se charge de compléter ce que l'homme ne fait qu'à moitié ; je n'avais pas fini mon tour aux Tuileries, qu'il arriva une pluie battante. Quoi que je fisse pour me persuader à moi-même que mon désappointement ne me tenait pas au cœur, j'étais si vivement préoccupé, que je ne m'aperçus de la pluie que lorsque les autres promeneurs eurent enlevé toutes les voitures de place. Je gagnai la rue Castiglione, la place Vendôme et les boulevards. La boue passait par-dessus mes escarpins jusqu'à mes bas de soie (à cette époque les boulevards n'étaient ni dallés ni bitumés, et ressemblaient volontiers aux chemins de traverse des communes rurales des départements de la Seine, les plus abominables chemins de France) ; il en résultait que je ne pouvais faire un pas sans laisser en arrière un de mes escarpins, que j'étais obligé de rejoindre à cloche-pied (à cette époque aussi l'usage des sous-pieds était inconnu). J'aurais pu m'arrêter et me mettre à l'abri sous quelque porte cochère ou dans un café, mais je me serais plutôt battu contre le ciel lui-même que de ne pas rentrer chez moi, car je venais de prendre une résolution que je tenais à exécuter immédiatement ; je voulais écrire à madame Sainte-Mars la lettre la plus irritée et la plus digne à la fois. J'arrivai ainsi jusqu'à ma porte, crotté, mouillé, ruisselant ; et, pour nouvelle misère, je me trouvai nez à nez avec madame Deslaurières qui descendait de son fiacre et qui passa rapidement devant moi. Son visage rayonnait, et je savais ou je croyais deviner de quelle joie. Cette femme me parut d'une effronterie inouïe ; elle me regarda par-dessus l'épaule et me rit au nez, à ce que je crus voir. Il y avait à peine vingt pas entre la porte cochère de la maison et l'entrée de mon escalier, et cependant cette traversée fut bien orageuse. La pluie tombait avec une telle violence, que c'était presque un spectacle de la voir tomber. Lorsque j'arrivai devant la loge de ma portière, celle-ci était sous la voûte, se servant de l'énorme ruisseau de la cour pour nettoyer le pavé. Il me fallut lui demander dix fois la clef. Elle me la remit en me disant :

— C'est pas la peine de vous épousseter !

En entrant dans la cour, j'aperçus en face de moi madame Smith et monsieur de Favreuse, qui partirent à la fois d'un violent éclat de rire à mon aspect. Enfin, sur ma droite, à la croisée ouverte, la main appuyée sur l'épaule du beau jeune homme aux moustaches retroussées, je vis madame Sainte-Mars en peignoir, le sourire aux lèvres, l'air langoureux, dans ce calme joyeux qui est un symptôme de bonheur ; et je pus l'entendre dire d'un ton de pitié :

— Oh ! mon Dieu, ce pauvre monsieur, dans quel état il est !

Quand j'arrivai chez moi, il me prit envie de tout briser ; mais je tombai bientôt assis sur un fauteuil, accablé de douleur et de colère, et je ne sais combien de temps je restai immobile à la même place. Quand je pus m'arracher à cette apathie, j'avais le frisson. Deux heures après, j'étais dans mon lit, dévoré d'une fièvre ardente ; le lendemain, j'étais dangereusement malade, et tout cela pour

amuser l'oisiveté d'une grosse femme qui ne savait à qui
s'en prendre de l'ennui qu'elle éprouvait d'être seule, car
voici l'histoire de ce rendez-vous et de cette lettre, histoire
que je n'appris que beaucoup plus tard.

Madame Smith passait, comme je l'ai dit, la plupart de
son temps à regarder chez ses voisins ; grâce à cette observation constante qu'elle exerçait le plus souvent derrière sa
jalousie, elle avait découvert le petit manége suivant. Des
fenêtres de sa salle à manger, madame Deslaurières échan-
geait des signes avec mon beau voisin Ernest Molinos : je
ne sais si l'habileté de madame Smith dans le langage des
signes eût pu lui faire découvrir où en étaient madame
Deslaurières et monsieur Molinos, si ceux-ci n'eussent fini
par se parler d'une manière plus intelligible. En effet, il
paraît que la veille, madame Smith avait vu, au fond de
la salle à manger de madame Deslaurières, s'agiter d'a-
bord, puis rester immobile, une grande feuille de papier.
Abritée derrière sa jalousie, la grosse commère avait bra-
qué sa lorgnette sur ce papier, et y avait lu les mots suivants, écrits en gros caractères :

DEMAIN, A ONZE HEURES,
AUX CHAMPS-ELYSÉES.

C'était ce rendez-vous que madame Smith avait surpris
et auquel elle avait trouvé plaisant de m'envoyer, rien que
pour voir ma tournure quand je quitterais la maison, et
ma figure quand je rentrerais. Elle avait donc trouvé deux
profits à ce tour d'écolier : le premier, de gêner ceux
qu'elle croyait des amoureux ; le second, de se moquer de
moi. Elle avait admirablement réussi, car je l'entendais
rire à travers la cour, la pluie, les fenêtres et les murs.

Cependant l'indisposition qui résulta de cette plaisanterie fut assez grave pour exiger les soins d'un médecin ; je

n'en avais point, et ma portière, qui s'établit ma garde-malade, alla chercher celui qui restait dans la maison et qu'on nommait monsieur Béquillet. Il demeurait dans mon escalier, à l'étage au-dessus du mien, mais du côté occupé par madame Sainte-Mars. On ne parlait de lui qu'avec respect, quoiqu'il élevât avec le plus grand soin un enfant dont on ne connaissait nullement la famille, et quoique l'aisance et le bien-être n'eussent paru chez le docteur que depuis le jour où cet enfant était tombé du ciel dans sa maison.

Cet enfant, que l'on nommait Ludovic, était d'une beauté triste et angélique qui ne pouvait en rien compromettre la bonne réputation du docteur, car il ne lui ressemblait nullement. Monsieur Béquillet faisait peu de visites, mais il recevait beaucoup de monde, et j'avais eu l'occasion de rencontrer dans notre escalier bon nombre de femmes voilées qui venaient souvent chez lui. A force d'examiner ces femmes voilées, je finis par reconnaître que toutes ensemble ne faisaient qu'une femme voilée qui changeait de costume à chaque visite.

J'avais remarqué tout cela, que je n'avais point encore vu le docteur. Monsieur Béquillet était un homme de soixante ans, complétement chauve, les tempes et le derrière de la tête couronnés de cheveux blanc d'une finesse et d'une blancheur presque coquettes. Son front peu développé n'annonçait pas une vaste intelligence, mais une perspicacité fine et pénétrante. Il souriait des yeux, et une bienveillance accompagnée d'une douce gaieté animait habituellement sa physionomie. La première fois qu'il entra dans ma chambre, il me parla comme s'il m'avait connu depuis longtemps.

— Eh bien, mon enfant, me dit-il, qu'avons-nous et qu'éprouvons-nous ?

La nuit que je venais de passer avait été affreuse et

pleine de ces rêves fantasques qui tiraillent à quatre chevaux le cerveau d'un homme. Madame Sainte-Mars, Marinlaid, mon beau voisin et ma voisine madame Deslaurières, avaient dansé dans ma tête une contredanse sans fin. A tout cela s'était mêlé, je ne sais comment, l'image de mon père absent; dans le rêve comme dans la veille, quand l'homme souffre, la pensée lui vient donc d'appeler l'ami vrai qui peut seul le consoler? J'étais surtout malade du cœur, mais j'avais déjà cette fierté qui fait du malheur l'hôte inconnu qu'on cache à tous les yeux. Je racontai à monsieur Béquillet que j'avais été mouillé, et que cela m'avait rendu malade. Il insista pour savoir quelles étaient mes habitudes; mais j'évitai de répondre à ces questions. Enfin il me demanda si, en rentrant chez moi, j'avais eu la précaution de changer de vêtements, et comme je lui répondis que je n'en avais rien fait, il me dit en hochant la tête :

— Vous deviez être bien préoccupé...

Je me sentis rougir, et le docteur ne poussa pas plus loin une investigation qui paraissait me déplaire. Il m'ordonna quelques tisanes et me quitta en me disant :

— Vous avez une prédisposition aux maladies nerveuses; prenez des exercices violents, ne vivez pas enfermé chez vous comme vous le faites, et tâchez surtout d'éviter les émotions vives qui pourraient aggraver cette disposition naturelle.

Je n'avais rien dit qui pût faire soupçonner au docteur que le chagrin entrât pour quelque chose dans ma maladie. Il en avait donc été informé d'un autre côté, car je compris parfaitement à quoi tendaient ses dernières paroles. J'y réfléchis assez longtemps, et ce ne fut qu'à ce moment que je crus comprendre que j'avais été le jouet d'une mystification. Il m'était facile de m'en assurer en interrogeant ma portière, madame Dumesnil, qui s'était établie au chevet de mon lit ; mais j'étais trop vaniteux pour permettre qu'on me prouvât que j'avais été pris pour un niais.

IX

NOUVEAUX PERSONNAGES

Je restai une quinzaine de jours sans sortir, pendant lesquels je reçus assez assidûment la visite de mon ami Morinlaid, qui, lorsqu'il était chez moi, s'établissait constamment à ma fenêtre. Ce fut pendant ce temps que se passa chez moi une chose à laquelle je ne fis pas grande attention, comme à beaucoup d'autres, et qui cependant eût dû m'éclairer sur la valeur des gens qui m'entouraient. Parmi le petit nombre d'étudiants avec lesquels j'avais fait connaissance à l'École de droit, il en était un que j'avais plus particulièrement remarqué. Si l'on m'eût demandé quel était le sentiment que m'inspirait ce jeune homme, j'aurais eu sans doute beaucoup de peine à le dire. Il avait pour moi un attrait irrésistible. La grâce de sa personne, le grand air de ses manières, la facilité de sa parole, me plaisaient au point que j'aimais à être avec lui, rien que pour le voir et pour l'entendre; mais en même temps, la fierté dédaigneuse de ses opinions, les jugements absolus qu'il portait sur les hommes et sur les choses, et qu'il ne se donnait point la peine de défendre une fois qu'il les avait prononcés; une grande confiance en lui-même, sa réserve envers ses camarades, tout cela me blessait, et jusqu'à un certain point humiliait ma vanité. Aussi arrivait-il souvent qu'après avoir passé de longues heures, tout entier à l'empire qu'Olivier Duhamel avait pris sur moi, je me blâmais de ma faiblesse. Dès que je l'avais quitté, je trouvais mille réponses à ce que j'avais accepté sans discussion,

et, en définitive, je me promettais de ne plus me laisser
traiter à l'avenir en petit garçon; je prenais même la résolution d'éviter Olivier. Mais dès que je le rencontrais, je
ne pouvais échapper au charme impérieux de sa personne,
je redevenais son auditeur soumis et empressé. Le plus
souvent je me parais, pour ainsi dire, aux yeux de mes
camarades, de l'affection particulière qu'il me témoignait;
car Olivier, quoiqu'il fût presque aussi jeune que moi,
était déjà vieux à l'École, et, parmi tous les étudiants, il
était cité non-seulement comme un des plus instruits et
des plus studieux, mais encore comme le plus brave et le
plus adroit. Indépendamment de toutes ces qualités, Duhamel avait encore sur moi, dont l'imagination était facile à ébranler, deux avantages énormes : le premier, c'était
la manière dont nous avions fait connaissance, et le second,
la vie mystérieuse qu'il menait.

Le jour même de mon apparition à l'École de droit, au
moment où, pour la première fois, le professeur prononça
mon nom, en faisant l'appel général de ses élèves, je remarquai un jeune homme qui se leva vivement en cherchant des yeux celui qui venait de répondre au nom de
Michel Meylan. Il ne me découvrit pas d'abord, car je remarquai qu'il s'informait vivement à ses voisins pour qu'ils
me désignassent à lui. Piqué de cette curiosité, je me levai
à mon tour, et je le regardai de manière à l'avertir que je
m'étais aperçu de son empressement à mon sujet. Il me
salua légèrement et se rassit. Ce fut presque un petit événement autour de moi.

— C'est Olivier Duhamel, disait-on, le plus adroit tireur,
le meilleur étudiant de l'École, le connaissez-vous?

Je répondis que c'était la première fois que je le voyais
et la première fois que j'entendais prononcer son nom. Son
attention me parut donc ressembler à une espèce de pro-
vocation. On avait beau m'affirmer qu'Olivier n'était

point un de ces étudiants qui font métier de tâter les nouveaux venus, je n'en persistais pas moins à croire que j'allais avoir ma première affaire à l'Ecole; et je me promettais bien de la mener de façon que personne ne fût tenté de recommencer.

J'attendis Olivier à la fin du cours. Il me cherchait de son côté. On nous entourait avec quelque curiosité. Il m'aborda en souriant.

— Vous êtes monsieur Michel Meylan? me dit-il.

— Oui, monsieur.

— Je vous prie, reprit-il sans paraître s'offenser de la manière pleine de raideur dont je lui avais répondu, je vous prie de vouloir bien m'excuser de la curiosité que je viens de montrer en vous entendant nommer. Puis il ajouta tout haut, en paraissant s'adresser à ceux de nos camarades qui nous entouraient : — J'ai si souvent entendu parler de monsieur Meylan, votre père, que j'ai été charmé de pouvoir connaître son fils.

La crainte de passer pour faible ou pour ridicule, cette malheureuse appréhension des regards et des propos du monde qui m'a si longtemps donné, me fit recevoir assez sèchement ces avances tout aimables, et je repris avec un air de doute assez peu flatteur pour Olivier :

— Ah! vous connaissez mon père, monsieur?

— Je vous ai dit, répliqua-t-il en prenant un ton tout à fait sérieux, je vous ai dit que j'avais beaucoup entendu parler de lui; mais, ajouta-t-il, il est possible que je me trompe, et que vous ne soyez pas le fils de monsieur Meylan, qui a été longtemps secrétaire d'ambassade à Rome, puis préfet dans la Hollande, et qui maintenant est, je crois, consul général.

— Vous ne vous êtes point trompé, dis-je à monsieur Duhamel; et, à mon tour, je vous prie de m'excuser de vous avoir montré si peu d'empressement.

Quoique ce soit là une rencontre bien peu extraordinaire, on comprend qu'elle me fit plus particulièrement distinguer Duhamel et rechercher sa connaissance. Mais, quoi que je pusse faire, je ne pus jamais obtenir de lui qu'il m'apprît comment et par qui il avait entendu parler de mon père. Il éludait toujours mes questions à ce sujet, me répondant assez vaguement que c'était dans sa famille qu'il avait appris son nom; et lorsque je lui parlais à mon tour de cette famille, Duhamel me répondait par un seul mot : « Je suis orphelin. » Du reste, tout entretien à ce sujet semblait tellement lui déplaire, qu'une fois la connaissance faite, je me dispensai de lui en parler.

Je vivais beaucoup avec Duhamel, c'est-à-dire que nous passions une bonne partie de nos journées ensemble, quoique je ne fusse jamais entré chez lui et quoiqu'il ne fût jamais venu chez moi.

J'étais malade depuis à peu près huit jours, et Morinlaid venait de me quitter, lorsque je vis entrer Duhamel.

— J'étais sûr que vous étiez malade, me dit-il, et je vous en veux de ne pas m'avoir averti.

— Il y a si loin d'ici à la rue de la Harpe ! lui dis-je.

— Il y a plus loin de la rue de Provence à l'École de droit, et le chemin que vous faites tous les jours pour aller entendre monsieur Delvincourt et monsieur Blondeau, je puis bien le faire pour venir voir un ami malade.

Après ces paroles, nous restâmes un moment à causer de ce qui se passait à l'École; mais Olivier paraissait fort préoccupé, et il finit par me dire :

— Pardon, mais il faut que je vous fasse une question. Au moment où j'ai traversé votre cour, il m'a semblé voir à travers les carreaux d'une fenêtre à peu près au-dessous de la vôtre, une figure que je cherche depuis assez longtemps.

Je crus qu'Olivier voulait me parler de madame de Sainte-

Mars, et immédiatement la jalousie me tint en défiance contre lui.

— Voulez-vous me parler, lui dis-je, d'une dame d'une beauté ravissante, et qui demeure véritablement à l'entresol, mais dans l'appartement à côté du mien?

—Oh! me dit Duhamel en souriant, la figure que j'ai vue est loin d'être ravissante, et ce n'est point une femme que je cherche; mais, d'après ce que vous me dites, il se peut que ce soit chez votre voisine que je parvienne à trouver celui à qui j'ai affaire.

C'est un singulier sentiment de vanité que celui qu'on éprouve pour la femme qu'on aime, il est encore plus sot que celui qu'on éprouve pour soi-même; et je répondis à Olivier, d'un air parfaitement ridicule :

— C'est donc quelqu'un de bien haut placé à qui vous avez affaire, car madame la comtesse de Sainte-Mars ne reçoit que des gens du plus grand monde.

Olivier écoutait d'un air tout à fait étonné, puis il parut chercher dans ses souvenirs.

— Madame la comtesse de Sainte-Mars, répéta-t-il. Serait-ce par hasard la femme du général comte de Sainte-Mars?

— C'est elle-même.

— Mais madame la comtesse de Sainte-Mars, reprit-il, devrait être une vieille femme.

— Alors ce n'est pas la même, car celle-ci est belle et jeune; elle est la veuve d'un colonel de grenadiers de la garde tué à Waterloo.

— C'est étrange! reprit Olivier, il n'y a pas eu d'autre comte de Sainte-Mars qu'un général qui n'a pas été tué à Waterloo, et qui est mort il y a peine trois ans. Il est vrai que je crois me rappeler qu'il était veuf et qu'il avait pour maitresse une fort belle fille nommée, je crois, Fanny.

A ce nom, je devins pâle et si ému, qu'Olivier s'en apercut et reprit rapidement, en voyant l'effet que ce nom avait produit sur moi :

— Probablement il l'aura épousée, ou peut-être me trompé-je dans mes souvenirs, et sans doute je me suis aussi trompé en croyant apercevoir chez cette dame la figure d'un drôle avec lequel il faut que j'aie une sérieuse explication.

J'étais tellement piqué des vagues soupçons qu'Olivier avait jetés dans mon esprit à propos de madame de Sainte-Mars, que je lui dis :

— Dites-moi le nom de ce monsieur, et peut-être pourrai-je vous donner des renseignements à son sujet. Je crois connaître quelques-unes des personnes qui sont admises chez madame de Sainte-Mars ; ne serait-ce point monsieur le marquis de Chabron? monsieur le duc de Pavie?

— Non, non, me répondit en riant Olivier; le nom de mon fripon ferait tache en si haute compagnie, et je ne pense pas que monsieur Morinlaid soit admis dans une société si choisie.

— Morinlaid! m'écriai-je fort surpris de voir le nom de mon ami accolé à l'épithète de fripon.

— Le connaissez-vous? reprit Olivier en me regardant fixement.

Le degré de stupidité où un homme peut être poussé par l'amour allié à la vanité dépasse toute croyance.

J'étais parfaitement sûr que c'était Morinlaid qui sortait de chez moi et qu'Olivier avait reconnu chez madame Sainte-Mars, mais avouer que madame Sainte-Mars, mon idole, recevait un monsieur que Duhamel se permettait de traiter de fripon, un tel aveu fut au-dessus de mes forces, et je répondis à Olivier :

— Non, je ne le connais pas. Ce ne peut être un pareil homme que vous avez vu chez madame de Sainte-Mars.

Olivier sourit tristement. Sans doute en ce moment il

comprenait que j'étais sous le charme d'une passion qui me rendait aveugle, et, soit indifférence pour moi, soit qu'il attendit un moment pour m'éclairer, il changea immédiatement de conversation, et me demanda quelle distraction j'avais dans ma solitude. Après ce que je venais de dire, je ne pouvais guère me vanter des visites assidues de Morinlaid, et je dis à Olivier qu'à l'exception de monsieur Bonsenne, mon répondant, qui venait me voir quelquefois, j'étais seul, absolument seul. Mon ami était sans doute un garçon fort singulier. A ce nom de monsieur Bonsenne, il parut encore fort étonné, et fit à son sujet des questions qui me prouvèrent qu'il le connaissait beaucoup mieux que moi. Il me demanda, entre autres choses, si je savais ce qu'était devenue une certaine demoiselle Charistie Lambert, qui avait été élevée par monsieur Bonsenne. Je me rappelai en effet avoir entendu prononcer quelquefois ce nom par mon père, mais je dis à Olivier que je ne la connaissais point.

— Vous avez raison, me dit-il, cette jeune fille s'est mariée lorsque vous étiez encore au collège, mais vous auriez pu la voir ainsi que son mari, monsieur Deslaurières, chez son tuteur.

— Mais madame Deslaurières demeure dans cette maison! répondis-je fort étonné de cette nouvelle rencontre.

— Dans cette maison ! reprit Olivier avec un intérêt qui me parut extraordinaire ; et qu'en dit-on ?

— De très-vilaines choses.

— Mais que fait-elle donc pour cela ?

— Elle en fait de trop, lui dis-je, pour que je le sache précisément.

Olivier redevint triste, puis, après un moment de réflexion, il me dit :

— C'est, possible et vous avez peut-être raison ; mais si

coupable qu'elle soit, cette femme est peut-être plus à plaindre que vous ne pensez.

— Ah çà ! m'écriai-je à mon tour, mais vous connaissez donc tout le monde ?

Cette exclamation parut embarrasser Olivier, qui après un moment de silence me répondit cependant :

— Du moment que je connaissais monsieur Bonsenne, il n'est pas étonnant que je connusse une femme qui a été sa pupille. Mais laissons cela, reprit-il, et promettez-moi de venir me voir, ou plutôt de venir à notre cabinet de lecture, dès que vous serez mieux portant.

Il me quitta presque aussitôt, et c'est à peine si le lendemain je me souvenais de tout ce qu'il m'avait dit, tant la pensée de madame Sainte-Mars me préoccupait.

Cependant Morinlaid revint me voir comme à son ordinaire; fatigué de l'entendre sans cesse me parler de lui et de ses futurs succès, j'essayai de voir si le nom d'Olivier Duhamel ne rabattrait pas un peu de sa présomption, et je lui appris que j'avais reçu sa visite. Je ne m'étais point trompé. Morinlaid fut très-ému en apprenant que je connaissais ce jeune homme; et comme je n'avais pas de Morinlaid une estime très-assurée, je pensai que l'épithète de fripon que lui avait donnée Olivier était justement appliquée. Cependant j'étais moi-même trop curieux de connaître mon mystérieux ami pour dire toute ma pensée, et je questionnai Morinlaid ; mais il se tint à ce sujet dans une réserve extrême et je ne pus arracher de lui que des mots comme ceux-ci :

— C'est un homme fort dangereux. Je le crois à moitié fou. Il sait ou il dit savoir beaucoup de choses avec lesquelles il essaye de faire peur à ceux qui sont assez niais pour le croire. Du reste, vous devez avoir appris, puisque vous le connaissez aussi, qu'il tient en charte privée une jeune fille qu'il enferme toute la journée dans sa chambre.

Je voulus avoir l'explication des paroles de Morinlaid, mais il rompit brusquement les chiens en me disant :

— Du reste, je vous répète là ce que j'ai entendu dire, et je ne vous le garantis pas autrement.

J'avais entendu parler souvent du mystère dont s'enveloppait Duhamel, et comme à partir du jour où je le revis les événements se précipitèrent avec une telle rapidité qu'il me sera difficile de trouver place pour y mettre ces renseignements, je profite de cette circonstance pour apprendre à ceux qui me lisent ce que je savais alors de ce singulier jeune homme.

X

UN ÉTUDIANT MYSTÉRIEUX

Il n'y avait pas encore trois ans qu'Olivier était arrivé à l'École. Il avait alors environ dix-huit ans ; mais déjà c'était le jeune homme triste et hautain que je connaissais. Il s'était logé dans la rue de la Harpe, chez une vieille femme qui louait en garni un petit appartement dépendant de celui qu'elle occupait. A cette époque Olivier recevait chez lui les amis ou plutôt les connaissances qu'il avait faites à l'École, et quelques-unes de celles-ci avaient remarqué le respect obséquieux avec lequel cette vieille femme recevait les ordres de son locataire. Toutefois, quelques bruits assez singuliers avaient couru sur l'admission de Duhamel à l'École. Les uns disaient qu'il n'avait pu produire l'acte de naissance exigé pour les inscriptions. D'autres prétendaient qu'il avait été inscrit d'après un ordre spécial du ministre de l'instruction publique. En général, Duhamel passait pour un jeune homme appartenant à quelque grande famille, et que des circonstances dont on ne se rendait pas compte forçaient à cacher son nom. Ceux qui rendaient justice à ses bonnes qualités en parlaient ainsi ; mais ceux que ces bonnes qualités offusquaient et que son mérite rendait jaloux, et c'était le plus grand nombre, ceux-là prétendaient que c'était le fils d'un bourreau. On se rappelle combien les fils de bourreau ont été à la mode dans la littérature. Cependant tout ce tumulte de petits propos se calma bientôt devant la façon sévère dont Olivier les réprima ; et six mois après son arrivée à l'École, le nom d'Olivier Duhamel suffisait à la curiosité de tous ceux qui avaient affaire à lui. Il est probable que cette curiosité au sujet du jeune étudiant se fût complétement éteinte, si une circonstance extraordinaire n'était venue la réveiller trois ou quatre mois environ avant mon arrivée.

Je prie ceux qui lisent ce récit de vouloir bien remarquer que je raconte ici des circonstances que je n'appris que beaucoup plus tard, et à une époque pour ainsi dire postérieure au dénoûment de cette histoire. J'espère que la conclusion de ce récit me fera excuser de les avoir mises à cette place.

Un jour, Olivier quitta brusquement Paris ; il n'informa de son départ aucun de ses camarades, et la personne chez laquelle il logeait répondit à ceux qui vinrent pour le visiter que ce n'était que quelques minutes avant qu'elle avait été instruite de son départ. On chercha à savoir si elle en connaissait la cause. Olivier avait-il reçu quelques visites extraordinaires ? Quelques lettres lui étaient-elles arrivées ? Paraissait-il gai ? Avait-il l'air triste ? Enfin, toutes les questions par où on peut entrer dans un secret furent adressées à l'hôtesse d'Olivier, qui, soit extrême discrétion, soit parfaite ignorance, ne répondit absolument rien aux curieux qui l'interrogeaient. Ils apprirent de la bonne femme une seule chose, c'est que Duhamel l'avait avertie qu'il lui ferait savoir d'une façon quelconque, dans le délai d'un mois, s'il comptait, ou non, garder le logement qu'il occupait chez elle. Probablement, en apprenant cette circonstance aux amis d'Olivier, sa vieille hôtesse leur dit tout ce qu'elle savait elle-même. Ce départ mystérieux réveilla la curiosité des amis d'Olivier, et fit recommencer les propos dont il avait été l'objet.

On remarqua, d'un autre côté, que lorsqu'il fit l'appel des noms à l'École, le professeur passa celui de Duhamel, comme s'il eût été prévenu de cette absence, et comme s'il n'avait point à s'en occuper. Les commentaires recommencèrent à ce sujet. On avait dit que Duhamel était le fils d'un prince; on avait dit que c'était le fils d'un bourreau. Il fallait inventer quelque chose de neuf : alors on déclara que c'était un espion de police. Du reste, en 1821, plus qu'à aucune autre époque, la protection des hommes qui appartenaient au gouvernement flétrissait ceux qui en étaient l'objet. Les égards des professeurs pour Duhamel furent traduits dans cet esprit très-particulier à la jeunesse française. Cependant comme ces propos ne s'appuyaient sur aucune circonstance qui pût leur donner la plus légère apparence de vérité, ils se fussent sans doute calmés comme les premiers, si Olivier n'avait reparu comme il était parti, sans prévenir personne et sans donner l'explication de son retour, pas plus qu'il n'avait donné l'explication de son départ.

Dès le premier jour de son arrivée, il s'aperçut que les défiances qui l'avaient accueilli à son apparition s'étaient réveillées plus fâcheuses que jamais. Ses meilleurs amis lui refusèrent la main. On le laissa seul dans les salons de lecture où il se rencontrait avec d'autres étudiants; et chez les restaurateurs, où il vivait comme ses camarades, on évitait de s'asseoir à la table où il se trouvait. Cette conduite avait été combinée par les gros bonnets de l'École.

La question de la liberté individuelle était fort à la mode à cette époque; on faisait beaucoup de légalité parmi la jeunesse de 1821. Il en résulta qu'on reconnut à Olivier le droit de se conduire comme il le voulait, mais que, de leur côté aussi, ses camarades prirent le droit de se retirer de sa société. On avait compté sur le caractère impétueux de Duhamel pour amener une explication. On s'était dit qu'en présence de cet abandon il en demanderait probablement la cause, et qu'alors il serait permis à ceux qu'il interrogerait de lui dire les griefs de ses camarades, sans qu'il pût repousser ces accusations par sa phrase ordinaire : « Je ne me mêle des affaires de personne, et je demande que personne ne se mêle des miennes. »

Ceux qui avaient préparé ce triomphe à leur curiosité et à la mauvaise humeur qu'ils éprouvaient de ne pouvoir la satisfaire furent encore trompés dans leurs espérances ; Olivier parut ne pas s'apercevoir de l'abandon où on le laissait, il ne salua plus ceux qui ne lui rendaient pas son salut; il ne tendit plus la main à ceux qui lui refusaient la leur, et il vécut ou parut vivre absolument seul. Il entrait à l'École et il en sortait à l'heure accoutumée; mais, à l'encontre de ses habitudes passées, il ne rentrait jamais chez lui que lorsque la nuit était arrivée.

Il est bien rare qu'on s'impose un plan de conduite aussi bravement tracé que celui qu'avaient résolu les étudiants, pour le voir échouer sans en éprouver un violent dépit. On s'irrita de ce qu'Olivier paraissait dédaigner le dédain de ses amis, on lui sut mauvais gré d'avoir vis-à-vis des autres la fierté qu'on lui montrait. L'homme tient en général beaucoup plus à ses injures qu'à ses éloges, et celui qui rit de sa colère le blesse bien plus que celui qui se moque de son amitié. Olivier ne fut plus seulement le fils d'un prince, le fils d'un bourreau ou un espion de police; ce fut pis que tout cela : ce fut un drôle, un impertinent, un faquin qu'il était temps de corriger, de mettre à sa place. On dit cela si souvent et si haut, qu'il fallut se décider à mettre cette menace à exécution, sous peine de paraître mériter les épithètes qu'on adressait à Olivier. Une députation fut nommée, députation portant dans les plis de son manteau la paix ou la guerre, et chargée de soutenir la guerre dans les cas où elle se déclarerait.

Un matin donc, bien avant l'heure des cours, quatre des plus anciens et des plus résolus de l'École se présentèrent chez Duhamel. Ils allèrent sonner à la porte de son ancien logement. Cette porte leur fut ouverte par une jeune fille d'une beauté singulière et que personne ne connaissait pour l'avoir vue dans le quartier. On lui demanda monsieur Olivier Duhamel; elle répondit avec un léger accent germanique que monsieur Olivier Duhamel était dans sa chambre, à l'étage supérieur. Ceci ne voulait rien dire, si ce n'est qu'Olivier n'occupait plus l'appartement qu'il avait avant son départ, et probablement cette circonstance eût passé sans commentaires au milieu de la préoccupation des quatre députés, si, au moment où ils allaient monter à l'étage supérieur, la maîtresse de la maison n'eût paru tout à coup et n'eût dit d'un ton très-courroucé à la jeune fille :

— Pourquoi avez-vous ouvert pendant que je n'étais pas là ? Vous savez bien que monsieur Olivier vous l'a défendu.

— Mais, mon Dieu, répondit la jeune fille avec humeur, je croyais que c'était lui qui sonnait.

— Vous savez bien qu'il a sa clef, repartit l'hôtesse ; et s'il apprend ce qui est arrivé, il quittera ma maison, et je perdrai le meilleur locataire que j'aie jamais eu.

Pendant ce petit dialogue les étudiants échangèrent entre eux de petits sourires, de petits ricanements, de petits regards qui pouvaient se traduire ainsi : « Peste ! Olivier a bon goût ! C'est donc là ce qui le rend si dédaigneux de notre société ? Je m'accommoderais assez de son bonheur. »

Puis l'un d'eux finit par dire tout haut :

— Pardon, mademoiselle, de vous avoir ainsi surprise dans votre solitude.

— Comment, mademoiselle ! fit un autre. Pardon, madame, d'avoir trompé votre attente en vous faisant croire que c'était monsieur Duhamel qui sonnait à sa porte.

— N'a-t-il pas sa clef? ajouta un troisième.

Et nos étudiants, riant et saluant, allaient se retirer, lorsque Olivier parut tout à coup au milieu d'eux. Olivier jeta un regard rapide sur la scène qui se passait. La colère lui fit monter le rouge au visage, mais presque aussitôt une pâleur froide remplaça cette vive rougeur, et il dit à ces messieurs d'un ton dont le calme était plus menaçant que n'eussent été les cris les plus violents :

— C'est à moi que vous avez affaire sans doute, messieurs?

— C'est à vous, lui répondit-on.

— Rentrez chez vous, Thérèse, dit doucement Olivier à la jeune fille.

Puis s'adressant à son hôtesse, il ajouta :

— Tout à l'heure je vous donnerai mes ordres. Maintenant, reprit-il en se tournant vers les étudiants, veuillez m'accompagner chez moi.

Olivier, avec une politesse affectée, fit monter les quatre députés devant lui, il leur ouvrit la porte d'une petite chambre mansardée située au-dessus de son appartement; puis, quand ils furent entrés, il entra à son tour, ferma la porte et en mit la clef dans sa poche.

— Que signifie cette manière d'agir? fit un des étudiants.

— Vous êtes venus probablement pour me dire quelque chose? repartit Duhamel. Quand vous m'aurez dit ce qui vous amène, je vous donnerai l'explication de ce que je fais.

L'un des étudiants prit la parole au nom des autres, et, se posant en orateur, il commença le discours suivant :

— Monsieur Duhamel, nous sommes tous étudiants ; nous nous considérons donc tous non-seulement comme solidaires les uns envers les autres, comme égaux, quoiqu'il y en ait parmi nous de très-pauvres et de très-riches, quoiqu'il y en ait qui portent de très-grands noms et d'autres qui ne soient que des enfants du peuple (le mot était déjà à la mode) ; mais riches ou pauvres, nobles ou non, nous mettons tous notre conduite au grand jour. Nous ne faisons mystère ni de ce que nous sommes ni de ce que nous avons été ; aucun de nous ne craint de dire quels sont ses antécédents, sa fortune, sa famille, ses moyens d'existence. Moi qui vous parle, monsieur, je suis le fils d'un ouvrier qui a été tué en sauvant quatre enfants d'un incendie. Ma mère était ravaudeuse ; l'hospice de Dijon, où elle était employée, m'a fait élever. Je vis ici de la pension que me fait la charité publique. J'ai dit tout cela à ceux qui me l'ont demandé : je ne rougis pas de recevoir l'aumône, mais je rougirais d'en être honteux. J'ai trouvé dans tous mes camarades la confiance que je leur ai montrée ; et si nous ne disons pas à tous nos secrets et nos projets, il n'en est pas un de nous qui n'ait quelques amis qui puissent répondre de lui, lorsque ses actions ne semblent pas parfaitement claires.

Comme le jeune orateur s'était arrêté après cette exposition, Olivier l'aida à reprendre le fil de son discours en lui disant :

— Ceci est fort heureux pour vous, messieurs, et je vous en fais mon compliment.

L'orateur reprit alors avec un peu plus de véhémence (c'était un étudiant de troisième année, qui prévoyait déjà la plaidoirie et qui s'y essayait) :

— Vous n'avez point agi ainsi avec nous, monsieur ;

vous êtes arrivé à l'École sans que personne ait jamais pu savoir qui vous étiez, à quelle famille vous apparteniez, et même si le nom que vous portez est le vôtre.

Cette insinuation, qui peut-être n'avait été placée là que pour faire un troisième membre à la phrase de l'orateur, fit tressaillir Olivier. L'étudiant s'en aperçut, et continua avec plus d'assurance :

— Cependant on a respecté le silence que vous avez voulu garder. On a cru que lorsque vous connaîtriez mieux vos camarades, vous deviendriez envers eux ce qu'ils sont les uns pour les autres; vous n'en avez rien fait. Cette position a été acceptée; on a eu sans doute le tort de la laisser se prolonger; cependant il est probable que l'on ne s'en serait point préoccupé si vous n'aviez quitté l'Ecole, et si vous n'y étiez rentré sans qu'aucun de nous ait su ni les motifs de votre départ ni ce que vous avez fait pendant votre absence. Eh bien, monsieur, ce que nous ne vous avons pas demandé il y a deux ans, nous venons vous le demander maintenant. Qui êtes-vous? à quelle famille et à quel pays appartenez-vous? Voulez-vous nous répondre?

— Non, dit Olivier.

— En ce cas, monsieur, nous sommes obligés de vous dire que nous sommes décidés à vous faire quitter l'École.

— Et comment vous y prendrez-vous pour cela, messieurs?

Le jeune homme qui parlait répondit par un sourire au ton de menace avec lequel Olivier lui avait fait cette question :

— Le moyen est bien simple, monsieur, vous le connaissez, et nous l'emploierons, quoi qu'il puisse nous en coûter. Nous nous battrons tous successivement avec vous.

— Quoi qu'il puisse vous en coûter... reprit Olivier d'un ton railleur, je vous remercie de votre pitié.

— Vous vous trompez sur le sens de ces mots, reprit le jeune homme. *Quoi qu'il puisse nous en coûter* veut dire : Quoique vous ayez la chance d'en tuer un, deux, trois, dix, si vous voulez, avant que nous arrivions à cette exclusion. Vous êtes brave et très-adroit, monsieur, nous vous rendons tous cette justice ; vous devez donc comprendre qu'en présence d'un pareil adversaire nous n'avons pas fait cette démarche légèrement ; mais nous préférons tous le risque d'une rencontre avec vous que de vivre avec un homme dont personne ne sait ni les antécédents, ni la famille, ni les ressources. Voilà ce que nous avions à vous dire, et maintenant nous attendons que vous vouliez bien fixer l'heure et le jour de notre première rencontre.

Duhamel resta assez longtemps sans répondre ; quoique son visage trahît une vive anxiété, on ne pouvait dire que ce fût la menace qu'il venait d'entendre qui le troublât ainsi. Il semblait incertain dans la résolution qu'il allait prendre, et les étudiants espérèrent un moment qu'il leur répondrait de façon à concilier cette affaire. Mais peu à peu le visage d'Olivier se rembrunit, il sembla s'arrêter à un parti violent, et il repartit :

— Ma première rencontre sera sur l'heure, et mes premiers adversaires c'est vous, messieurs. Je ne veux d'autres témoins que vous-mêmes ; vous vous en servirez les uns aux autres, jusqu'au dernier survivant, et lorsque nous ne serons plus que deux, nous appellerons le premier passant venu pour témoigner que les choses se sont passées loyalement, et puis, soit que vous m'ayez tué, soit que je vous tue tous les quatre, j'espère que tout sera dit.

La proposition et la façon dont elle était faite avaient de quoi surprendre des hommes si résolus qu'ils fussent. Cependant aucun des étudiants ne montra la moindre envie de reculer, et l'un d'eux répondit :

— Vous avez des épées, monsieur, et quand vous aurez

ouvert cette porte, nous serons tous prêts à vous suivre.

— Eh bien, messieurs, dit Olivier, attendez-moi un instant, et je suis à vous.

— Pas un moment! dit un des étudiants, se plaçant devant la porte qu'Olivier allait ouvrir; il ne faut pas que vous nous échappiez

— Le temps de dire un adieu, et je suis à vous, dit Olivier avec hauteur.

— Et pensez-vous, monsieur, que nous n'avons pas nous aussi des adieux à faire? pensez-vous que nous ne voudrions pas, dans la prévoyance d'un malheur, laisser un témoignage de notre souvenir à ceux qui nous aiment? Pour cela il nous fallait un délai, si court qu'il fût; vous n'y avez pas pensé pour nous, nous sommes en droit de ne pas vous l'accorder.

Olivier fut atterré par cette proposition : à ce moment il sembla que toute sa résolution fléchissait devant la nécessité de risquer sa vie sans avoir pu prendre aucune précaution dans le cas où le sort se déclarerait contre lui.

— Eh bien, messieurs, reprit-il enfin, donnez-moi votre parole d'honneur que rien de ce qui s'est passé ici ne sera révélé par vous, j'accepterai l'heure qu'il vous plaira de fixer.

— Nous sommes envoyés ici par nos camarades et nous leur devons compte de notre mission.

Il se passait un violent combat dans l'âme d'Olivier : on eût dit qu'il eût voulu anéantir les quatre imprudents qui étaient venus l'interroger, et cependant, à la façon désolée dont il les regardait quelquefois, on voyait qu'il déplorait la nécessité qui le portait à sacrifier des adversaires si loyaux au mystère dont il voulait s'entourer.

— Eh bien, leur dit-il enfin, si je vous réponds comme vous l'exigez, si je vous en dis assez pour satisfaire votre susceptibilité, voulez-vous me donner votre parole d'honneur qu'une scène pareille à celle-ci ne se renouvellera pas ? Ceux qui vous envoient ont-ils en vous assez de confiance pour que le jour où vous leur direz qu'ils peuvent me traiter en ami et en camarade, aucun d'eux ne cherchera à en savoir plus qu'il n'en sait maintenant ?

— Sur l'honneur, Duhamel ! lui dit le jeune homme qui lui avait parlé le premier ; si ce que vous avez à nous dire nous satisfait, ce n'est plus à vous que les curieux auront affaire, c'est à nous, qui serons vos répondants.

— Écoutez-moi donc, dit Olivier.

Ce qu'Olivier dit à ces quatre jeunes gens ne fut jamais répété par eux. Ils gardèrent le même silence sur la rencontre qu'ils avaient faite de la jeune fille. Ils se contentèrent de répondre qu'ils tenaient Duhamel pour un homme honorable en tous points, et qu'ils étaient fiers de l'avoir pour camarade.

Cette affaire avait eu lieu assez longtemps avant mon arrivée à l'École, et j'en avais entendu parler fort vaguement. Je ne pensais pas à m'en inquiéter à moi tout seul, quand déjà personne n'y pensait plus. Cependant, malgré la discrétion de ces jeunes gens sur les secrets qui avaient pu leur être confiés par Olivier, on sut bientôt qu'une jeune fille vivait dans l'appartement qu'il avait occupé avant son absence. A son tour elle devint le texte des commentaires de ceux qui avaient surpris ce mystère, et à son tour elle fut qualifiée par les suppositions les plus magnifiques et les plus honteuses. On en fit une noble demoiselle enlevée par Duhamel ; on en fit une Russe ; on en fit une marchande de pommes ; on en fit un ange ; on en fit une fille perdue. Puis, comme cela était arrivé pour Olivier, on n'en parla plus.

A l'époque de sa visite, voilà ce que je savais de lui. Plus tard, lorsque dans une circonstance cruelle j'allai moi-même m'enquérir d'Olivier, qui une fois encore avait complétement disparu sans que personne sût où il était allé, voici ce que j'appris de la maîtresse de la maison qu'il avait occupée. La première fois que Duhamel s'était présenté chez elle, il lui avait offert de lui payer son appartement le double de ce qu'il valait, à la condition expresse de n'avoir d'autre étudiant que lui dans la maison. Olivier avait exactement payé ; Olivier s'était toujours conduit avec la plus grande réserve, et jamais l'hôtesse n'avait remarqué en lui rien d'extraordinaire, si ce n'est le silence complet qu'il gardait sur sa famille.

— Jamais, me dit cette femme, jamais il n'avait rien fait de répréhensible qui pût m'alarmer sur son compte, lorsqu'à son retour de son voyage il amena une jeune fille, et me déclara qu'elle allait demeurer dans l'appartement qu'il avait loué. — La pruderie de l'hôtesse se révolta à cette proposition, et elle refusa de prêter les mains à une intrigue qui lui paraissait coupable.

— Écoutez, lui dit Olivier, la jeune fille que je vous amène doit être ma femme ; je ne veux pas qu'un blâme, de quelque part qu'il vienne, puisse être jamais jeté sur celle qui doit porter mon nom. Thérèse demeurera ici ; j'occuperai la petite chambre qui est au-dessus de cet appartement. Je sais que vos occupations vous retiennent souvent hors de chez vous, je vous donne ma parole d'honneur de n'entrer chez Thérèse que lorsque vous y serez. Croyez que je serai plus soigneux de l'honneur de cette jeune fille que vous ne le serez vous-même. En vous la confiant, je vous témoigne une estime que je vous demande pour moi.

— Eh bien, monsieur, me disait cette femme, pendant six mois qu'a duré leur séjour ici, tout s'est passé comme il me l'avait promis : chaque matin il venait lui dire bonjour, et là c'était un charme de l'entendre parler à sa jolie fiancée. Oh! il l'aimait bien, monsieur; il l'aimait bien, car jamais il ne lui a donné que de bons conseils, et puis encore il se plaisait à l'instruire, à lui apprendre le beau langage du monde et le beau langage des grands auteurs. « Je veux être fier de vous, Thérèse, lui disait-il, non-seulement parce que vous serez pure, mais aussi parce que vous serez aussi spirituelle que belle. » Il l'aimait bien, monsieur, car souvent la jeune fille, que sa solitude ennuyait, lui faisait des cajoleries si charmantes pour qu'il la menât au spectacle ou au bal, qu'il fallait un cœur bien dur ou bien amoureux pour y résister. Et lui-même, combien de fois ne m'a-t-il pas rappelée près d'eux, lorsque je m'éloignais un moment pour les affaires de mon ménage. Il avait beau vouloir être sage, il ne pouvait pas s'empêcher d'être jeune et amoureux. Alors il arrivait des moments où il se mettait à regarder Thérèse comme dans une sainte contemplation; ses yeux ne la quittaient plus; il devenait pâle, oppressé; il lui prenait quelquefois les mains convulsivement, il l'attirait dans ses bras : je voyais tout cela à travers la porte vitrée de la petite chambre où je me tenais; mais je n'avais pas le temps de frapper au carreau, qu'il s'était déjà éloigné de Thérèse, et que le plus souvent il s'échappait de la maison comme un fou... Dame! monsieur, c'était une drôle de chose que ce jeune homme luttant contre son amour, pour l'honneur de celle qui devait être sa femme, et cela sans que personne l'y aidât, car la jeune fille ne mettait pas beaucoup d'empressement à se défendre...

Quand je reçus cette confidence, je n'avais point à me préoccuper de ce qu'était devenue Thérèse; j'étais beaucoup plus en peine d'Olivier, et je ne pensai qu'à lui. Du reste, je ne le revis point pendant tout le temps de ma maladie, et je fus obligé de me contenter des visites toujours fort assidues de mon ami Morinlaid. Dans la solitude où je vivais, j'aurais pu m'étonner de cette assiduité d'une part, et de l'autre, du choix de la place que Morinlaid ne manquait jamais de prendre. Comme je l'ai dit, il s'asseyait toujours près de ma fenêtre comme à un poste d'observation. Mais j'avais bien autre chose en tête.

Dès le premier jour de ma maladie, madame Sainte-Mars avait envoyé savoir de mes nouvelles, et je ne pensais plus qu'au moment où je pourrais aller la remercier de cette attention. Il est vrai que madame Smith en avait fait autant, et que je ne pouvais lui supposer la même intention que madame Sainte-Mars. La seule chose qui me charma dans le procédé de madame Smith, c'est qu'il m'autorisait à demander à mon ami Morinlaid s'il n'était pas convenable que j'allasse rendre visite à cette dame, et comme il m'approuva fort, je conclus en moi-même que ce qui était convenable pour l'une devait l'être nécessairement pour l'autre, mais je n'eus pas à m'occuper de la manière dont je me présenterais chez madame Smith.

XI

UN VOLTIGEUR DE LOUIS XIV — UN CRIME

J'étais déjà tout à fait rétabli, quoique je n'eusse pas encore quitté mon appartement, lorsqu'un matin on m'annonça la visite de monsieur de Favreuse. J'étais habitué à voir des hommes d'un ton parfait. Mon père tenait à la diplomatie, et c'est en général parmi les hommes qui s'occupent de la grande science politique qu'on trouve les modèles les plus achevés du savoir-vivre. Cependant je n'avais jamais rencontré chez un homme une façon plus naturelle et plus fine de s'exprimer; jamais je n'avais vu une manière plus élégante de saluer, de prendre du tabac, de se tenir sur une chaise. Monsieur de Favreuse portait la tête en arrière de façon qu'il regardait de haut. Mais il y avait dans l'expression de son visage une telle bienveillance, qu'on ne s'apercevait pas que souvent son accent était légèrement dédaigneux.

— Mon jeune ami, me dit-il en me repoussant doucement dans mon fauteuil que j'avais quitté pour le recevoir, les malades sont comme les rois et les femmes, ils ne doivent se déranger pour personne.

Il jeta un regard rapide sur mon petit salon, et me parut étonné de le trouver dans un ordre parfait. Il prit le siége que je lui indiquais; puis, après avoir achevé son inspection, il reprit doucement :

— Ma visite est presque une ambassade, mon cher voisin; vous allez en juger.

Il me regarda en clignant les yeux, et ajouta avec un parler nonchalant qui semblait tomber plutôt que sortir de ses lèvres :

— Vous passez une bonne partie de votre temps à la fenêtre.

Je fronçai le sourcil.

— Vous aimez le grand air? C'est comme moi, me dit-il; j'étouffe dans les appartements qu'on fait aujourd'hui.

Je m'inclinai.

— Quoique vos regards ne s'arrêtent pas d'ordinaire au côté nord de notre cour, vous n'avez pu vous empêcher de remarquer à sa fenêtre une dame d'une beauté assez ample pour défrayer de charmes convenables une douzaine de petites femmes ?

— Il s'agit de madame Smith, dis-je à monsieur de Favreuse, qui avait prononcé cette phrase avec le sang-froid le plus naturel.

— Vous savez son nom, reprit-il; je suis charmé que vous l'ayez remarquée, car elle a fait attention à vous.

Je fis une grimace si expressive qu'elle rida d'un léger

sourire le calme narquois de monsieur de Favreuse. Il inclina imperceptiblement la tête, et me dit :

— C'est une femme de bonne maison, d'une fortune indépendante et de mœurs irréprochables.

Je ne puis dire l'adorable fatuité avec laquelle monsieur de Favreuse prononça les mots *mœurs irréprochables*. Il n'y avait pas moyen de se défendre plus éloquemment de la mauvaise pensée que j'aurais pu avoir sur ses relations avec madame Smith. Probablement mon visage ne lui dit pas suffisamment que je l'avais compris, car il reprit aussitôt :

— J'ai fait plusieurs fois le tour du monde, mon cher voisin, et j'ai atteint l'âge du repos; cependant je m'intéresse vivement à ce qui intéresse madame Smith, et j'ai accepté la mission dont elle m'a chargé. Pour des raisons qu'elle vous dira elle-même, elle serait charmée qu'au lieu de passer solitairement vos longues soirées de convalescence, vous prissiez le parti de faire quelques visites à vos voisins.

Je recommençai ma première grimace à monsieur de Favreuse, qui reprit :

— C'est une femme très-spirituelle, d'une gaieté un peu formidable; mais vous êtes triste, à ce que l'on m'a dit : cela vous secouera.

Je ne crus pas pouvoir garder plus longtemps le silence, et je répondis :

— Vous avouerez, monsieur le comte, qu'une invitation faite en de pareils termes peut me surprendre.

— La la, mon jeune ami, me dit monsieur de Favreuse en souriant, ne vous fâchez pas; je suis aussi innocent de mes paroles que l'est un Auvergnat de la lettre qu'on lui donne à porter. Tout ce que je puis vous dire, ajouta-t-il en caressant son nez d'un air fort occupé, c'est qu'elles sont là-bas une *potée* de femmes qui se meurent d'envie de vous voir.

Je cite textuellement; le mot me frappa trop pour que je ne me le rappelle pas exactement.

— Mais, monsieur, dis-je d'un air fort impatient, je ne sais comment interpréter...

— Ma foi, ni moi non plus; je sais seulement qu'on doit jouer, boire du punch, manger des brioches.

La manière dont monsieur de Favreuse prononça le mot *brioche* fut admirable. On devinait qu'elles devaient sentir le vieux beurre. Il continua :

— Madame Smith a invité toute la maison, et vous lui feriez de la peine en ne venant pas.

— Vous y serez, monsieur le comte ? lui dis-je d'un ton que je voulus rendre méchant.

— Comment! me dit-il avec un étrange pincement de lèvres, je suis le roi de la fête... on me gâte. Nous aurons, à ce qu'on m'a dit, la belle madame Deslaurières...

Je fis une moue méprisante.

— La belle madame Sainte-Mars.

Mon cœur se serra assez violemment pour que je n'eusse pas la force de répondre. Cela me sauva sans doute d'une grosse bêtise parlée, mais il paraît que l'expression de mon visage fut suffisamment éloquente, car monsieur de Favreuse laissa percer un très-léger signe de dédain et de mécontentement, et se hâta d'ajouter :

— Cependant, vous êtes assez souffrant pour refuser si cela vous contrarie.

— Comment donc! m'écriai-je, car j'avais recouvré la voix, je suis trop honoré de l'invitation de madame Smith pour ne pas accepter avec empressement.

Monsieur de Favreuse m'examina et examina de nouveau mon appartement, puis il leva les yeux au ciel en murmurant :

— Les pigeons ont été créés pour être plumés.

Je crus avoir mal entendu, et je repris vivement :

— Que voulez-vous dire, monsieur le comte ?

Il se leva, et me répondit en souriant :

— C'est une réflexion morale que je faisais sur la prévoyance de la Divinité qui a pourvu à l'alimentation de tous les êtres.

Puis il ajouta du ton le plus profondément sardonique :

— Aux petits des oiseaux Dieu donne la pâture... Vous verrez madame Sainte-Mars.

Si jamais homme fut bien averti, ce fut moi ; mais c'est à peine si je m'arrêtai à la singularité de cette invitation et à l'étrangeté encore bien plus grande dont elle m'avait été faite. Je ne pensais qu'à une seule chose, c'est que j'allais voir madame Sainte-Mars... Malgré ce que j'avais entendu, monsieur de Favreuse me laissa assez approvisionné de bonheur et d'espérance pour achever ma journée au milieu des plus doux rêves ; mais un sort jaloux m'enleva le charme de cette douce occupation, et un véritable événement vint troubler la bienheureuse rêverie où je bâtissais à mon amour les plus beaux châteaux en Espagne.

Peu de temps après le départ de monsieur de Favreuse, j'entendis marcher avec activité immédiatement au-dessus de ma tête. J'occupais le second, monsieur Ernest Molinos le quatrième, c'était donc au troisième que l'on marchait. Et bientôt l'accent d'une voix irritée arriva jusqu'à moi à travers la légère épaisseur de plafond. Cette voix était celle d'un homme, et les intervalles de silence qui séparaient les éclats de cette voix me firent juger qu'on lui répondait, mais je ne pouvais deviner quel était l'interlocuteur de ce furieux, car aucun son perceptible n'arrivait jusqu'à moi. Je n'entendais de même que les pas d'une seule personne, et sans les silences intermittents et l'accent des reprises, dont la fureur allait toujours

récitant un rôle de tragédie ou quelque auteur se lisant à lui-même un drame furibond. Ce bruit, qui avait commencé par m'importuner, appela tout à coup mon attention, car j'entendis un cri déchirant, presque aussitôt étouffé. Ce cri devait être celui d'une femme. J'ignorais complétement quelles étaient les personnes qui logeaient immédiatement au-dessus de moi, de façon que je pus très-bien m'imaginer que c'était une scène de ménage. Cependant les éclats de voix devenaient de plus en plus violents, et bientôt j'entendis distinctement des menaces auxquelles se mêlaient des supplications; puis le bruit d'une chute dominée par les cris désespérés d'une femme. On commençait à s'émouvoir dans la maison, les fenêtres s'ouvraient de tous côtés, on s'appelait, lorsque la croisée placée au-dessus de celle à laquelle je me trouvais s'ouvrit avec fracas. Une femme, que je ne pouvais voir, appelait à son aide. La lutte continuait, et bientôt je pus voir le corps de la malheureuse à moitié penché hors de la fenêtre : elle s'était accrochée de ses deux mains aux barreaux et résistait, autant qu'elle le pouvait, aux efforts que son assassin faisait pour la précipiter en dehors. Les cris : « Montez! Enfoncez la porte! » retentissaient de tous les côtés de ma cour et de la cour voisine, témoins de cet odieux spectacle. Je m'élance, je monte l'escalier; d'un violent coup de pied je fais sauter la porte d'entrée, et j'arrive au moment où la malheureuse, pendue par une seule main au barreau de sa fenêtre, allait enfin lâcher prise et se briser sur le pavé de la cour. Je ne pensai qu'à l'arracher à cet affreux danger, et je l'avais, à proprement parler, tirée dans sa chambre sans m'être préoccupé de ce qu'était devenu l'assassin, lorsque je le vis, assis sur une chaise, les jambes croisées l'une sur l'autre, et me regardant sauver sa victime avec une complète indiffé-

s'élancèrent sur lui; il ne se défendit point, et ne répondit pas un mot aux injures dont on l'accablait. Nous avions remis la victime sur son lit, d'où il l'avait arrachée; elle n'était point évanouie, mais la frayeur qu'elle avait éprouvée l'avait plongée dans une sorte de délire effrayant. Ses dents claquaient violemment, ses yeux étaient fixes et injectés de sang, sa respiration était courte et pénible, et de temps en temps j'entendais s'échapper de sa poitrine ces mots prononcés d'une voix brève et altérée : « Ah! j'ai peur... j'ai peur... j'ai peur... »

Pendant ce temps, on était allé chercher le commissaire de police; l'assassin s'était placé de manière à voir la malheureuse en face. On avait déjà interrogé cet homme, mais vainement; il paraissait dédaigner de répondre, et il était impossible d'obtenir aucun renseignement de la victime. Quelle était cette femme? quel était cet homme? quelles étaient leurs relations? quel était le motif de leur querelle? Par un singulier hasard, personne ne pouvait répondre à aucune de ces questions; et par un prodige inouï, la portière elle-même, ce registre vivant de l'état civil de la maison, ne savait rien ou plutôt prétendait ne rien savoir. Une demi-heure se passa ainsi; le paroxysme nerveux qui avait agité si violemment la victime s'apaisa peu à peu, et se détendit tout à fait dans un déluge de larmes, mêlées de plaintes douloureuses et de sanglots désolés, qui tout inarticulés qu'ils étaient, montraient que l'infortunée avait repris la conscience de ce qui venait de se passer.

Le commissaire de police arriva à ce moment : c'était un homme à figure basse, au regard louche et féroce. Il paraissait non-seulement connaître l'affaire avant d'arriver, mais aussi les personnages. Le coupable sourit en l'apercevant, et la malheureuse montra une nouvelle terreur. Cependant rien ne trahit, de la part de monsieur Bonnissens — c'était le nom du commissaire — la moindre disposition à ne pas faire rigoureusement son devoir. Il reçut les dépositions fort nombreuses de tous ceux qui avaient vu ou entendu quelque chose de cette scène de violence. La malade ne put ou ne voulut point parler, et lorsque le magistrat interrogea l'accusé, il se contenta de répondre insolemment :

— La seule chose que j'aie à dire, c'est que je ne puis pas empêcher une folle de se jeter par la fenêtre.

Cette réponse excita un mouvement d'indignation. L'accusé reprit en adressant un regard significatif à sa victime qui le regardait avec des yeux effarés :

— Quand elle voudra vous répondre, elle ne vous dira pas autre chose.

La malheureuse — à qui s'adressait cette menace — car c'en était une — cacha sa tête dans les draps en cherchant à étouffer les sanglots et les larmes qui recommencèrent à éclater avec une nouvelle violence.

Sur ces entrefaites arriva monsieur Béquillet, le médecin ; il prescrivit à la malade le repos le plus absolu. Mais à ce moment, il s'éleva une difficulté inattendue : la femme chez qui nous étions n'avait point de domestique, et il était impossible de la laisser seule dans l'état où elle se trouvait. Par une nouvelle singularité, la portière, qui s'était faite si spontanément ma garde-malade, se refusa absolument à veiller près de ma voisine. Une vieille femme, qui se trouvait parmi les spectateurs attirés par cet événement, se proposa pour remplir cet office ; elle habitait une des mansardes de la maison, et faisait le ménage de monsieur Ernest Molinos. On ne lui demanda pas d'autres renseignements. Monsieur Béquillet fit une ordonnance ; on installa la vieille dans l'appartement de la malade et chacun se retira chez soi.

Au moment où j'allais rentrer dans mon logis, je fus abordé par un monsieur — que je crus avoir remarqué causant avec le commissaire de police sur le seuil de l'appartement de la victime; ce monsieur me dit d'un ton mystérieux :

— J'aurais deux mots à vous dire.

Et je le fis entrer chez moi.

XII

UN BIZARRE INCONNU — PREMIÈRES CONFIDENCES — PERSONNAGES NOUVEAUX

Lorsque j'eus fait asseoir cet inconnu, je l'examinai. C'était un homme de taille moyenne et élégante; il eût été difficile de déterminer son âge, car il était complétement imberbe; mais le sombre éclat de ses yeux, le noir luisant de ses cheveux et de ses sourcils, la teinte olivâtre de ses traits vigoureusement accusés, donnaient à sa physionomie un caractère de vigueur et de masculinité que le poil le plus touffu ne lui prête pas toujours. Ses dents, d'un émail éblouissant, étaient encadrées, quand il souriait, entre deux lèvres minces d'un brun mat, et ajoutaient une expression cruelle à l'expression naturellement grave de son visage. J'attendis un moment que cet homme entamât l'entretien qu'il m'avait demandé; mais, quoiqu'il ne parût point embarrassé de sa démarche, il semblait cependant hésiter sur la manière dont il aborderait ce qu'il avait à me dire. Ce monsieur m'examina à son tour comme on examine l'adversaire dont on veut découvrir le côté faible, et son regard m'éblouit d'abord et me pesa ensuite. Je me sentis humilié d'être troublé par la présence d'un homme que je ne connaissais point, et qui s'était pour ainsi dire introduit chez moi; et je rompis le premier le silence qui régnait entre nous en lui disant assez brusquement :

— J'attends les deux mots que vous avez à me dire, monsieur.

— Savez-vous qui je suis? me répondit cet homme.

— Nullement, monsieur.

— On m'appelle le comte de Sainte-Mars.

Ce nom me bouleversa, comme si ma passion pour la femme qui le portait était une insulte à cet homme. Je me sentis trembler et rougir. Mon inconnu sourit, et reprit aussitôt avec une intention manifeste de raillerie :

— Je m'appelle le comte de Sainte-Mars, et j'ai à vous parler de la jeune fille que vous avez arrachée à la colère de monsieur de Frobental.

— Je ne connais ni cette jeune fille ni monsieur de Frobental, monsieur, et je ne sais en quoi ce qui les concerne peut m'intéresser.

— Vous êtes étudiant en droit, monsieur, repartit l'inconnu, et quoique ce titre n'implique nullement la nécessité d'avoir la plus légère connaissance de nos lois, vous avez cependant trop d'habitude du monde pour ignorer que l'événement qui s'est passé aujourd'hui dans cette maison donnera naissance à une instruction criminelle.

— Cela me semble probable, monsieur, et quand cela arrivera, je serai appelé comme témoin. Est-ce à cause de cela que vous voulez me parler?

— Précisément, monsieur.

L'assurance de cet homme me sembla fort impertinente, et je repartis en essayant de mon plus grand air de dignité :

— Auriez-vous la pensée d'influencer par avance mon témoignage?

— Je ne suis point ici pour autre chose, me dit-il froidement.

— Monsieur, m'écriai-je en me levant et en lui montrant la porte du doigt, vous n'aviez que deux mots à me dire, et j'en ai déjà entendu beaucoup plus que je n'aurais dû.

L'inconnu suivit de l'œil la direction de mon doigt et reprit d'un ton moqueur :

— Et si je n'obéis pas à votre injonction, si je ne sors pas immédiatement par la porte...

— En ce cas, monsieur, m'écriai-je avec colère, je vous jette...

Le sourire de cet homme m'arrêta tout court, et il reprit en riant tout à fait :

— Vous me jetteriez par la fenêtre. Ce qui prouve qu'on peut très-bien avoir l'intention de jeter quelqu'un par la fenêtre sans être pour cela un misérable assassin.

— Il y a une immense différence, monsieur, entre un homme qui s'adresse à un homme, et qui vient lui faire, chez lui, des propositions insultantes; il y a, dis-je, une immense différence entre un homme, enfin, qui refuse de se retirer, et celui qui, se trouvant chez une femme, abuse de sa force pour...

L'inconnu haussa les épaules, et je repris aussitôt :

— Mais, en vérité, monsieur, je ne comprends pas que je me donne la peine de justifier mon droit à vous faire sortir de chez moi ; seulement il dépend de vous que ce soit d'une manière décente... ou bien...

L'inconnu s'étala dans un fauteuil et me dit :

— Soit, monsieur, jetez-moi par la fenêtre.

Il se croisa les bras et me regarda avec une parfaite tranquillité. Il y avait de quoi mettre en fureur l'homme le plus paisible. Je pris cet insolent au collet et je le soulevai; mais au lieu de me résister par une lutte, il se laissa retomber de tout son poids sur son siége, et me dit :

— Jetez-moi par la fenêtre, monsieur, cela vous sera facile ; vous avez le poignet solide, et je ne suis pas très-lourd.

canne dans un coin de mon salon, et je m'avançai sur lui le bâton levé, en lui disant :

— Pardieu ! monsieur, je ne vous y jetterai pas, mais je vous y ferai sauter.

A cette menace, l'impassibilité de cet homme disparut ; il se dressa devant moi par un mouvement si rapide et si hautain, qu'il me sembla qu'il avait grandi de six pieds. Son œil brilla de l'éclat fulgurant d'un coup de feu tiré sur moi, et une expression si féroce contracta ses lèvres, que je reculai, comme si je m'étais senti frapper par un coup imprévu. Il y eut un moment de silence et d'immobilité de part et d'autre. Pendant que j'hésitais à frapper, l'inconnu baissa les yeux et les couvrit de ses deux mains ; j'aurais eu honte de frapper un homme qui n'eût pas vu d'où lui venait cette attaque.

— Eh bien, lui dis-je, sortirez-vous ?

Il me regarda alors comme s'il eût effacé avec ses mains le caractère farouche de son visage ; je n'y vis plus qu'une expression si douce, si suppliante, si livide, que je rougis presque de ma brutalité, comme si j'avais menacé une femme.

— J'ai tort, me dit-il d'une voix grave, et, sur un malentendu, je ne jouerai pas l'honneur d'une famille illustre, la carrière d'un homme qui vous est lié par les liens les plus sacrés et peut-être la vie de plusieurs personnes.

Ceci méritait attention, et quelle que fût l'irritation que m'avait causée l'impertinence de ce monsieur, quel que fût surtout le déplaisir intérieur que j'éprouvais de l'espèce d'effroi qu'il m'avait inspiré, je ne pensai pas devoir pousser plus loin une scène de violence dont l'issue devait être en tout cas fort embarrassante.

— Parlez donc, monsieur, dis-je à l'inconnu ; expliquez-vous clairement, si c'est véritablement une explication sé-

Il parut se recueillir, et après un moment de silence il me dit :

— Pardon, monsieur; mais les paroles qui me sont échappées ont besoin d'être expliquées. Il faudra peut être m'écouter longtemps, en aurez-vous la patience?

— Je n'ai aucune affaire pressante en ce moment...

— En ce cas, me dit-il, permettez-moi d'écrire un mot pour avertir une personne qui m'attend de la cause qui m'empêche de me rendre près d'elle.

— Faites, monsieur.

Il tira un portefeuille de sa poche, au moment où je lui présentais de l'encre et du papier. Il écrivit quelques mots au crayon, et me dit en se levant :

— Je vais envoyer cela par un commissionnaire.

Il arracha le feuillet, et, comme par distraction, il jeta son portefeuille sur la table en sortant. Soit par hasard, soit de dessein prémédité, il s'échappa du portefeuille laissé ouvert cinq ou six billets de banque. Je voulus rappeler ce monsieur; mais il me cria de l'escalier :

— Je reviens à l'instant.

Il me vint l'idée que cet homme avait désiré me montrer par cet oubli volontaire qu'il était en mesure de me payer la déposition qu'il voulait sans doute me dicter dans l'affaire de ma voisine, et je m'apprêtais à le mal recevoir. Mais au lieu de le voir revenir au bout de quelques minutes, comme il me l'avait promis, un quart d'heure se passa, puis une demi-heure, puis une heure entière; enfin deux heures s'écoulèrent avant qu'il reparût. Au premier moment, je ne voulus point toucher à ce portefeuille pour que ce monsieur le retrouvât dans l'état où il l'avait laissé; mais, à mesure que le temps se passait, l'aspect de ces billets de banque laissés si cavalièrement sur ma table finit par m'être insupportable, comme s'ils étaient les interprètes parlants d'une honteuse proposition. Bientôt je trouvai l'absence de cet homme encore plus insolente que sa présence, et, pour me débarrasser à la fois du portefeuille et des confidences que l'inconnu voudrait me faire à son retour, je m'étais décidé à envoyer chercher le commissaire de police et à lui remettre les billets probablement oubliés à dessein par ce monsieur, lorsque j'entendis sonner à ma porte. Au lieu de celui que j'attendais, je vis un domestique en grande livrée qui me remit un paquet assez volumineux, après s'être assuré de mon nom. Le domestique se retira. Je décachetai le paquet, et sous la première enveloppe je trouvai la lettre suivante :

« Monsieur,

» Une affaire d'une importance décisive pour moi me retient encore et m'empêchera peut-être d'aller vous voir d'ici à quelques jours. Il ne faut pas cependant que vous ignoriez jusque-là les détails que je voulais vous confier : je vous remets sous ce pli la copie d'un mémoire qui n'a point été publié, pour cause d'arrangements survenus dans l'affaire qu'il concerne. Ce mémoire, quelque incomplet qu'il soit, sera sans doute suffisant pour vous édifier sur le compte de certaines personnes, lorsque vous saurez que la demoiselle que vous avez sauvée aujourd'hui est celle qui s'y trouve désignée sous le nom de Justine. Tout ceci, monsieur, est confié à votre honneur. Je ne parle pas de l'intérêt que vous avez à ce que cette affaire soit étouffée. Vous en jugerez vous-même. Je quitte Paris pour quelques jours, mais vous me reverrez dès que je serai de retour.

» Agréez, je vous prie, etc.

» MAXIMILLIEN DE BRILLOIS, comte DE SAINTE-MARS. »

Malgré la mauvaise humeur que m'avait donnée cette

affaire, tout ceci prenait une tournure assez sérieuse pour
que j'y donnasse quelque attention. D'ailleurs, j'étais fort
curieux d'apprendre quel intérêt j'avais à ce que ce crime
restât caché. En conséquence, n'ayant à ce moment rien à
faire qu'à attendre l'heure de la soirée de madame Smith,
je lus ce mémoire, dont je reproduis textuellement la première partie. Je dirai plus tard les circonstances qui m'empêchèrent d'en achever la lecture ; car il est probable que
si j'eusse pu lire ce manuscrit jusqu'au bout, les événements eussent pris une tout autre tournure. On en jugera
en me suivant pas à pas dans ce conflit d'intérêts au milieu desquels je me trouvais jeté à mon insu, sans savoir
quel lien m'y rattachait ; on jugera aussi que je dus être
fort surpris de la confidence qui m'était faite, lorsqu'on
trouvera à la première page de ce manuscrit le nom d'un
de mes voisins, monsieur de Favreuse. Quoique ce ne fût
pas lui qui fût en scène, il s'agissait du chef de sa famille,
et je dus penser que ce récit intéressait le vieux général.
Mais je laisse à mes lecteurs le soin d'apprécier les sentiments que je dus éprouver. Voici ce manuscrit.

Note de 1840. — Sans doute en 1829 je ne relus point
ce prétendu mémoire, car probablement j'eusse fait à cette
époque la remarque que je viens de faire : c'est, que ce
n'est là ni le style ni la forme d'un mémoire destiné à
être mis sous les yeux de juges appelés à décider une
question d'État. Cela ressemblait beaucoup plutôt à un roman. Malheureusement, quelle que soit la manière dont
ils sont exposés et racontés, les faits que cet écrit révèle
sont exactement vrais; et quoique je récuse la responsabilité du récit ou plutôt de son esprit, je n'en garantis pas
moins l'authenticité des événements dont il parle.

XIII

Mémoire à consulter

DEUX NOBLES DEMOISELLES, LEURS ÉPOUX ET LEURS MŒURS
— UNE RENCONTRE

Le duc de Favreuse, l'un des plus riches propriétaires du midi de la France, avait marié sa fille aînée, Hélène de Favreuse, au duc de Frobental, l'un des plus anciens et des plus puissants seigneurs de cette aristocratie flamande, laquelle a survécu jusqu'à présent à toutes les révolutions qui ont fait de ce qu'on appelle aujourd'hui les Pays-Bas[1] l'appoint de presque tous les partages conclus entre les grandes puissances de l'Europe. Ce mariage s'était célébré le 15 août 1790. Huit jours après, le duc de Favreuse mariait sa seconde fille, Jeanne de Favreuse, à monsieur le marquis de Prémontré, député à la Constituante, lequel, malgré son titre, était fort avancé dans le parti de la révolution.

Par un acte authentique et fort régulier, monsieur le duc de Favreuse avait partagé la totalité de ses biens entre ses deux filles, à la charge par elles et leurs maris de lui payer une rente de cent mille écus, en quelque pays qu'il lui plût de la recevoir. Indépendamment de cet acte, monsieur de Favreuse en avait fait un second par lequel il se réservait le droit de reprendre ses biens, dans un délai de dix ans, à la charge par lui de servir à chacune de ses filles une rente de cinquante mille écus. Ces deux mariages faits et ces précautions prises, monsieur de Favreuse attendit les

---

[1] Depuis que ceci est écrit, on a fait de ces provinces le royaume de Belgique.

événements, après les avoir prévus avec une rare sagacité. Lorsque le séjour de la France devint dangereux pour les gens qui avaient un grand nom et une grande fortune, le duc émigra, en laissant ses deux gendres chargés du soin de protéger ses immenses propriétés. La fortune personnelle de ces deux messieurs étant engagée par contrat au service de la rente reconnue à monsieur de Favreuse, celui-ci partit parfaitement garanti contre les éventualités de l'avenir.

Le premier gendre, monsieur de Frobental, se tint coi pendant l'orage révolutionnaire, et en 1795 il avait un héritier de sa fortune et de son nom, sans avoir été inquiété un seul moment. Quant à monsieur de Prémontré, il eut l'habileté vulgaire d'être avec Robespierre jusqu'au 7 thermidor, jour où il passa du côté de Tallien. Après cela, il se fit le prôneur de l'abbé Sieyes, et peu de temps après il pressentit si bien le génie de Bonaparte, que, le 17 brumaire, il disait de Sieyes que c'était un pauvre reste usé d'oratorien bavard. Aussi fut-il du sénat impérial avec les noms un peu bien sonnants qui avaient échappé à la guillotine, et il allait enfin jouir du fruit de ses savantes petites lâchetés, lorsqu'il fut emporté par un catarrhe, une maladie tout à fait digne de sa vie. Le duc de Frobental, au contraire, monta sur le théâtre politique au moment où monsieur de Prémontré en disparut. Il apporta à la cour impériale son grand nom et son immense fortune, et la duchesse de Frobental y fut particulièrement distinguée par sa beauté et sa conduite exemplaire.

Mais il nous faut revenir maintenant sur le passé, et, après avoir exposé ce que fut l'existence extérieure et très-vulgaire des deux sœurs, il faut raconter les petits événements qui devaient plus tard la dramatiser.

Vers le commencement de l'année 1798, une chaise de

poste prenait le chemin du château de Prémontré, situé à une petite lieue de Mazamet. C'était précisément le 22 mars, et quoique cette date soit celle du retour du printemps, la campagne était couverte de neige, et un froid excessif avait durci cette neige au point que voiture et chevaux glissaient à tout moment et ne pouvaient presque pas avancer. Cependant un homme placé dans l'intérieur ne cessait d'exciter par ses cris, ses menaces et ses promesses d'argent l'ardeur impuissante du postillon, qui se fatiguait autant à frapper ses chevaux que les chevaux à traîner la voiture. Quand les imprécations et les prières de cet homme cessaient, on entendait du fond de la berline des gémissements qu'on semblait vouloir étouffer.

— Adrien, disait la femme qui se plaignait ainsi, car c'était une femme, Adrien, n'arriverons-nous pas? ces douleurs sont affreuses, je me sens mourir.

— Du courage, Hélène, du courage! lui répondait l'homme qu'elle avait appelé Adrien. Encore quelques minutes et nous serons chez votre sœur.

La malheureuse Hélène ne répondait pas : son mouchoir, mâché avec fureur entre ses dents, étouffait un moment les cris qui montaient de sa poitrine. Mais un brusque cahot venait-il rendre ses douleurs plus aiguës, un cri s'échappait, et la barrière qu'elle opposait à ses souffrances étant rompue, ses gémissements s'exhalaient avec violence. Alors l'homme qui l'accompagnait portait un regard inquiet sur la route, examinant attentivement si personne ne pouvait entendre ces cris; puis il recommençait ses menaces au postillon, qui lui répondait par d'affreux jurements, attestant tous les saints du paradis que pour un million il ne voudrait pas recommencer la course qu'on lui faisait faire.

On était arrivé au milieu d'une côte assez raide, et les cris de la femme, les exhortations du voyageur, les jurements du postillon éclataient en un trio furieux, lorsque d'un petit sentier qui s'allongeait sur le flanc de la montagne sortit un homme conduisant un attelage de bœufs traînant une herse renversée les pointes en l'air. On avait piqué sur ces pointes trois ou quatre bottes de paille sur lesquelles cet homme était assis, et il se faisait ainsi traîner par quatre bœufs qui, malgré le mauvais état du chemin, enlevaient aisément un poids si léger. Les chevaux de la voiture, qui semblaient à bout d'efforts, s'arrêtèrent tout à coup, et ce fut tout ou plus s'ils purent empêcher la voiture de reculer et de redescendre toute la partie de la côte qui avait été si péniblement gravie. La femme continuait à crier, et le monsieur criait plus fort que jamais :

— Cinquante louis pour toi si tu arrives avant la nuit!

Jusque-là le postillon, soutenu par l'appât de ces magnifiques promesses, avait fait des efforts surhumains pour mériter la récompense promise. Mais quand il jugea que tous ses efforts étaient inutiles, il abandonna complétement la partie, et descendit de cheval en disant :

— Au diable! monsieur; quand vous leur mettriez des fers d'or avec des clous de diamant, mes bêtes ne pourraient pas faire un pas de plus.

En ce moment la voiture était comme enveloppée dans le nuage de brume qu'exhalait l'ardente sueur des chevaux.

— Hé! cria du bord du chemin une voix moqueuse et mordante, qui diable assassines-tu là, Limassou?

Pendant que le monsieur ouvrait la portière de la voiture et sautait à terre pour activer plus énergiquement le mauvais vouloir du postillon, celui-ci s'était approché du paysan gravement assis sur son traîneau, et lui disait, avec cette exaltation de gestes et de paroles qui donne un relief si pittoresque aux bonnes comme aux mauvaises qualités des gens du pays :

— C'est moi qui suis assassiné, Jean; encore une fois je suis victime de mon bon cœur. Il y a là dedans une dame avec un homme qui viennent de je ne sais où. Ils se sont jetés à mes pieds en m'offrant dix louis pour les conduire de Mazamet à Prémontré. Tu me connais, je suis la bonté en personne; je n'ai pas voulu leur refuser ce service, surtout à la dame, qui est très-jolie, et voilà dans quel embarras je me suis mis! Les bêtes n'en peuvent plus... elles suent leur sang... elles vont prendre un coup d'air, dans cinq minutes elles seront fourbues à ne pouvoir plus mettre une jambe devant l'autre, et j'aurai perdu deux chevaux de cinquante pistoles chacun pour avoir été humain et charitable.

Pendant que Limassou parlait ainsi, le monsieur appelé Adrien s'était approché des deux interlocuteurs. Le paysan le regarda d'un œil perçant, et sans répondre à Limassou, il lui dit, en dirigeant son aiguillon sur les bœufs de son attelage:

— Quel est celui-là?

— Ça? dit Limassou, c'est le laquais de la dame de la voiture.

Jean toisa le laquais, regarda le postillon, se gratta le bout du nez en sifflotant un petit bout d'air, et fit entendre à ses bœufs le *Hehouhé, pitchou!* qui devait les remettre en marche. Les bœufs attendait sans doute un commandement plus direct, car c'est à peine s'ils appuyèrent leur front sur le joug qui les tenait attelés; mais celui qui avait été désigné comme le laquais de la dame, celui qu'elle appelait Adrien, s'écria aussitôt.

— Hé! l'ami, par grâce, un moment; ne pouvez-vous pas nous aider à nous tirer de ce mauvais pas?

— Moi? dit le paysan; que nenni! je devrais être rentré depuis une heure à la maison, et ça serait fait si je ne m'étais pas amusé à tuer des grives le long du bois de Prémontré.

— Vous venez de Prémontré? dit Adrien ; cela prouve que vous connaissez le chemin.

— Oh! reprit Jean, ça prouve que si je ne m'étais pas attardé, vous ne m'auriez pas rencontré; que si vous ne m'aviez pas rencontré, vous vous seriez tiré de là d'une façon ou d'autre, et que par conséquent vous n'avez pas besoin de moi.

— Un moment, donc! reprit le domestique en voyant le paysan faire mine de reprendre sa route ; vous voyez bien que nous ne pouvons sortir d'ici que grâce au secours de quelqu'un qui passera de ce côté, et par le temps qu'il fait, il n'y a pas de chance que nous rencontrions d'autres personnes que vous.

En ce moment, les cris de la dame se firent entendre plus éplorés, plus douloureux que jamais.

— Hélène!... Hélène... du courage! dit Adrien en courant vers la voiture; prenez courage!

Jean le paysan le suivit de l'œil, et dit au postillon :

— Et tu dis que c'est le valet de cette dame, Limassou?

— Il me l'a dit.

— En ce cas, fit le paysan, si la dame est jolie, le service doit être agréable.

— Oh! fit Limassou, tu es bien nommé Jean Moline le Poison : tu ne peux pas dire une parole qu'elle ne renferme une mauvaise pensée.

— A ton aise, Limassou! dit Jean : cela ne me regarde pas.

Pour la troisième fois, il parut vouloir reprendre son chemin; mais pour la troisième fois Adrien l'arrêta et lui dit :

— Tu n'as pas envie de gagner deux louis?

Jean regarda le monsieur d'un air ébahi, et, se tournant vers Limassou, il lui dit :

— Est-ce qu'il est fou, celui-là ?

Adrien fronça le sourcil.

— M'as-tu entendu, drôle ? lui dit-il.

Le paysan se leva sur son traîneau, et repartit d'une voix insolente :

— Prenez garde à ce que vous dites, mon petit monsieur ; je passe tranquillement mon chemin, et je ne suis pas un homme à me laisser attaquer de parole ou d'action par qui que ce soit.

Adrien fit un geste d'impatience, et il allait sans doute commencer une querelle, lorsque la femme qui était dans la voiture se pencha à la portière et s'écria :

— Mon Dieu ! Adrien, donnez-leur tout ce qu'ils vous demanderont !

Le paysan la regarda, et bien que cet homme parût être parfaitement maître de lui-même, il laissa échapper une exclamation d'étonnement, et tout aussitôt il sauta à bas de son traîneau, et dit à Adrien :

— Combien donnez-vous pour que je vous mène à Prémontré ?

— J'ai promis dix louis à cet homme, fit Adrien, tu en auras autant.

— Vous avez promis cinquante louis, dit Limassou.

— Cinquante louis, soit ! dit la dame qui était restée penchée en dehors de la voiture.

— Cinquante louis pour nous deux, fit Jean, ça ne peut pas s'arranger comme ça ; je ne veux rien avoir à partager avec Limassou.

— Eh bien ! dit celui-ci, tu n'auras rien, car je les mènerai tout seul. Allons, remontez en voiture, nous allons aller comme le vent.

Sur ce, Limassou se mit à fouetter ses rosses à tour de

bras. Ces malheureuses bêtes firent deux ou trois efforts inutiles qui n'aboutirent qu'à imprimer à la voiture d'assez violentes secousses pour que la dame recommençât ses cris. Jean Moline se mit à rire en sifflotant. Adrien se retourna vers lui ; tant d'insolence et de cruauté exaspéra le généreux domestique : il courut à la voiture, prit dans une des poches une paire de pistolets, et revenant sur Jean, il les dirigea sur sa poitrine, en lui disant :

—Tu vas atteler sur-le-champ tes bœufs à cette voiture, ou, sur mon honneur, je te casse la tête !

Malgré son imprudente assurance, Jean pâlit, car Adrien paraissait parfaitement résolu à accomplir sa menace. Mais le paysan se remit presque aussitôt et répondit :

— Est-ce qu'on assassine un passant parce qu'il ne lui plaît pas de vous prêter son attelage ? C'est un mauvais moyen que vous prenez pour vous tirer d'embarras.

La raison était excellente, et il n'était pas besoin des cris de la malade qui appelait Adrien, en le suppliant de se calmer, pour qu'il renonçât à la menace. Enfin, poussé à bout, il dit au paysan :

— Que veux-tu donc, et que te faut-il pour te décider ?
— Vous allez voir.

Il fit signe à Limassou, qui s'approcha.

— Combien veux-tu de tes deux bêtes ?

Limassou ne comprit pas tout de suite, car il regarda Jean Moline d'un air fort étonné. Mais il se ravisa et lui répondit :

— J'en veux cent pistoles.
— Elles en valent dix à elles deux : tu en auras trente, et tout est dit.
— Jamais.
— Trente, ou je m'en vais ; et comme tu ne pourrais pas bouger d'ici, il est probable que monsieur se dispensera de te payer pour un voyage que tu n'auras pu faire...

— Je ne ferai point ce marché, dit Limassou.

Moline le regarda froidement, et sans qu'une seule parole fût prononcée entre ces deux hommes, Limassou baissa la tête, et repartit d'un ton sournois :

— Soit, je le ferai.

Adrien, qui écoutait, chercha sa bourse. Moline l'arrêta en disant :

— C'est inutile ; nous compterons le tout ensemble.

Et lui-même tira de la poche de sa culotte à larges plis un sac de cuir, et compta douze louis d'or à Limassou.

— Maintenant, lui dit-il, nous n'avons plus besoin de toi ici, tu vas seulement retourner à Mazamet, et tu diras au docteur Bonnissens que ma femme est au plus mal. Il l'a accouchée hier, et il viendra. Dis-lui, et n'oublie pas ça surtout, qu'il passe par le chemin des Chardonnettes, je l'y attendrai. Il y a encore trois louis pour toi si tu fais cela ; je les remettrai au docteur.

— Ça va, dit Limassou, mais dépêche-toi de ton côté. Nous allons encore avoir de la neige, la montagne *s'ombruge* de noir.

— C'est vrai, dit Jean Moline d'un air pensif.

A ce moment, et comme s'il eût pris un intérêt pressant à l'arrivée du médecin, Adrien reprit :

— Mais ce mauvais temps empêchera le docteur de venir.

Moline réfléchissait, puis il répondit :

— Bah ! le docteur viendrait quand il tomberait des solives ! C'est Limassou qui m'embarrasse... regardez-le... il a le bout du nez blanc, il se refroidit, et il était comme une éponge quand il est arrivé ici...

Moline regarda Limassou, dont les dents commençaient à claquer, et se mit à crier d'une voix entraînante :

— Héoup !... héoup ! Limassou, un tour de danse pour nous échauffer, je gèle.

— Oui... oui... dit Limassou d'une voix grelottante.

Tout aussitôt Moline prend Limassou par les bras et le fait tourner et retourner; mais le malheureux postillon était engourdi par le froid, et il cédait comme un mannequin inerte à l'impulsion qui lui était donnée.

Moline, voyant cela, le quitta et lui dit avec fureur :

— Eh! va donc, pécaire! veux-tu crever ici comme un chien?

Et, sans autre forme de procès, il lui donna un coup de poing. L'inattendu et la rudesse de cette attaque semblent réveiller le malheureux, qui se jette en chancelant et sans dire un mot sur Jean Moline.

— Ah! c'est comme ça, lui dit Jean; tu vas me rendre mes cinquante pistoles.

Cette menace agit plus vivement sur Limassou, qui s'écria :

— Ah! tu veux rompre le marché, eh bien, nous allons le signer à sang!

Aussitôt une lutte commence dans laquelle le malheureux Limassou ne fait que recevoir des coups de poing qui l'exaltent et le mettent dans un tel état, que bientôt il devient pourpre de colère et que la sueur coule de son front.

A ce moment, Moline le renverse, le saisit à la gorge et lui dit :

— Ecoute, imbécile, tu avais le *froid* : dans un quart d'heure tu étais mort, si je ne t'avais si gentiment frictionné; profite de ta chaleur... file à Mazamet, renvoie-moi le docteur, il y a six louis pour toi s'il vient.

— Hé! merci, merci, dit Limassou en se secouant; je crois que tu as raison... Un dernier tour pour me dégourdir!

Mais au lieu de se battre, voilà nos deux hommes qui se mettent à danser ensemble une bourrée, au milieu de la route, avec des cris, des chants qui font retentir les échos de la montagne. Puis tout à coup Limassou part comme un trait, sans dire un mot, et Jean Moline reste seul avec la voiture et les voyageurs.

XIV

Suite du mémoire à consulter

LA MAISON DANS LES MONTAGNES

— Dépêchez-vous, dit Adrien à Jean Moline, vous aurez...

— Je ne fais pas de marché sur la grande route, lui répond brusquement Moline ; quand cela m'arrive, je prends tout. Vous me payerez comme il vous plaira quand je vous aurai conduit où vous devez aller.

A l'instant et avec une dextérité inouïe, Jean dételle ses bœufs de la herse, les attache par le lien qui pend au bout de son timon flottant au timon fixe de la voiture, et dit au domestique :

— Marchez aussi un peu, ça ne vous fera pas de mal. Quant à la dame, voyez si elle est bien couverte.

— Très-bien, dit Adrien.

Moline, sans l'écouter, va à la voiture et dit brusquement à la dame :

— Comment ça va ?

— J'ai froid...

Aussitôt Moline rejette la roulière de serge qui le recouvrait, se dépouille d'une peau de mouton qu'il portait en dessous, et la jette à la dame en lui disant :

— Prenez, je viens de l'échauffer.

Il court à la herse, rompt la corde qui attachait la botte de paille, et tire du milieu un fusil et une hache qui s'y trouvent cachés, puis il fait sur la route un tas de cette paille, bat le briquet avec la pierre de son fusil et allume du feu.

— Allez me chercher vos manteaux et tout ce qui couvre cette dame, dit-il à Adrien.

Celui-ci obéit. Moline présente tour à tour à la chaleur de ce feu ardent chacun de ces vêtements et court les porter tout brûlants à la voiture ; il en couvre la voyageuse avec une attention, une délicatesse extrêmes, tâte les pieds qu'il trouve glacés, reprend la peau de mouton, la chauffe et revient en envelopper ces pieds souffrants, dont il remarque l'élégance. Il continue ainsi, ayant soin de remplacer le vêtement refroidi par un vêtement réchauffé, jusqu'à ce que la malade, dont le visage contracté un instant avant par la douleur, lui dise avec une sorte d'effusion :

— Ah ! ah ! je suis bien maintenant !

— Si le froid vous reprend, lui dit Moline, frappez au carreau, nous referons du feu, car nous avons encore trois heures de marche.

— Tant que ça ! dit Adrien.

— Bon ! dit Moline, j'ai dit trois, c'est peut-être quatre, cinq, six.

— Mais avec quoi ferons-nous du feu ?

— Il y a du bois sur la route, dit Moline en jetant son fusil en bandoulière et plaçant sa hache à sa ceinture : et au besoin il y a les cabanes d'été des bergers, ça brûle vite et mieux que le bois vert. Allons, prenez une de ces bêtes par la bride, je prendrai l'autre, et mes bœufs vont tout tirer.

En effet, pressés par la voix et l'aiguillon de leur maître, les bœufs enlevèrent la voiture, et soit que la fatigue eût épuisé chez la voyageuse le pouvoir de souffrir, soit que la régularité tranquille de la marche des bœufs eût diminué de beaucoup la dureté des cahots de la berline, l'équipage arriva au sommet de la colline qu'il gravissait sans nouvelles plaintes de la part de la malade.

Jusqu'à ce moment, Adrien n'avait pas renoué l'entretien avec Moline, qui était fort occupé à diriger son attelage; mais lorsque le prétendu valet se trouva sur la hauteur avec un horizon fort étendu devant lui sans qu'il découvrît aucun vestige d'habitation, il dit d'un ton assez inquiet :

— Où donc est le château de Prémontré ?

— Quand nous aurons descendu la colline, traversé la plaine et remonté la hauteur qui est en face de nous, il faudra prendre une route qui court sur la crête de cette hauteur, puis nous descendrons par un chemin taillé dans le roc, et nous serons au château.

— Mais il faut six heures pour cela, dit Adrien, et voici la nuit qui vient : la neige tombe abondamment ; jamais nous n'arriverons.

— Nous arriverons : ce n'est pas là la question, dit Moline ; il s'agit de savoir si nous arriverons à temps.

Ce mot fut dit par Moline avec un accent si particulier et si bien expliqué par un regard de côté jeté sur la voiture, qu'Adrien s'écria :

— Que voulez-vous dire ?

— Haï ! dit Moline, la petite dame est peut-être plus pressée que vous ne pensez... Elle ne souffre pas à présent, mais d'un moment à l'autre, ça peut revenir... et pour tout de bon cette fois-ci. Si c'est comme ça, je veux que le diable m'extermine si je sais comment nous nous en tirerons. Quant à moi, qui ai été à pareille fête pour mon compte il n'y a que deux jours, je sais qu'il y a de quoi perdre la tête.

Moline avait parlé avec cette assurance indifférente qui ne permet presque plus de cacher un secret si manifestement dévoilé. Adrien cependant hésitait à répondre au paysan, quand celui-ci reprit :

— Avec ça que si on ne vous attend pas au château, vous n'y trouverez personne.

— Madame de Prémontré n'y est-elle pas ? dit Adrien.

— Que si ! que si ! fit Moline ; mais j'entends par là que... enfin madame de Prémontré n'est pas une sage-femme.

— Où voulez-vous en venir ? dit Adrien en se reculant.

— Mais, fit Moline, je veux en venir à ceci, que je sais à un petit quart de lieue d'ici, là, à gauche, une maison de braves gens où la pauvre dame sera bien reçue, bien soignée, sans compter que le docteur y sera dans une heure.

— Et cette maison, c'est la vôtre sans doute ? dit Adrien du ton d'un homme qui croit voir un piége dans la proposition qui lui est faite.

— Oui-da, c'est la mienne, dit Moline ; vous y trouverez le père et la mère avec mon frère Jacquinet, la servante et moi, tous à votre service, sans compter que ma femme dira un petit mot à la vôtre pour lui donner du courage. Elle lui dira qu'il y a un moment où lorsqu'une mère voit son enfant, elle se dit : « Que c'est bon d'avoir souffert pour être si heureuse ! »

Adrien écoutait Moline, dont la voix s'était doucement altérée au moment où il avait parlé de sa femme ; il l'écoutait sans s'apercevoir que cet homme s'était emparé de son secret et de celui de la malade, et il n'éprouvait plus d'autre hésitation que celle de savoir s'il suivrait son guide dans une maison probablement isolée, et dans laquelle il serait, ainsi que sa compagne, à la merci d'étrangers. L'aspect de cet homme qu'Adrien considérait avec attention pour deviner sur son visage ce qu'il y avait à attendre ou à redouter de lui, l'aspect de cet homme, disons-nous, ne fit que redoubler l'incertitude d'Adrien. La propreté de son costume, l'argent dont il était porteur et qu'il avait si légèrement avancé pour un marché dont il n'avait pas même conclu les conditions, annonçaient un homme aisé et franc. Les soins qu'il avait donnés à la malade semblaient partir d'un cœur humain ; mais, d'un autre côté, cette façon même de procéder était si étrange, qu'elle faisait réfléchir Adrien. Le visage de cet homme n'avait rien de bas ou de cruel, mais l'expression en était si hardie, si résolue, qu'il était facile de voir qu'aucune crainte ne pouvait l'arrêter dans l'exécution d'un mauvais dessein, si toutefois il en avait la pensée. Cependant la malade ne disait rien, et Adrien espéra que les douleurs étaient complétement calmées, et qu'elle aurait la force de supporter le voyage jusqu'au bout; il répondit à Moline :

— Vous vous êtes engagé à nous conduire à Prémontré, et je tiens à ce que nous y arrivions le plus tôt possible...

— En ce cas, dit Moline sans paraître le moins du monde contrarié par cette résolution, en route ! en route ! Remontez dans la voiture, nous allons marcher d'un train que vous ne pourriez suivre.

L'indifférence de Moline à se rendre à ses désirs calma les craintes d'Adrien; cependant, en remontant dans la voiture, il fallait se confier à la conduite de Moline au milieu de la nuit, et cela sans pouvoir surveiller cet homme, et l'hésitation reprit le prétendu domestique.

— Ah çà ! fit le paysan, décidez-vous ; ou, si vous n'en avez pas le courage, adressez-vous à votre maîtresse, elle dira ce qu'elle entend faire.

— Lui laisser voir les craintes d'un danger dans l'état où elle, dit Adrien, ce serait la tuer.

A ce moment la glace de la voiture s'abaissa, et la malade dit d'une voix bien affaiblie :

— Pourquoi donc nous arrêtons-nous si longtemps?

Adrien s'approcha d'elle et lui dit en quelques mots la

proposition que lui faisait Moline de la conduire dans sa propre maison.

— Jamais, répondit la dame, allons à Prémontré... morte ou vive, c'est là que je veux aller.

— Comme il vous plaira, la belle dame, dit Moline; cependant vous ne refuseriez peut-être pas l'hospitalité du pauvre paysan, si vous saviez que sa femme s'appelait autrefois Bernardine Jacquinet.

— Bernardine! s'écria la malade.

— Oui, madame la duchesse, dit Moline, et tout ce qui est chez nous est à vous.

La duchesse de Frobental, qui venait d'être ainsi reconnue, ne parut pas être aussi épouvantée qu'elle aurait dû l'être. C'est qu'aux douleurs cruelles qu'elle avait souffertes avait succédé une prostration de forces qui laissait le cœur sans ressort pour souffrir, l'esprit sans pouvoir comprendre.

— Eh bien, soit, répondit-elle en retombant au fond de la voiture; d'ailleurs qu'importe que je meure là ou ailleurs?

— Tu connais cette dame? fit Adrien avec anxiété.

— Et vous aussi, je vous connais, monsieur de Sainte-Mars, dit Moline; allons maintenant, dépêchons.

Le comte Adrien de Sainte-Mars remonta dans la voiture, et une demi-heure après, la duchesse de Frobental était couchée dans le lit de la mère Moline. Son fils avait raconté à sa femme et à sa famille la rencontre qu'il avait faite, sans toutefois nommer la personne à qui il donnait cette hospitalité. Presque aussitôt après son arrivée, Moline était ressorti pour aller au-devant du docteur. La mère Moline, le père et le petit frère Jacquinet s'étaient empressés autour de la duchesse, tant que Jean, dont ils semblaient les serviteurs plutôt que les parents, avait été présent. Mais à peine eut-il quitté la maison, qu'ils laissèrent la duchesse seule avec monsieur de Sainte-Mars, et se retirèrent près de Bernardine, la femme de Jean, laquelle, comme on sait, était accouchée de l'avant-veille. Pendant ce temps, l'explication suivante avait lieu entre madame la duchesse de Frobental et monsieur de Sainte-Mars..

— Il faut faire prévenir ma sœur, disait la duchesse ; je veux la voir... je le veux absolument.

— Hélène, lui répondait le comte de Sainte-Mars, attendez... peut-être est-il possible de ne pas la mettre dans ce secret.

— Pourquoi le cacherais-je à ma sœur ?

— Ma chère amie, lui dit Adrien, le maître de cette maison et sa femme, qui vous connaissent, à ce qu'il paraît, ont été instruits malgré nous de ce mystère. Il n'y a plus moyen de faire que cela ne soit pas ainsi ; mais pourquoi augmenter les dangers de notre situation en vous donnant de nouveaux confidents ?

— Et quel sera le motif de mon voyage dans ce pays, si je n'ai point paru chez ma sœur ? car j'ai écrit à monsieur de Frobental, qui se trouve en Hollande, que je partais en toute hâte parce que je recevais la nouvelle que madame de Prémontré était au plus mal...

— Mais votre sœur n'a pas été malade.

— Eh ! mon Dieu, dit la duchesse, j'aurai mal interprété le sens d'une de ses lettres, voilà tout ! Vous savez très-bien que dans l'horrible incertitude où j'étais, j'ai reçu, comme une chance désespérée de salut, la lettre de Jeanne qui m'annonçait que monsieur de Prémontré partait pour l'Italie, en la laissant seule dans son château. Cette nouvelle m'a paru un avis du ciel, et vous n'avez pas oublié comment nous sommes partis sur-le-champ, bien résolus à tout lui confier.

— Sans doute, dit le comte de Sainte-Mars ; mais maintenant je crains que nous n'ayons fait une grande faute ; il eût cent fois mieux valu nous arrêter dans une petite ville inconnue, y demeurer quinze jours, un mois, et retourner ensuite à Paris.

— Et comment expliquer mon absence ? dit la duchesse. Que serais-je devenue, durant tout ce mois, aux yeux du peu de monde que je vois encore, aux yeux de monsieur de Frobental ?... Non, non, nous avons pris le parti le plus sage. Je vous en supplie, mon ami, allez vous-même prévenir ma sœur...

Et comme monsieur de Sainte-Mars se taisait, Hélène ajouta :

— Je connais vos préventions contre elle, je sais qu'on vous l'a dépeinte comme une femme sèche, sans cœur... Jeanne est pieuse, et par conséquent sévère ; son langage, sa correspondance sont quelquefois empreints d'une dureté qui vous épouvante ; mais je la connais, tout cela disparaîtra en face d'un malheur pareil au nôtre.

Si le comte eût été moins absorbé dans ses réflexions, il eût remarqué de quel air de contrainte ironique madame de Frobental débitait cet éloge de sa sœur. Mais monsieur de Sainte-Mars était de ces hommes d'esprit destinés à être pris pour dupes toute leur vie. Il ne comprit donc que le sens textuel des paroles de madame de Frobental et répondit :

— Puisqu'il en est ainsi, j'irai moi-même ; je vais voir si je puis trouver un guide dans cette maison. Cependant, ajouta-t-il, il me faut un prétexte pour entrer cette nuit dans le château ; il me faut un moyen de me faire admettre immédiatement en présence de madame de Prémontré.

Madame de Frobental se souleva sur son lit et reprit aussitôt :

— Eh bien, je vais lui écrire, car je veux la voir, je le veux absolument.

Pour obéir à cette volonté si formellement exprimée, le

comte sortit de la chambre afin de procurer à Hélène ce qu'il fallait pour écrire.

XV

Suite du mémoire à consulter

LA FAMILLE DE JEAN MOLINE

La nuit était affreusement noire, il parut impossible à monsieur de Sainte-Mars de retrouver seul dans cette maison la grange où l'on avait remisé la voiture; il appela, mais personne ne répondit... il appela de nouveau, et vit arriver enfin le père Moline, qui lui demanda brusquement si ce n'était pas assez d'avoir reçu l'hospitalité dans cette maison, et s'il entendait troubler encore le repos de ses habitants.

Le comte put examiner alors le vieillard qui lui parlait ainsi. Jamais physionomie plus cruelle et plus basse à la fois ne s'était alliée à un corps plus difforme. Cet homme inspira une telle appréhension et un tel dégoût au comte de Sainte-Mars, qu'il fut sur le point de retourner près de la duchesse et de renoncer à son projet d'aller chez madame de Prémontré. Cependant il fallait donner une raison à l'appel qu'il avait fait, et il demanda une lanterne pour pouvoir aller prendre quelque chose dans la voiture.

— Nous n'avons pas de lanterne, dit le père Moline.

Le comte en aperçut une pendue à la cheminée de la cuisine dans laquelle il se trouvait. Cela suffisait à lui montrer la mauvaise volonté de son hôte.

— En voilà une, dit-il au père Moline.

— C'est vrai, fit celui-ci en ricanant, prenez-la.

— Ah çà! fit le comte de Sainte-Mars, que signifie

cette façon d'agir... Votre fils nous a-t-il amené ici pour nous tromper?

Adrien n'osa pas se servir d'un mot plus fort.

— Mon fils est le maître dans la maison, dit le vieillard, il peut y amener qui il voudra ; mais il n'est pas le maître de nous forcer à servir le premier passant qu'il lui plaira de ramasser sur la route.

— Peut-être, dit Adrien, consentiriez-vous à le servir si vous étiez sûr que vos services vous seront largement payés?

— Vous avez donc beaucoup d'argent? dit le vieillard en s'avançant vers le comte de Sainte-Mars.

Une joie sauvage, une espérance cruelle s'étaient peintes sur le visage de cet homme. Le comte ne douta plus qu'il n'eût été attiré dans un piége, et dans le but d'avertir les habitants de la maison qu'un crime ne resterait pas aussi impuni qu'ils pouvaient l'espérer, il répondit après un moment de silence :

— L'argent ne me manquera pas, l'ami, quoique je n'en aie pas apporté avec moi. Madame de Prémontré y pourvoira; elle nous attend, et il est nécessaire que je lui écrive pour la prévenir par quel accident nous ne sommes pas arrivés au château.

Un grognement sourd et désappointé fut la seule réponse du vieux Moline, qui se recula comme le bouledogue auquel la main de son maître enlève une proie sur laquelle il comptait.

Presque aussitôt une voix de femme se fit entendre, appelant le vieillard, qui s'empressa de quitter la cuisine en disant :

— C'est Bernardine, c'est ma bru qui m'appelle... Prenez la lanterne, sortez par cette porte : la grange est à droite, vous y trouverez votre voiture.

Convaincu que ce qu'il venait de dire avait écarté pour

un moment du moins les mauvais desseins que pouvaient avoir les habitants de la maison, monsieur de Sainte-Mars se hâta d'aller prendre son portefeuille qu'il avait laissé dans la voiture, bien décidé à écrire à madame de Piémontré, au lieu d'aller la chercher lui-même, car il ne voulait pas laisser madame de Frobental seule dans cette maison menaçante, mais en même temps il pensa que s'il confiait sa lettre à quelqu'un, il se pourrait qu'elle ne fût pas remise, et c'était peut-être un autre danger. Il discutait cette difficulté avec lui-même lorsqu'il arriva à sa voiture. Dans la position où il se trouvait, la moindre circonstance était de nature à éveiller ses soupçons : ce fut donc avec une nouvelle alarme qu'il en trouva la portière ouverte; l'intérieur était bouleversé. L'empressement avec lequel on avait enlevé madame de Frobental de la voiture pour la porter sur un lit avait pu, il est vrai, amener ce désordre. Cependant il sembla à monsieur de Sainte-Mars qu'on avait dû fouiller dans cette voiture. Il en examina le coffre, qui était soigneusement fermé; il chercha à se rappeler les objets qu'il avait laissés dans l'intérieur des poches ou épars sur les banquettes; rien ne paraissait manquer. Il trouva son portefeuille et crut s'être trompé; alors il ferma exactement les portières et rentra dans la maison. En traversant la cuisine par laquelle il était passé pour sortir, il entendit une discussion assez animée dans la chambre d'où était partie la voix de femme qui avait appelé le père Moline; c'était cette femme qui parlait :

— Non, disait-elle avec colère, vous ne leur ferez rien, ni vous, ni Jean; vous me tuerez plutôt !

Une autre voix de femme répondit aussitôt :

— Que le diable te crève, imbécile ! Pourquoi faut-il que Jean se soit amouraché d'une bête comme toi, et qu'il t'ait épousée !

— Je comprends que ça vous gêne, répliqua Bernardine; mais le mal est fait, et heureusement pour moi que Jean vous arracherait le cœur du ventre si vous me touchiez; sans cela il y aurait longtemps que mon affaire serait faite.

— Est-ce que tu crois que Jean me fait plus peur que toi? s'écria la vieille femme avec son accent furieux.

Un mouvement se fit dans la chambre, une chaise fut renversée, et monsieur de Sainte-Mars entendit le vieux Moline qui disait en baissant la voix :

— Allons, tais-toi, la femme; tu sais bien que Jean nous a dit qu'il y aurait du *lard* dans cette affaire sans qu'il fût besoin de tuer *le cochon*.

Le sens horrible de cette phrase et la dégoûtante férocité de l'expression firent frémir le comte, qui resta un moment si épouvanté qu'il perdit une partie de la conversation. Lorsqu'il fut en état de l'entendre et d'en saisir le sens, c'était une voix d'enfant qui parlait :

— Je vous dit qu'il n'y a pas autre chose dans la voiture; je l'ai retournée à fond : des manteaux, une couverture, des oreillers, des petites bouteilles... puis le mouchoir que tient Bernardine; je l'ai apporté parce qu'il est marqué.

— Oui, dit Bernardine; et d'après ce que vous me dites de la figure de cette dame, d'après ces lettres H et F, ce doit être elle; d'ailleurs ne voulait-elle pas aller à Prémontré? C'est bien elle.

— Qui donc? s'écria Moline.

— C'est ce que vous ne saurez pas! Mais si vous avez envie de lui faire un mauvais parti, commencez par moi, ou bien, je vous le jure sur mon bon Dieu, je vous dénonce!

Une série de malédictions et d'invectives de la part des trois autres personnages de cette scène suivit la déclaration de Bernardine; mais le ton haineux de ces menaces en faisait en même temps comprendre l'impuissance ; on devinait aisément que ces misérables étaient d'autant plus furieux, qu'ils se sentaient maîtrisés par une force supérieure.

Le comte, quoiqu'il ne fût pas très-rassuré par l'intervention de Jean Moline, entra immédiatement dans la chambre où se trouvait la duchesse. Elle était en proie à de nouvelles douleurs. Le comte, qui jusque-là avait paru très-peu empressé à faire prévenir madame de Prémontré, pria instamment la duchesse de lui écrire sur-le-champ. Ce fut au milieu de l'affreuse torture qu'elle éprouvait qu'Hélène écrivit d'une main tremblante le billet suivant, qui devait avoir pour elle de si terribles conséquences :

« Ma chère Jeanne, recevez avec toute confiance la personne qui vous remettra cette lettre ; elle vous expliquera par quelle suite de circonstances fatales je n'ai pu aller jusqu'à Prémontré. Je ne puis vous en écrire davantage... Ce que je souffre est horrible... Je me trouve dans une maison isolée, sans secours, et je sens que le dernier terme approche...

» Venez, venez, et amenez un médecin, une sage-femme, quelqu'un... Je n'en puis plus...

» HÉLÈNE. »

Le billet était presque illisible, la signature n'était écrite qu'à moitié ; mais une personne accoutumée à l'écriture de la duchesse devait nécessairement y reconnaître sa main. Lorsque le billet fut achevé, madame de Frobental retomba sur le lit, et monsieur de Sainte-Mars se trouva dans une nouvelle perplexité.

— Partez ! partez ! lui disait Hélène ; je veux voir ma sœur... je veux qu'elle soit près de moi si je dois mourir...

On sait avec quelle facilité les malades s'exaltent, lorsqu'ils sont persuadés que leur salut dépend de l'accomplissement de leurs désirs. La duchesse, voyant l'hésitation de monsieur de Sainte-Mars, l'invitait sans cesse à partir, tantôt avec des larmes, tantôt avec des reproches ; le comte hésitait toujours. En effet, fallait-il laisser Hélène seule dans cette maison où elle était entourée de gens dont les dispositions étaient si criminelles ? L'état de la duchesse ne pouvait-il pas leur donner l'idée de présenter comme un accident naturel le crime qu'ils avaient envie de commettre ? C'était là un danger affreux. D'un autre côté, résister à la volonté de la malade, n'était-ce pas provoquer une exaspération nerveuse qui pouvait compromettre cruellement la vie d'Hélène ? Le comte cherchait à la calmer, mais la duchesse était arrivée à ce degré de violence qui n'écoute plus rien, et, sans songer qu'elle laissait échapper le secret qu'elle avait mis tant de soin à garder jusque-là, elle criait avec désespoir :

— Ma sœur !... ma sœur !... allez chercher ma sœur !

Épouvanté de ce délire toujours croissant auquel il n'osait abandonner la duchesse, et dont il sentait cependant que sa présence augmentait encore le danger, le comte ne pouvait se décider à partir, lorsque la porte s'ouvrit, et Moline, suivi d'un homme d'une taille élevée, entra dans la chambre. Monsieur de Sainte-Mars courut à lui, et pendant que le docteur — car c'était lui — se débarrassait d'un lourd manteau de voyage, il expliqua à Jean ce que voulait la duchesse, et lui demanda de le faire conduire sans retard au château de Prémontré. Pendant ce temps-là la duchesse, sans s'arrêter à la vue des nouveaux venus, continuait ses cris.

— Elle veut voir sa sœur, dit Moline en fronçant le sourcil ; bien... Maintenant que le docteur est ici, madame de Prémontré peut venir.

L'air de colère et de mépris avec lequel Moline prononça

cette phrase étonna le comte; mais il n'avait pas le temps de chercher une explication. D'ailleurs, Jean appela Jacquinet, qui accourut, la tête basse et l'air confus. Moline le regarda un moment, et l'enfant trembla.

— Vous avez fait des vôtres ici! dit Moline d'une voix terrible.

— Rien... rien du tout... reprit Jacquinet.

Moline le prit par le bras, et le traîna jusqu'à la chambre où était couchée Bernardine; le comte le suivit. Au moment où Moline parut dans la chambre, le père et la mère se détournèrent avec humeur, et en baissant la tête. L'autorité que Jean exerçait sur tout le monde semblait effrayante; il s'approcha du lit de sa femme, et lui dit en regardant les deux vieillards d'un air menaçant :

— Est-ce qu'il y a eu quelque chose de mal?

— Pas grand'chose, Jean, répliqua Bernardine.

— Si peu que ce soit, c'est trop! dit Jean avec colère. On veut donc que j'en finisse une bonne fois?

Un murmure irrité s'échappa de la bouche du père.

— Je vous dis que j'en finirai, dit Jean. Vous m'avez trop bien appris à mettre la main dans le sang, pour que vous ne sachiez pas que rien ne m'arrêtera.

Bernardine pâlit, et se soulevant sur son lit, elle montra à Jean un berceau, et lui dit :

— Et le petit?

Moline sourit à l'enfant, son visage prit une expression triste, et il murmura :

— Tu as raison, Bernardine... Un mauvais père est une malédiction du ciel.

— Et un mauvais fils aussi, reprit le père Moline en se redressant d'un air menaçant.

Mais il ne put soutenir le regard de son fils, il se détourna, et prenant la vieille femme par le bras, il l'entraîna en disant :

— Allons nous coucher, nous ne sommes plus rien ici que des chiens.

Ils sortirent et rencontrèrent le comte sur la porte ; la vieille le regarda d'un air menaçant, puis elle se prit à dire :

— Eh bien, s'il arrive un malheur, en voilà un qui pourra témoigner que tu nous a menacés de nous assassiner.

Sans doute Moline n'eût point laissé cette parole sans réponse ; mais il parut tellement offensé et irrité de la présence du comte, que toute son attention s'attacha à le considérer. Monsieur de Sainte-Mars, quoique brave, eut peine à soutenir le regard du paysan qui, après un moment de silence, reprit son calme et dit au comte :

— En tout cas, j'en sais assez sur vous pour que vous vous taisiez sur ce que vous avez pu entendre.

Puis il ordonna à Jacquinet de conduire monsieur de Sainte-Mars au château de Prémontré. L'enfant ne fit pas la moindre observation, pendant que Moline lui expliquait par quels sentiers il devait passer pour abréger le trajet. La lune était levée et éclairait suffisamment la route, et le le voyage qui en voiture eût demandé, selon Moline, plusieurs heures de pénibles efforts, pouvait aisément s'accomplir en une heure par des piétons résolus. Cette circonstance fit encore hésiter monsieur de Sainte-Mars ; il se demanda si d'abord Jean n'avait pas voulu l'effrayer sur la longueur du chemin pour l'attirer dans sa maison, et si maintenant il ne le trompait pas en sens contraire pour l'éloigner ; il ne fut pas moins surpris lorsque Jean remit une clef à l'enfant en lui disant :

— Tu feras entrer monsieur par la porte du petit jardin.

Le comte hésitait toujours ; mais enfin la présence du médecin le rassura. D'ailleurs la duchesse ne cessait d'appeler sa sœur, et le docteur fut d'avis qu'il fallait obéir à cette volonté si l'on ne voulait pas déterminer les accidents les plus fâcheux. Monsieur de Sainte-Mars partit : il était à peu près dix heures du soir.

A la même heure, voici ce qui se passait au château de Prémontré.

XVI

Suite du mémoire à consulter

UNE GRANDE DAME QUI S'ENNUIE

Dans une vaste chambre toute tendue d'une vieille tapisserie, au coin du feu flambant étaient deux femmes. L'une, couchée dans un vaste fauteuil, suivait de l'œil la flamme dansante du foyer ; l'autre, assise sur le tapis, paraissait plongée dans une profonde préoccupation.

Celle qui était assise dans le fauteuil était une femme de vingt-cinq à trente ans, dans tout l'éclat de sa beauté. La robe de chambre de velours noir dont elle était enveloppée faisait ressortir la blancheur de ses épaules et de son cou. Une chevelure noire et abondante couronnait son front, dont la forme bombée aux tempes et le peu d'élévation dénotaient une volonté peu intelligente, mais obstinée. Les yeux de cette femme, bordés de cils longs et noirs, surmontés de sourcils épais et rudes, avaient un éclat ardent. La bouche aux lèvres épaisses et vivement dessinées, s'ouvrait sur des dents admirablement rangées, mais étroites et aiguës ; les formes du corps, richement développées, attestaient une santé exubérante. Somme toute, cette femme était admirablement belle, et cependant on comprenait à la voir qu'elle dût déplaire à un homme d'un goût délicat. Par un bizarre contraste, qui cependant se renouvelait presque à chaque instant, l'expression du visage de cette femme montrait tantôt la plus extrême effronterie, tantôt la plus timide naïveté. Lorsque son œil élevé au ciel jetait au loin le feu de son regard avide, quand sa bouche était légèrement contractée par un sourire sardonique, lorsque, abandonnée au fond de son fauteuil, elle écartait avec un mouvement brusque le vêtement qui l'enveloppait, on eût assurément juré que cette femme avait dépouillé toute pudeur, qu'en proie à des rêves brûlants, elle attendait impatiemment l'heure où ils se réaliseraient. En ces moments mêmes, quelque chose de farouche et de cruel se mêlait à cette violente expression de désir. Puis tout à coup, lorsqu'elle baissait sur ses yeux le long voile de ses paupières frangées, lorsque sa bouche close ne semblait plus qu'une rose fermée, quand ses belles mains se joignaient sur sa poitrine comme pour une prière, ce visage respirait une assurance si candide, si ignorante, si jeune, qu'on eût également juré que c'était là une enfant tout embarrassée de sa beauté, de sa jeunesse et de son cœur. Cette femme, c'était Jeanne de Favreuse, marquise de Prémontré, c'était la sœur de la duchesse de Frobental. Un livre était ouvert près d'elle sur une table où brûlaient deux bougies.

L'autre femme, habillée comme une servante, quoique jeune encore, était cependant plus âgée; elle paraissait avoir trente-six ans. Petite, maigre, elle avait la peau d'un brun tanné, les cheveux luisants et noirs, le corps grêle, les mains et les pieds d'une délicatesse excessive; son front était haut et développé, son nez d'un dessin correct, ses lèvres minces. La passion brûlait aussi dans le regard de cette femme; mais le calcul et la réflexion semblaient la dominer; tandis que chez la maîtresse tout semblait irréfléchi, instinctif, et, pour dire le mot vrai, *brutal*. Cette femme ressemblait d'une manière remarquable à Jean Moline.

La marquise parut tout à coup frappée d'une idée bizarre : elle se pencha vers le feu et observa attentivement un jet de flamme qui s'échappait bruyamment de l'éclat d'un énorme morceau de bois. Tantôt cette flamme s'éteignait et ce n'était plus qu'un jet de fumée; tantôt elle se rallumait au contact d'une autre flamme, et alors elle brûlait blanche et éclatante comme serait un bec de gaz. La marquise suivait avec anxiété ces alternatives et les comptait. La suivante, arrachée à sa rêverie par le bruit de la voix de sa maîtresse qui disait assez haut : « Une... deux... trois... etc., » la regardait d'un air étonné. Enfin Jeanne compta jusqu'à dix, et se levant tout à coup, elle s'écria, comme arrachée par une puissance étrangère à la perplexité qui la tenait un instant auparavant :

— Eh bien, qu'il vienne, Marine !

— Quoi ! lui dit Marine en montrant le feu, c'est ça ce qui vous a décidée ?

— Je m'ennuie à mourir... Ce n'est pas que je l'aime, lui... mais enfin c'est un homme de bonne maison... un homme qu'on peut voir !... Monsieur de Prémontré fera le jaloux, s'il veut; mais, à moins d'être ridicule, il ne pourra se refuser à recevoir un de ses voisins de campagne, riche propriétaire comme lui, gentilhomme comme lui.

— Cependant vous ne l'aimez pas ? dit Marine.

— Je ne sais ; il est beau malgré ses quarante ans, et il est bon.

Elle se tut et reprit avec un sentiment de tristesse :

— Oui, il est bon. Oh ! Marine, il m'a dit des choses qui m'ont torturé le cœur... Pourquoi, mon Dieu ! ai-je fait tout ce que j'ai fait ?... Mais est-ce que c'est ma faute ? Pourquoi mon mari me laisse-t-il ici mourir dans un coin, tandis qu'il est toujours à Paris, à ses assemblées ? Et maintenant qu'il vient d'être envoyé en Italie comme ministre plénipotentiaire, pourquoi ne m'a-t-il pas emmenée?

— Réfléchissez, dit Marine ; vous n'aimez pas monsieur de Lory, mais monsieur de Lory vous aime. Ce n'est pas un amant qu'on prend et qu'on jette à la porte comme ce pauvre...

Le regard que madame de Prémontré fixa sur Marine arrêta les paroles de la chambrière.

— L'ai-je jeté à la porte? dit la marquise avec colère; et n'a-t-il pas été assez fou pour vouloir me sacrifier à un scrupule... à...

A son tour, la marquise s'arrêta comme si le mot manquait à sa pensée; puis elle reprit avec une colère mal déguisée :

— D'ailleurs, il est heureux... il aime sa femme, il adore Bernardine. N'est-elle pas accouchée hier ou avant-hier?... Il a un fils, je crois; il a tout ce qu'il voulait.

Marine ne répondit pas, et la marquise continua :

— J'aimerai monsieur de Lory, c'est un homme digne de moi, c'est un homme de mon rang; ce n'est pas comme ces petits...

Madame de Prémontré s'arrêta encore, le rouge lui monta au visage; elle se détourna, et quelques larmes s'échappèrent de ses yeux, un profond soupir sortit de sa poitrine; elle se laissa tomber sur un siége, et tendant ses mains fermées vers le ciel, elle s'écria :

— O mon Dieu! je ne savais pas cela... Si j'avais eu un autre mari!...

Le silence se rétablit.

La servante resta immobile, tandis que la maîtresse parcourait la chambre avec une extrême agitation. Elle débattait avec elle-même la décision qu'elle allait prendre; et au bout de quelques minutes, la suprême raison qui emmenait cette femme dans la voie qu'elle semblait cependant détester parla tout à coup, et elle s'écria de nouveau :

— Oh ! vois-tu, Marine, je m'ennuie, je m'ennuie à mourir !

Marine releva la tête, et de sa voix la plus douce elle reprit tout bas, comme si les paroles qu'elle allait prononcer ne devaient pas même arriver aux murs de cette chambre :

— Prenez garde, madame, prenez garde. Monsieur de Piémontré n'aura jamais un soupçon sur un homme comme Jean, et même sur un pauvre bon bourgeois comme le petit B..., qui est fou de vous et qui se jetterait à l'eau pour baiser le petit bout de votre ongle. Mais monsieur de Lory, c'est autre chose... et puis vous ne l'aimez pas.

— Je ne l'aime pas, c'est vrai, dit la marquise; et cependant... Mais tu ne me comprendrais pas, toi... tu ne pourrais te mettre à ma place.

— Je ne comprendrai jamais, dit Marine en souriant, qu'on choisisse celui qu'on n'aime pas.

— Mais c'est que je crois que je l'aime!... non pas comme les autres, mais c'est une chose étrange et toute nouvelle, Marine. Monsieur de Lory est si bon, si facile, qu'on est toujours tenté de se moquer de lui, et moi-même, lorsque je le vois en adoration devant moi, je le trouve ridicule. Il me parle comme à une sainte, comme à une femme dont il a peur de troubler la conscience... Il est presque aussi niais que monsieur mon mari, et j'en ris quelquefois; mais en même temps je puis te dire combien cet hommage si sincère d'un homme si distingué me fait mal et me prend au cœur.

La marquise s'arrêta encore, et, se penchant vers Marine, lui dit d'une voix triste et colère à la fois :

— Sans m'avoir fait un reproche, sans s'être permis une allusion à tout ce qu'on a pu dire à de moi, l'amour de monsieur de Lory me fait rougir de mon passé.

La servante devint plus attentive et parut alarmée.

Madame de Prémontré reprit, comme si elle répondait à sa pensée :

— C'est donc ainsi que peut être aimée une femme, avec cette délicatesse, cette élégance, ce respect même au milieu de sa faute! Et penser que moi, la marquise de Prémontré, la fille du duc de Favreuse, j'ai pu être la maîtresse de ces malotrus grossiers et mal appris qui...

Jeanne se tut encore; ses dents craquèrent les unes contre les autres, et elle répéta encore une fois:

— O mon Dieu! pourquoi donc ai-je eu un mari comme le mien!...

Marine reprit :

— Si vous trouvez monsieur de Lory ridicule, madame, ne l'encouragez pas. Il a pour vous une de ces passions qui donnent trop pour ne pas tout vouloir... S'il soupçonnait que vous le prenez pour un niais...

— Lui ! s'écria la marquise, lui, un niais !... Oui, lorsque je le compare aux autres qui font vanité de n'avoir ni respect pour personne, ni foi en rien; lorsque je mets la timide retenue de ses discours et de ses prétentions à côté de la liberté des paroles et des façons dégagées des autres; lorsque je l'entends définir en des termes si charmants le bonheur d'un amour mystérieux et profond, et que je me souviens de ces soupers où le plaisir est le maître, où la constance est traitée de sottise, où passer joyeusement la vie est le précepte qui règle le cœur et qui m'a livrée aux caprices les plus fous... oui, il y a des heures où pour ne pas penser que ma vie a été traînée dans la boue, je le trouve ridicule... Mais je ne peux te dire, Marine, ce que je souffre à d'autres moments... Il y a au fond de mon âme des échos endormis, et la voix de cet homme les a éveillés en moi... Je n'ai pas toujours été ce que je suis, et monsieur de Lory m'a rappelé ce que j'ai été.

La marquise se reprit à marcher avec activité, les sourcils contractés, l'œil tendu comme si elle cherchait à se rendre un compte exact de l'influence que monsieur de Lory avait exercée sur elle.

— Ah ! dit-elle tout à coup, ce n'a pas été dans mon cœur que cet homme a ainsi pénétré tout d'abord... ç'a été dans ce que je suis devenue, comme façons, comme habitudes. Quand je l'ai vu si soigneux de sa personne, de sa tenue, de sa marche, du choix de ses expressions, je me suis rappelé que c'était ainsi qu'était fait le monde où je suis née. Comme chez lui, tout y était élégance, esprit fin et recherché, voix discrète, termes d'une exquise politesse. Ces légers et charmants souvenirs de ma première jeunesse se sont remontrés tout à coup à moi. Par le seul fait de sa personne et de sa conversation, monsieur de Lory a, je ne sais comment, évoqué autour de moi cette gracieuse société en bas de soie, à talons rouges, aux mains voilées de dentelles, avec laquelle j'ai été élevée ; si bien que, quand je me suis retrouvée en présence des gros souliers, de l'habit marron, de la voix criarde, de la grosse gaieté, de la brutale plaisanterie d'un autre, ah ! Marine, j'ai rougi, rougi de honte, jusqu'au blanc des yeux.

Marine haussa les épaules avec impatience, et reprit aussitôt :

— Eh ! madame, que ce soit avec un peu plus ou un peu moins de politesse qu'ils demandent ce qu'ils veulent, les hommes ne cherchent pas autre chose qu'à nous perdre.

— Tu ne peux pas dire cela de monsieur de Lory.

Marine se prit à rire et repartit :

— L'homme qui dans quelques minutes sera à la porte du petit jardin pour que je l'introduise ici en l'absence de votre mari, cet homme, ce me semble, vous demande ce que d'autres...

— Ce que d'autres ont obtenu ! s'écria la marquise en

frappant du pied avec désespoir. — Oui, oui, reprit-elle en pleurant ; mais il m'aime, lui, et, de même que son langage, sa personne a réveillé en moi les souvenirs d'un autre monde, l'expression de son amour a remué au fond de mon âme des sentiments que je n'y croyais plus... Crois-tu qu'enfant sacrifiée par l'avarice de mon père à monsieur de Prémontré, je n'ai pas quelquefois rêvé qu'un amour discret, charmant, sincère, soigneux de mon honneur, dévoué et plein de douces espérances, de tendres inquiétudes, de joies mystérieuses, crois-tu que je n'ai pas rêvé qu'un pareil amour viendrait me consoler ?... Tu ris, Marine... Ah ! si tu veux le prendre avec la rigueur de la plus sévère morale, il y a crime dans cet amour comme dans un autre, mais il n'y a pas cette suprême dégradation qui fait qu'on rougit de sa faute, non pas tant parce qu'elle est une faute que parce qu'elle est salement faite.

Marine regarda la marquise d'un air colère ; une sorte d'orgueil blessé se montra sur son visage, et elle reprit d'une voix tremblante :

— Madame la marquise, il y a des gens de plus bas étage... qui ont plus d'honneur...

— Ah ! reprit Jeanne, tu ne me comprends donc pas ?... Mais sais-tu que s'il y a dans le passé dont je te parle un souvenir auquel je me rattache pour me relever à mes propres yeux... c'est celui de ton frère ?...

— Est-ce possible ? lui répondit Marine.

— Mais c'est qu'il m'aimait, lui... et tout paysan qu'il était, il avait sous ses dures façons le cœur noble, la passion dévouée. Avec lui j'ai peut-être dégradé mon rang et mon nom, mais non pas mon cœur... C'était de l'amour : il a été trop violent, trop tyrannique ; il a exigé de moi un sacrifice impossible, et c'est ce qui m'a perdue.

La marquise s'arrêta ; elle était pâle, tremblante, et sa

voix profondément altérée sortait avec peine de sa poitrine.

— Puis, une fois que le crime a été commis, dit-elle, ce n'a plus été seulement pour me distraire du malheur et du détestable lien qui m'a été imposé, ç'a été pour fuir la pensée de mon crime que j'ai continué. Et comme j'ai trouvé sous mes pas des hommes qui s'étaient fait une morale de vices, des hommes pour qui tout devoir était un vieux préjugé, pour qui tout scrupule était une faiblesse, j'ai marché dans cette voie d'impudeur où je rencontrais mille raisons pour m'absoudre, jusqu'au moment où un homme est venu, un homme que j'ai trouvé niais et ridicule d'abord, et qui maintenant me fait peur... Et cependant, Marine, il me semble que si je l'aimais je me réhabiliterais à mes propres yeux.

— Voilà onze heures et demie, madame, dit Marine ; à minuit il peut être ici.

— Oh ! non, non... je ne veux pas ; lui... jamais ! s'écria la marquise avec désespoir.

Marine la regarda avec stupéfaction. Elle ne comprenait pas cette résistance aux vœux d'un homme dont madame de Prémontré parlait avec une sorte d'enthousiasme, elle pour qui une aventure nouvelle était d'ordinaire un plaisir dont elle se réjouissait par avance. En vérité, le cœur des femmes a de si étranges mystères que l'œil même des femmes ne peut quelquefois les sonder.

XVII

Suite du mémoire à consulter

UNE VISITE INATTENDUE

La marquise reprit sa place près du feu et retomba dans ses réflexions. De temps en temps elle regardait marcher l'aiguille de la pendule, et à mesure que l'heure du rendez-vous demandé s'avançait, la lutte devenait plus ardente et plus pénible. C'est que madame de Prémontré avait raison, la vie jeune et vraiment aimante s'éveillait en elle, après la vie de désordres et de honteuses faiblesses. Femme perdue et livrée à tous les mépris qu'elle avait jusque-là insolemment bravés, elle se trouvait tout à coup se détester pour les avoir mérités. Sans s'en douter, elle aimait surtout l'amour nouveau qui lui apparaissait bien plus que l'homme qui l'aimait de cet amour élégant, et elle ne pouvait se pardonner d'être tombée assez bas pour se trouver indigne de l'inspirer. Mais ce qui la torturait bien plus encore, c'était la pensée de voir un jour monsieur de Lory, instruit de tout son passé, la repousser avec dégoût et la rejeter dans ses honteux désordres comme une courtisane menteuse. Un orgueil détestable s'élevait alors en elle.

— Que d'autres m'insultent et fassent mépris de moi, se disait-elle, ce sont après tout des lâches, car je n'en ai pas trompé un seul. Le jour où ils m'ont plu, je le leur ai dit ; le jour où j'ai été lasse d'eux, je le leur ai dit ; ils m'ont prise comme je me suis donnée, et pour ce que je me suis donnée : mon amour valait juste celui qu'ils m'apportaient. Mais lui, il ne m'aime pas ainsi, et accepter cet amour qui m'offre toute sa vie, c'est le tromper ; et cependant il me semble que je puis le lui rendre ; il me semble que je retrouverais pour lui toute la première candeur de mon âme... Mais si, lorsque j'aurai formé ce lien, une lumière affreuse venait lui révéler tout ce que j'ai été, oh ! quelle humiliation et quelle douleur !

La marquise se releva, et, entraînée par la pensée qui la dominait, elle s'écria tout haut :

— Oh ! ne vaudrait-il pas mieux lui tout avouer ?... lui demander appui, secours, pitié ! il est généreux, il est bon, il me viendrait en aide... Mais il ne m'aimerait plus, et je ne veux de la pitié de personne... De la pitié ! moi ! Non, Marine, non ! je ne veux pas le voir, je ne le verrai pas !

La marquise avait à peine cessé de parler, qu'un coup léger fut frappé à l'une des persiennes du pavillon où était située sa chambre.

— C'est lui, madame, dit vivement Marine ; il se sera fatigué d'attendre par le temps qu'il fait ; il aura escaladé le mur et forcé la porte, à moins que vous ne lui ayez donné une clef.

— J'ai la mienne, dit la marquise, et si ce n'est pas toi...

— Voici ma clef, répliqua Marine.

— Excepté celle que Jean prétend avoir perdue, reprit madame de Prémontré, il n'y a pas d'autre clef de cette porte. On n'escalade pas un mur de douze pieds de haut, et on ne brise pas une porte de chêne de deux pouces d'épaisseur si aisément que tu parais le croire ; d'ailleurs monsieur de Lory n'est pas homme à se permettre de pareilles violences. Ce n'est pas lui, ce ne peut pas être lui.

Plusieurs coups furent de nouveau frappés ; la marquise, prenant un flambeau, entra dans la pièce dans laquelle ouvrait la persienne ainsi attaquée. Il est probable que les observations de madame de Prémontré étaient justes, car Marine s'écria d'un ton alarmé :

— N'ouvrez pas, madame ! ce sont peut-être des voleurs !

La marquise s'arrêta, une révolution tout entière s'opéra en un instant dans cette tête égarée, dans ce cœur dépravé, et elle reprit ;

— Oh ! si ce sont des voleurs, ils peuvent me tuer, et c'est peut-être ce qu'il y a de meilleur pour moi maintenant !

Marine allait répondre, lorsqu'une voix d'enfant, partie de derrière la persienne, lui cria :

— Ouvre donc, ma sœur ! ouvre donc !

— C'est Jacquinet, dit Marine tout étonnée.

— Ton jeune frère! dit la marquise.

— Oh! il doit être arrivé quelque malheur chez Jean, reprit Marine en ouvrant la porte et la persienne sans attendre les ordres de sa maîtresse.

Elle avait à peine tiré le dernier verrou, que Jacquinet s'introduisit dans la pièce en disant :

— Entrez, monsieur, entrez.

Et la marquise se trouva en face d'un homme qui lui était parfaitement inconnu. Quelle que fût l'élégance du comte de Sainte-Mars, quelle que fût la distinction de son visage, son aspect en ce moment n'avait rien de très-rassurant. Le déguisement qu'il avait été forcé de prendre, ajouté au désordre résultant d'un voyage de plus de deux cents lieues, la nouvelle marche qu'il venait de faire à travers des sentiers perdus, la fatigue des traits, les cheveux négligés, une barbe de quatre jours, tout cela lui donnait volontiers la mine d'un garnement échappé de quelque prison. La marquise se recula avec épouvante et courut dans sa chambre à coucher pour se pendre aux cordons de sonnette et appeler tous ses domestiques. Marine, emportée par sa frayeur, la suivit. Monsieur de Sainte-Mars et l'enfant se précipitèrent sur leurs pas, de façon que la porte du jardin resta ouverte. Heureusement pour ses projets que le comte put arrêter la main de madame de Prémontré au moment où elle allait sonner.

— Lisez cette lettre, madame, dit-il rapidement, lisez, et ne craignez rien.

— Et quelle est cette lettre ? fit la marquise en regardant plus attentivement l'homme qui la lui remettait, comme si elle retrouvait dans sa mémoire un vague souvenir des traits de cet homme.

— Elle est de votre sœur, répondit Adrien à voix basse.

La marquise de Prémontré ouvrit le billet.

— Ce n'est pas son écriture ! dit-elle.

— Lisez, reprit monsieur de Sainte-Mars en baissant encore la voix, et ce que vous écrit Hélène vous expliquera peut-être pourquoi sa main tremblait lorsqu'elle a écrit et pourquoi son écriture est si altérée.

Jeanne lut lentement le billet de sa sœur et sembla d'abord ne pas en comprendre le sens ; elle le relut une seconde fois ; et regardant alors le comte, comme si tout était devenu clair pour elle, elle lui dit à voix basse :

— Est-ce possible, mon Dieu ?

Monsieur de Sainte-Mars répondit par un signe affirmatif, et ajouta plus bas encore :

Elle vous attend.

La marquise plia le billet qu'elle venait de recevoir, le mit dans sa poche, prit place au coin de son feu, montra un siége à monsieur de Sainte-Mars, et dit à Marine :

— Prépare-moi tout ce qu'il faut pour m'habiller, je vais sortir.

Probablement Jacquinet avait de son côté expliqué à sa sœur ce qui s'était passé dans la maison de Jean Moline, car la chambrière ne parut nullement étonnée de cette résolution et dit à sa maîtresse :

— Madame veut-elle que je l'accompagne ?

— C'est inutile, repartit la marquise.

Marine sortit en emmenant l'enfant, et la marquise demeura avec monsieur de Sainte-Mars.

Ceci s'était passé avec une grande rapidité. Il est probable que madame de Prémontré, dès qu'elle eut lu la lettre de sa sœur, devina quel était l'homme qui la lui remettait ; mais lorsqu'elle se trouva seule avec lui, l'idée lui vint qu'elle pouvait se tromper, et avant d'entrer dans des détails qui eussent pu compromettre la duchesse de Frobental, elle dit à son messager :

— Avant d'aller plus loin, il est nécessaire que je sache qui vous êtes, monsieur.

— Je m'appelle monsieur de Sainte-Mars, lui répondit celui-ci.

A ce nom, la marquise regarda le nouveau venu avec une singulière curiosité et lui dit :

— Vous êtes le comte de Sainte-Mars, le général de l'armée d'Italie?

— Oui madame.

— Le conventionnel qui a si hautement osé défendre Louis XVI?

— Oui, madame.

— L'ancien comte de Sainte-Mars qui a acquis si jeune une si grande renommée dans les guerres d'Amérique?

— C'est moi-même, madame, dit le comte en baissant les yeux avec une parfaite modestie.

La marquise le regarda encore comme pour bien l'examiner, et puis tout à coup, et sans lui répondre, elle se laissa aller au fond de son fauteuil, et prenant sa tête dans ses mains, elle se mit à fondre en larmes. Rien au monde ne pouvait faire comprendre au comte le motif de cette douleur si soudaine et si vive. Dans l'ignorance où il était et de la vie passée de la marquise et des pensées auxquelles elle venait d'être en proie, il attribua ce mouvement désespéré au chagrin qu'elle éprouvait de la faute de sa sœur.

— Plaignez-la, lui dit-il avec prière, elle est bien malheureuse, et c'est moi qui suis le coupable.

Ces paroles ne firent que rendre plus vifs les transports douloureux auxquels s'abandonnait la marquise; car ce n'était pas sur sa sœur, c'était sur elle-même qu'elle pleurait en ce moment. Dans la disposition d'esprit où se trouvait Jeanne au moment de l'arrivée de monsieur de Sainte-Mars, elle n'avait pensé qu'à elle-même, et si elle eût osé dire ce qui la faisait ainsi pleurer, assurément le comte eût été fort surpris d'apprendre qu'il était le premier sujet de ce désespoir.

— Ainsi, pensait dans son cœur madame de Prémontré, Hélène, qui est déjà vieille près de moi, Hélène, devant qui l'on disait jadis que j'avais gardé tout l'esprit et toute la beauté de la famille, Hélène, parce qu'elle a apporté quelque retenue dans sa vie, parce qu'elle a trouvé un mari qui ne l'a pas d'abord abandonnée à l'ennui et ensuite à la déconsidération, Hélène a pu inspirer une passion sincère et profonde à un homme comme celui qui est devant moi!... Pour la protéger, pour lui sauver une honte, que n'a-t-il pas risqué et que n'est-il pas prêt à risquer peut-être encore? Pour elle il a tout quitté, sa maison, ses devoirs, sa carrière peut-être : voilà ce qu'elle a obtenu ; et moi, moi, misérable, moi, si vaine de ma beauté, si confiante en ma jeunesse, il m'est arrivé qu'on m'a compté comme un grand sacrifice d'abandonner une heure le café ou le billard où l'on passe sa vie !...

Cette comparaison entre elle et madame de Frobental fut si cruellement douloureuse au cœur de Jeanne, que ses dents se choquèrent avec violence, et qu'elle fut sur le point d'être prise d'une attaque de nerfs. Elle parvint à surmonter cette douleur, et dit au comte de Saint-Mars d'une voix presque éteinte :

— Vous l'aimez donc bien, monsieur?

Le comte, surpris par cette interrogation, rougit légèrement et répondit avec un léger embarras :

— Je l'aime, madame, comme un homme d'honneur doit aimer la femme dont il a compromis la vie.

Bien que les plus vulgaires sentiments de délicatesse parussent détruits dans le cœur de madame de Prémontré, elle comprit cependant le véritable sens de l'embarras du comte de Sainte-Mars, et surtout le vrai sens de la réponse glacée qu'il avait faite. C'était, à n'en pas douter, pour une femme qu'il n'aimait plus et qu'il n'avait peut-être jamais aimée que monsieur de Saint-Mars se montrait si dévoué. La puissance des femmes n'est donc pas toute dans la jeunesse, dans la beauté, dans l'esprit; elle est surtout dans le respect qu'elles gardent d'elles-mêmes jusque dans une faute. La marquise, en proie à ses propres réflexions, semblait oublier pourquoi monsieur de Sainte-Mars était venu, car elle lui dit encore :

— Depuis combien de temps dure cette liaison?

Cette question surprit Adrien, qui cependant ne crut pas pouvoir se dispenser d'y répondre, dans la position précaire où il se trouvait ainsi que la duchesse.

— Il y a un an tout au plus que j'eus l'honneur de rencontrer madame de Frobental pour la première fois, à Mons, où j'étais en garnison.

— A Mons! reprit la marquise; la première lettre que j'ai reçue de ma sœur, lorsqu'elle était en cette ville, est du mois de juin dernier, et au jour où nous sommes elle est obligée de venir ici cacher la naissance d'un enfant adultérin !

— Madame, s'écria le comte de Sainte-Mars, par grâce, ne pensez qu'à sa douleur !

La marquise se leva, et avec une expression cruelle sur le visage, elle ajouta d'un ton de mépris :

— En vérité, la résistance n'a pas dû être longue, et c'est elle qui m'écrivait toutes ces lettres de semonces hypocrites ! Oh ! monsieur le comte, monsieur le comte, n'est-il pas juste que chacun porte la peine de ses fautes, et dois-je, moi, me mettre encore en avant pour couvrir l'honneur de ma sœur?

Monsieur de Sainte-Mars ne connaissait ni madame de Prémontré ni sa vie, et il lui fut facile de se tromper sur le sentiment qui lui dictait ces cruelles paroles; il crut calmer cette colère par une banalité qu'un homme comme

lui devait croire applicable à une femme qui se montrait
si sévère, et il reprit d'un ton sérieux et suppliant :

— C'est à la vertu surtout, madame, qu'il appartient
d'être indulgente.

Madame de Prémontré regarda monsieur de Sainte-Mars
pour deviner si ce n'était pas une sanglante épigramme
qu'il venait de lui lancer; mais le visage du comte était si
calme, son expression si sincère, qu'elle vit bien qu'il avait
parlé de bonne foi. Elle eut honte du mauvais sentiment
auquel elle s'était laissée emporter, et elle reprit aussitôt :

— Veuillez m'attendre quelques minutes, monsieur; je
serai bientôt prête à vous suivre.

Madame de Prémontré passa dans le cabinet de toilette
où l'attendait Marine; mais, au lieu de répondre aux questions empressées de sa confidente sur la dame malade qui
était arrivée dans la maison de Jean Moline, elle lui imposa
silence et s'habilla rapidement. Mille pensées contraires
agitaient le cœur de la marquise. L'amour de monsieur de
Lory avait éveillé en elle un retour vers de meilleurs sentiments, et l'arrivée de monsieur de Sainte-Mars, la nouvelle qu'il lui apportait, devaient nécessairement amener
une révolution. Sans se rendre un compte exact de ce
qu'elle éprouvait, elle comprenait qu'elle allait prendre un
grand parti, et que ce parti dépendait de l'entretien qu'elle
allait avoir avec madame de Frobental.

Poussée par un sentiment qui lui était tout personnel,
mais que monsieur de Sainte-Mars devait comprendre
comme le mouvement passionné d'une véritable affection
fraternelle, la marquise de Prémontré rentra impétueuse-
ment dans la chambre en lui disant :

— Partons ! monsieur, partons !

XVIII

Suite du mémoire à consulter

LES BONNES MÈRES

Une heure après, la marquise entrait avec le comte de Sainte-Mars dans la maison de Jean Moline. Ils trouvèrent la famille du paysan assemblée dans la cuisine, et ils apprirent tout aussitôt que l'étrangère était accouchée, et que le docteur avait défendu qu'on entrât près de la malade jusqu'à ce qu'il eût ranimé ses forces épuisées par tant de fatigues et de douleurs. Madame de Prémontré s'assit au coin de la vaste cheminée de la cuisine et aperçut alors Jean Moline debout, appuyé à l'autre angle de cette cheminée. La marquise baissa la tête et laissa échapper un profond soupir; mais elle domina tout aussitôt le trouble qu'elle avait éprouvé en voyant les regards curieux et insolents avec lesquels le père Moline l'examinait, et elle dit froidement à Jean :

— Eh bien, Jean, comment va ta femme?

— Très-bien, répondit Moline doucement.

— Et l'enfant ?... dit madame de Prémontré d'une voix légèrement altérée.

— J'espère qu'il ira bien, repartit Jean Moline en fronçant le sourcil.

Ces paroles étaient à peine échangées entre le paysan et la marquise, qu'une voix à la fois plaintive et colère se fit entendre à l'angle d'une porte entr'ouverte :

— Jean! disait cette voix, viens ici, viens!

Jean se retourna, et, poussant un cri, il courut à la porte.

— Qu'as-tu fait, malheureuse! dit-il en prenant dans ses bras Bernardine; tu t'es levée... et te voilà les pieds nus par terre!

En parlant ainsi il emporta sa femme dans son lit, et celle-ci, sans s'inquiéter si les paroles qu'elle prononçait pouvaient être entendues de la cuisine, lui répondit :

— Reste ici, Jean; je ne veux pas que tu ailles là-bas... je ne veux pas que tu revoies cette femme.

— Silence! dit Moline qui s'éloigna pour fermer la porte de communication.

— Jean! cria Bernardine en se rejetant en bas de son lit avant qu'il eût fermé la porte, Jean! n'y va pas, ou je ferai un malheur...

Moline revint vivement vers sa femme et lui dit en la replaçant dans son lit :

— Mais je ne m'en vais pas... je voulais fermer la porte...

— Ah! fit Bernardine, tu as peur qu'elle ne m'entende...

— Tais-toi... tais-toi... fit Jean en jetant un regard de côté.

Bernardine le tenait par les deux mains et ajouta :

— Ah! tu as peur d'avoir l'air de rester avec moi... tu as peur de m'aimer devant elle, n'est-ce pas?... Elle se moquerait de toi... elle te dirait que tu es un imbécile.

— Bernardine, dit Jean en baissant la voix, tu es folle... Tu sais bien que je t'aime, que je n'aime que toi...

— Eh bien! dit Bernardine en attachant sur son mari un regard étincelant, dis-le tout haut... dis-le bien haut pour qu'elle l'entende.

— Bernardine, reprit Jean en baissant encore la voix, ne fais pas de scène, je t'en prie; si ce n'est pas pour elle, que ce soit pour sa sœur qui est tout près et que tu aimes...

— La duchesse ne peut m'entendre, tu le sais bien, reprit Bernardine qui s'animait de plus en plus. Mais c'est toi qui as peur de faire de la peine à cette femme... Tiens!

s'écria-t-elle en se mettant violemment sur son séant, je parie que tu l'aimes encore !

— Tu es folle... tais-toi... tais-toi... disait Moline qui n'osait pas s'arracher des mains de sa femme pour fermer la porte; car il aimait Bernardine de cet amour qui rend obéissant et timide l'homme le plus implacable et le plus résolu.

— Eh bien ! reprit Bernardine, dis-moi que tu ne l'aimes plus... dis-le... tout de suite.

— Assez... assez... tais-toi, fit Moline en se dégageant de sa femme et courant vers la porte.

— Ah ! c'est comme ça... s'écria Bernardine en se levant et en portant la main sur un berceau placé à côté d'elle.

— Malheureuse ! cria Moline en revenant encore une fois.

— Eh bien ! fit Bernardine au comble de la fureur, quand je tuerais mon enfant... je ferais comme elle... peut-être que ça te plairait !

Moline arracha le berceau à sa femme, qui retomba sur son lit, épuisée par ce transport de jalousie insensée; puis il courut fermer la porte sans oser regarder dans la cuisine l'effet qu'avait pu produire ces étranges paroles.

Monsieur de Sainte-Mars les avait écoutées avec étonnement, et il est probable qu'il n'en eût pas compris le sens si Moline le père et sa femme ne les eussent appliquées à celle qu'elles concernaient.

Tandis que la marquise cachait avec terreur sa tête dans ses mains, la vieille femme poussait son mari du coude et disait tout bas :

— Ah ! regarde-la !... C'est bon de s'amuser... mais ça se paye...

— Ah ! si elle pouvait étrangler la Bernardine, repartit le père Moline, quel bon débarras !

Mais au moment où retentirent les derniers mots qui accusaient une mère d'avoir tué son enfant, la marquise se redressa tout à coup, l'œil hagard, le visage pâle, les dents serrées. La mère Moline se leva aussi de son côté, aussi épouvantée que la marquise, et la vieille femme, atterrée par le regard de madame de Prémontré, baissa la tête en murmurant sourdement :

— Ce ne peut être que Jean qui le lui ait dit.

Avant que monsieur de Sainte-Mars eût pu se rendre compte des faits inouïs que révélaient ces paroles, une seconde porte s'ouvrit : c'était celle de la chambre où était la duchesse.

Le docteur Bonnissens parut.

— Vous pouvez entrer, madame, dit-il.

La marquise se précipita dans la chambre, et le comte la suivit. La duchesse, en les voyant, tendit la main à sa sœur, et dit au comte de Sainte-Mars d'une voix brève et impérieuse :

— Laissez-moi seule avec Jeanne, monsieur.

Le comte, sans savoir pourquoi, fut alarmé de cette demande, et répondit doucement :

— Pourquoi vous laisser seule avec madame ? Ne dois-je pas savoir ce que vous voulez décider ?

— Je veux être seule avec ma sœur, monsieur ; je le veux ! entendez-vous ?

— Venez, monsieur, repartit le docteur... venez... il ne faut pas contrarier les malades... D'ailleurs, ajouta-t-il en regardant la marquise en face, nous sommes là tout près, et nous pouvons entrer au moindre bruit.

Le médecin et le comte se retirèrent alors, et les deux sœurs restèrent en présence.

La duchesse regarda alors Jeanne avec plus d'attention, et remarqua la pâleur de son visage et la terreur dont il était empreint.

— Qu'avez-vous donc, Jeanne ? lui dit-elle, et l'aspect de

mon malheur vous épouvante-t-il à ce point que vous ne m'ayez pas encore embrassée ?

— Que voulez-vous de moi, Hélène ? reprit la marquise d'une voix entrecoupée et mourante. Parlez... parlez vite... ce que vous voudrez, je le ferai... Mais hâtez-vous... je ne puis pas... je ne veux pas rester dans cette maison une minute de plus... Parlez... parlez donc!...

La duchesse examinait sa sœur sans pouvoir comprendre la cause de cette épouvante; mais elle-même était sous l'empire d'une pensée trop affreuse pour s'arrêter à demander une explication, et elle dit à Jeanne :

— Voulez-vous me sauver?

Jeanne ne répondit que par un signe affirmatif.

— Eh bien ! reprit sa sœur, vous êtes toute-puissante dans ce pays, vous pouvez faire taire à prix d'or tous les gens qui vous entourent.

— Ils se tairont, dit Jeanne.

— Ce n'est pas assez, il ne faut pas qu'un intérêt, quel qu'il soit, puisse jamais les pousser à rompre ce silence.

Jeanne ne répondit pas, et la duchesse reprit :

— Un jour peut venir où, après avoir vendu cher leur discrétion, ils voudront encore en tirer parti, en menaçant de révéler mon secret.

— Ah !... fit Jeanne, en regardant sa sœur pour la première fois avec attention.

— En doutez-vous ?... Mais la révélation de ce secret ne serait à redouter qu'autant qu'elle s'appuierait sur un témoignage... présent...

La duchesse s'arrêta, et bravant le regard ardent de sa sœur, elle ajouta, en parlant d'une voix basse et sifflante :

— Comprenez-moi bien ! Je suis venue à Piémontré parce que, dans une de vos lettres, vous m'aviez dit que vous étiez fort malade, et que j'ai craint que, seule dans ce pays perdu, vous n'eussiez pas près de vous tous les soins nécessaires...

— Je vous comprends, répondit Jeanne.

— Un accident m'aura forcée à m'arrêter dans cette maison... Je m'étais trompée : vous n'étiez pas malade. Je vous ai envoyé avertir et vous êtes venue me chercher...

— Soit... soit...

— Vous m'avez trouvée souffrante des fatigues de la route... accompagnée simplement d'un valet de chambre que je chasserai demain et qui quittera le pays...

— C'est bien... c'est bien...

— Puis je serai repartie pour Paris quinze jours après. Puis si, dans quelques années, l'un de ceux qui savent le secret de ce qui s'est passé ici osait menacer de le divulguer, ce serait un misérable calomniateur.

— C'est juste... c'est juste... fit la marquise avec un ricanement amer.

— Mais, dit la duchesse trop préoccupée de ce qu'elle allait dire pour remarquer l'expression du visage de sa sœur, pour que cette accusation puisse être taxée de calomnie, pour que rien n'en vienne appuyer la vraisemblance, il faut qu'il n'en reste aucune trace... vivante...

La même insinuation se reproduisait sous les mêmes formes. Mais la marquise ne répondit pas, et la duchesse reprit en se penchant vers sa sœur et en l'attirant contre elle :

— Il faut... que cet enfant disparaisse.

Jeanne appuya la main sur le front de la duchesse, la força à la bien regarder en face, et la repoussant violemment sur son lit :

— J'étais sûre que vous alliez en venir là.

— Eh quoi! s'écria la duchesse en se relevant, vous me refusez?...

— Un crime... un crime! lui dit sa sœur en se penchant

sur elle et en la tenant éperdue sous son regard ; un crime !... vous ne savez pas ce que c'est qu'un crime... Il y a des heures où il se lève devant vous et vous barre le passage... Il y a des heures où il couche à côté de vous et vous embrasse... Il y a des heures où le crime parle de tous les coins d'une maison...

La marquise était hors d'elle, elle s'approcha encore plus de sa sœur et dit encore plus bas :

— Vous n'avez donc pas entendu Bernardine ?...

— Jeanne... Jeanne, fit la duchesse, je ne vous comprends pas... que voulez-vous dire ?

— Je veux dire que c'est assez de mon crime sans que je me fasse la complice du vôtre...

— Quoi !... vous ! dit la duchesse épouvantée.

— Oui ! moi !... dit Jeanne.

— Horreur ! fit la duchesse en se reculant.

Jeanne demeura immobile d'étonnement à ce cri d'indignation, et attachant un regard menaçant sur sa sœur, elle lui dit :

— Et vous venez de me le proposer pour vous sauver ?

La duchesse regarda Jeanne d'un air froid et lui répondit :

— Mais moi j'ai une réputation intacte à conserver.

Cette réponse, au lieu d'exaspérer la marquise, parut l'accabler, et elle tomba sur une chaise en poussant un sourd gémissement. Du reste, ce mot est vrai, c'est la sincérité de l'hypocrisie poussée à sa dernière puissance. Un moment après, madame de Prémontré se releva et reprit avec plus de douleur que de colère :

— Oui ! oui ! c'est juste ! Moi qui suis perdue..... à quoi bon un crime ? il était inutile... Mais vous, dont tous les désordres ont été si habilement cachés que pas un de ceux qui vous connaissent n'oserait élever le moindre doute sur votre vertu, le meurtre vous est permis... il sauvera votre honneur... car vous avez encore un honneur.

La marquise s'arrêta, et tendant ses bras au ciel avec une expression de douleur, elle s'écria :

— Eh bien, que Dieu juge entre nous ! Donnez... donnez-moi cet enfant ! vous n'en entendrez plus jamais parler.

A ces mots, et sans attendre la réponse de la duchesse ; elle s'empara de l'enfant, et l'enveloppant dans son manteau, elle s'échappa par une porte qui ouvrait sur la cour.

La duchesse demeura seule, épouvantée des paroles et de l'action de sa sœur ; puis, lorsqu'un temps assez long se fût écoulé, elle appela doucement.

Le docteur et monsieur de Sainte-Mars entrèrent en même temps. Tous deux, en ne retrouvant pas la marquise dans la chambre, regardèrent avec terreur de tous côtés, et le comte s'écria :

— Et ma fille ?...

— Ma sœur s'en est chargée, dit froidement la duchesse ; elle lui choisira une nourrice loin de ce pays. Quant à moi, je m'engage à faire à monsieur le docteur une pension de douze cents francs pour donner ses soins à l'enfant s'il vit, et dans le cas où il mourrait, je ne croirai pas avoir trop payé les soins et la discrétion du docteur en portant cette pension à deux mille livres.

Le docteur Bonnissens ne répondit point, et, s'élançant par la porte laissée entr'ouverte, il essaya de rejoindre la marquise.

Quant à monsieur de Sainte-Mars, demeuré seul avec madame de Frobental, le cœur rempli d'un soupçon si terrible qu'il n'osait le montrer tant il était outrageant pour celle qui en était l'objet, il interrogea longtemps la duchesse pour savoir quelles dispositions elle avait prises pour sa fille, mais il ne put en obtenir qu'une réponse à toutes ses questions :

— Ma sœur s'est chargée de tout.

Quelques heures après, le docteur revint. Il annonça que l'enfant n'avait pu résister au froid excessif qui l'avait saisi pendant le trajet de la chaumière au château de madame de Prémontré, et que par conséquent toute trace de cet cet événement avait disparu.

Le lendemain, on transportait la duchesse chez sa sœur. Ce jour-là même, le comte de Sainte-Mars repartit pour Paris, chassé, devant les habitants du château, comme un valet inintelligent qui avait exposé les jours de sa maîtresse en s'adressant, pour la conduire, à un postillon ivre qui avait abandonné la voiture sur la route. Quinze jours après, la duchesse repartait pour Paris, et y retrouvait son mari, qui la grondait doucement de cette folle exaltation d'amour fraternel qui lui avait fait entreprendre un voyage si dangereux.

XIX

SOIRÉE CHEZ MA GROSSE VOISINE. — PERSONNAGES CONNUS OU INCONNUS

Voilà où j'en étais de la lecture du manuscrit qui m'avait été confié, lorsque je m'aperçus que l'heure était venue de me rendre chez madame Smith. Bien que ce récit m'eût vivement intéressé, autant par la gravité des faits qu'il révélait que par l'étrange hardiesse qu'on avait montrée en me les confiant, je remis au lendemain à en lire la suite. D'ailleurs, une chose me préoccupait dans ce récit, bien plus que les crimes de madame Prémontré et de madame Frobental : c'était d'y trouver le nom du comte de Sainte-Mars, ce nom que portait la belle Fanny. J'espérais y trouver des renseignements sur elle. Cet espoir était si vif, que je ne m'étais pas aperçu que jusque-là il n'avait été nullement question de cette Justine que j'avais arrachée aux mains brutales de monsieur de Frobental le fils. Comme je l'ai dit, l'heure était arrivée de me rendre chez madame Smith, et je n'hésitai pas entre une lecture où je n'étais pas sûr de trouver les renseignements que j'espérais et la certitude de voir enfin ma divinité. Voir madame Sainte-Mars, lui parler, lui faire comprendre l'amour extravagant que j'avais pour elle, voilà la seule chose qui m'occupa.

Une heure après, j'entrai chez madame Smith, plus ému et plus tremblant que je ne l'avais été. J'allais y trouver mon bonheur ou mon désespoir, j'allais y décider de ma vie. Je le croyais ainsi, et peut-être cela a-t-il été vrai, mais assurément ce ne fut pas dans le sens que j'avais prévu.

J'arrivai trop tôt. Le petit calcul que j'avais fait pour me glisser furtivement dans un coin de l'appartement et y choisir une place d'où je pourrais contempler madame Sainte-Mars et la battre en brèche du feu de mes regards, fut complétement déjoué. Je me trouvai seul avec madame Smith. Elle me rit au nez en me voyant, rit encore plus fort en me demandant comment je me portais, et fit frémir la chambre de son rire lorsque je m'assis à côté de son feu.

— Eh bien, mon petit voisin, me dit-elle en me secouant la main, ça va donc mieux ?

— Beaucoup mieux.

— Et vous n'avez plus envie d'aller vous promener aux Champs-Elysées ?

Je rougis de colère et de honte.

— Il ne faut pas rougir pour ça, mon voisin, me dit madame Smith ; de plus fins que vous y ont été attrapés. Et d'ailleurs vous êtes assez gentil pour que ça pût être vrai... Nous reparlerons de ça... J'entends sonner ; si c'est une grande femme sèche, avec un nez à bec de corbin, passez dans la pièce voisine, j'ai deux mots à lui dire en particulier ; je vous rappellerai quand ce sera fini.

Je trouvai les façons de madame Smith si malséantes, que je la saluais silencieusement, comme pour me retirer; elle me prit vivement par la main, et me dit brusquement :

— Ne vous en allez pas, au moins, nous avons besoin de vous ce soir... surtout après ce qui s'est passé ce matin.

L'événement du matin était la tentative d'assassinat à laquelle j'avais arraché Justine. Quel rapport y avait-il entre cet événement et ma présence chez madame Smith ? J'avais beau être parfaitement niais, j'avais beau être amoureux et par conséquent être encore plus niais, les paroles de madame Smith me frappèrent, et plus que ces paroles encore le changement de ton de la joyeuse commère.

Elle écouta des voix qui parlaient dans une espèce de petite salle à manger précédant le salon à alcôve où je me trouvais, et elle me dit tout bas :

— C'est elle.

Puis, par un coup d'œil tel qu'elle aurait pu l'adresser à un écolier qu'elle eût élevé, elle m'enjoignit de sortir. Je comptais bien sortir tout à fait, malgré l'extrême désir que j'avais de voir ma Fanny si inabordable, lorsque la grande femme attendue parut à la porte du salon au moment où j'allais la franchir. Quelle que fût ma mauvaise humeur, je m'arrêtai en la voyant, et malgré la triste opinion que madame Smith m'avait donnée, par ses manières, du monde qu'elle devait recevoir, je demeurai frappé d'une sorte de respect craintif à l'aspect de la femme qui entra. Il est fort difficile de dire l'âge de cette femme ; car elle portait à la fois sur son visage les signes d'une vieillesse avancée et ceux d'une force qui ne lui appartient plus. Des cheveux blancs et luisants comme la soie encadraient un visage d'une pâleur d'ivoire et d'une maigreur effrayante ; mais les sourcils étaient restés noirs et couronnaient des yeux d'un gris foncé et d'un éclat extraordinaire. Puis, lorsque madame Smith, après une humble révérence à cette dame, lui eut dit d'une voix soumise : « Monsieur Michel Meylan, madame, » cette dame me sourit avec une gravité encourageante, et me montra des dents jeunes, fraîches, intactes.

Je m'inclinai, et pendant ce temps madame Smith, obéissant à un petit signe de tête imperceptible, s'adressa à moi, et me montrant cette dame, me dit à mon tour : « Madame la duchesse de Frobental. »

Ni ma mauvaise humeur, ni mon dessein bien arrêté de quitter cette maison ne purent résister à la surprise que ce nom excita en moi et au désir que j'éprouvai de connaître plus particulièrement la femme dont je venais d'apprendre un crime si abominable. D'un autre côté, madame de Frobental était sans doute la mère de l'assassin de Justine. L'insistance de madame Smith pour me garder me fut expliquée. Ce ne fut même que lorsque la réflexion me fit souvenir que le nom de Sainte-Mars se trouvait aussi mêlé dans cette histoire, que la pensée de ma belle Fanny me reprit au cœur ; mais ce n'était plus d'une façon aussi absolue, aussi exclusive. Je ne pensais plus à elle seule, tant cette rencontre et l'aspect de madame de Frobental m'avaient frappé.

Cependant j'étais entré dans la salle à manger, tandis que les deux dames restaient dans le salon, dont elles avaient fermé la porte. La position était assez humiliante ; ma curiosité excitée au plus haut point me la fit supporter. Néanmoins ma patience eût pu se lasser, si l'attente avait été longue ; mais au bout de quelques minutes je ne fus plus seul ; deux personnes entrèrent : un monsieur en cravate blanche à nœuds menaçants, une dame en toilette magnifique.

Je ne les reconnus pas au premier abord ; mais pendant

que la servante de madame Smith s'introduisait dans le salon pour annoncer leur arrivée, je remarquai que le monsieur et la dame chuchotaient tout bas en me regardant. Je les examinai mieux, et dans le visage encore plus empesé que la cravate du monsieur, dans la figure jeune, modeste et charmante de la dame, je reconnus mon joyeux voisin, monsieur Deslaurières, et sa femme l'effrontée promeneuse des Champs-Élysées. Le sentiment de répulsion qu'elle m'avait inspiré s'accrut, pour ainsi dire, par le contraste qui existait entre sa physionomie et ses actions. Tant de beauté ingénue couvrant une si indigne conduite, était à mes yeux un mensonge révoltant. Je me pris à plaindre ce bon monsieur Deslaurières, qui portait sur son visage cette ineffable confiance qui donne un si vif relief au ridicule d'un mari trompé.

Je me détournai après les avoir salués froidement ; mais monsieur Deslaurières vint à moi et me dit de l'air le plus joyeux :

— Monsieur Meylan, notre voisin, je crois ?

— Moi-même, monsieur.

— Un ami de notre ami Morinlaid ?

— Oui, monsieur.

Il m'adressa un sourire aimable et ajouta :

— Les amis des amis sont nos amis. La connaissance est faite entre nous, permettez que je vous présente à ma femme.

— A madame ? dis-je en baissant les yeux.

— Ah ! fit monsieur Deslaurières en riant, Morinlaid m'avait bien dit que vous étiez... horriblement sauvage... Est-ce que les jolies femmes vous font peur ?

Je ne puis dire quelle répugnance j'éprouvais à aborder madame Deslaurières. Indépendamment de l'opinion que j'avais d'elle, sa rencontre se rattachait à une mystification dont je souffrais encore. Ce fut donc le plus gauchement du monde et de l'air le plus refrogné que je me laissai conduire jusqu'auprès d'elle. Monsieur Deslaurières me présenta. Je saluai d'un air glacé et sans parler. Madame Deslaurières me regardait avec une attention dont je ne pus pas comprendre le motif.

— Vous avez été malade, monsieur? me dit-elle.

Avant de lui répondre, je regardai près de moi. Déjà monsieur Deslaurières était à l'autre extrémité de la salle à manger. Ce brave homme semblait n'avoir eu d'autre souci que de se débarrasser de sa femme pour aller causer avec la servante qui sortait du salon. Comme je l'ai dit, j'étais animé contre madame Deslaurières de très-mauvais sentiments, et j'avais trouvé fort impertinente la question qu'elle venait de m'adresser; je lui répliquai donc assez sèchement :

— Oui, madame, j'ai été fort malade d'une promenade maladroite que j'ai faite aux Champs-Elysées.

Madame Deslaurières rougit jusqu'au blanc des yeux, et j'eus la grossièreté d'ajouter en souriant :

— Mais je vois que la promenade n'est pas fatale à tout le monde.

Madame Deslaurières ne put dissimuler sa confusion, et j'allais m'éloigner lorsque monsieur Deslaurières nous cria de loin :

— Allons, allons, entrons... Eh bien ! jeune homme, donnez donc la main à ma femme.

Je m'attendais à un refus hautain et méprisant, car je croyais savoir que les dames de cette espèce ont d'ordinaire à leurs ordres une indignation factice qui leur sert à couvrir, vis-à-vis des sots, la colère qu'elles éprouvent de se voir démasquées. Mais je fus très-étonné de voir madame Deslaurières me donner la main, non point avec une fausse modestie qui m'eût paru aussi effrontée qu'une expression d'audace, mais avec une confusion véritable.

Sa main tremblait, une rougeur pourprée couvrait son visage, et en la regardant plus attentivement, il me sembla voir une larme s'éparpiller en gouttelettes brillantes sur le réseau noir de ses longs cils.

Madame Smith vint au-devant de madame Deslaurières et l'embrassa avec des démonstrations d'amitié et de ravissement.

Pendant ce temps, le mari m'avait pris à part et me disait :

— N'est-ce pas que ma femme est drôle avec sa timidité? On dirait qu'elle sort de pension, et cependant voilà plus de quatre ans que nous sommes mariés; mais elle n'en est pas beaucoup plus avancée pour ça. Un homme qui lui parle la fait rougir.

Monsieur Deslaurières avait le visage agréable, le sourire fin ; il passait pour homme d'esprit et n'était pas non plus sans quelque mérite, et cependant il disait ce que je viens de rapporter de la meilleure foi du monde. Décidément l'état de mari a des influences dont les célibataires n'ont aucune idée.

En m'inclinant devant cette foi robuste et respectable dont monsieur Deslaurières était si rempli, je remarquai que la duchesse de Frobental examinait madame Deslaurières avec un soin tout particulier, plein d'étonnement et de crainte. Elle appela madame Smith par un petit signe, et lui dit assez haut pour que je pusse l'entendre :

— Oh ! c'est le portrait vivant de la comtesse.

— Vrai? lui dit tout bas madame Smith.

Je marchais dans un pays inconnu dont chaque parole semblait avoir un sens mystérieux. Comment madame Deslaurières pouvait-elle être le portrait vivant d'une comtesse quelconque, elle, la pupille de monsieur Bonnissens, la femme d'un commis de la guerre ? Je me résolus à écouter pour essayer de deviner.

La duchesse appela madame Deslaurières près d'elle, et, avec une grâce charmante, elle se mit à l'interroger sur elle-même, sur sa famille. Je ne pouvais entendre les réponses de madame Deslaurières : elle parlait la tête basse, comme un enfant coupable devant son juge. Tout en regardant une gravure, je prêtais une oreille attentive à cet entretien pour en saisir quelques paroles, lorsqu'on annonça madame Sainte-Mars. A ce nom, toute autre pensée s'effaça de mon esprit.

La duchesse de Frobental, madame Deslaurières, madame Smith, disparurent pour moi. Je me tournai pour voir ma divinité : elle était ce soir-là d'une beauté souveraine. Madame Deslaurières était entrée dans ce salon le rouge sur le front, tremblante, humiliée ; madame Sainte-Mars s'y présenta le front haut, le regard assuré, et je ne puis dire de quel air elle écrasa la duchesse lorsqu'elle passa près d'elle pour aller prendre le siége que lui offrit madame Smith.

Un embarras extrême s'était emparé de ma grosse voisine, et un silence glacé régnait entre les cinq ou six personnes présentes, lorsque monsieur de Favreuse entra dans le salon en assurant le nœud de sa cravate blanche ; il jeta autour de lui un regard nonchalant dont l'expression avait une impertinence inouie. Il était suivi du beau jeune homme aux moustaches retroussées ; c'était, comme je l'ai dit, le fils du duc de Pavie, et le jeune homme s'était empressé de tirer du titre de monsieur son père le titre de marquis de Pavie, sous lequel il fut annoncé.

L'entrée de monsieur de Favreuse sembla accroître l'embarras des personnes présentes. Lui seul garda cette indifférence moqueuse qu'il semblait porter dans sa démarche comme dans ses paroles. Il s'avança vers la duchesse, et lui dit du bout des lèvres et à voix assez basse :

— Vous êtes d'une exactitude à faire envie à un huissier.

La duchesse fit un haut-le-corps d'indignation, et lui répondit d'un ton sec :

— Vous auriez pu, ce me semble, être ici à l'heure convenue.

— Qui est-ce qui fait ce qui est convenu ? dit monsieur de Favreuse en se tournant du côté de madame Sainte-Mars qu'il salua avec le respect le plus impertinent.

Puis il dit à celle-ci d'une voix que les oreilles seules d'un intéressé pouvaient entendre, et en désignant le marquis de Pavie d'un regard si rapide qu'il fallut toute mon attention pour le saisir, il lui dit :

— Vous voyez qu'en faisant entrer la brebis dans le bois, j'ai amené le berger. Et d'ailleurs, à défaut de celui-là, en voici un, ajouta-t-il en me désignant à mon tour du bout de son petit doigt, qui nous massacrerait tous pour vous sauver.

On parlait par hiéroglyphes. Je me contentai d'enregistrer ces paroles sans paraître les comprendre. Cependant à la dernière phrase de monsieur de Favreuse, madame Sainte-Mars leva les yeux sur moi. Je ne puis dire quelle fut l'expression de son regard. Ma vue se troubla ; je me sentis rougir et trembler, et, fort embarrassé de ma contenance, je portai mes yeux d'un autre côté, et j'aperçus monsieur de Pavie qui me lorgnait d'un air fort peu satisfait.

Monsieur de Favreuse avait quitté madame de Sainte-Mars, et, ayant aperçu madame Deslaurières, était allé s'asseoir à côté d'elle. Mais l'expression habituelle de raillerie du vieux comte avait fait place à une bienveillance empressée et affectueuse. Tout en lui parlant de choses fort indifférentes, son ton, ses manières, son regard, semblaient dire à madame Deslaurières : « Vous avez ici un protecteur qui ne vous manquera pas. »

Presque aussitôt on annonça monsieur Ernest Molinos,

et je pus voir à l'aise le beau partenaire de madame Deslaurières. La tournure de cet homme était la plus sanglante satire de la femme qui l'avait choisi. Puis arriva monsieur de Chabron, qui me parut être de la connaissance de madame de Frobental par le regard mystérieux et intime dont elle l'accueillit; puis une douzaine d'autres locataires de la maison, des gens qui n'avaient ensemble aucune relation ni de monde ni d'habitude.

N'était-ce qu'une réunion à laquelle madame Smith avait convoqué tous ses voisins, sans s'inquiéter de l'étrange pêle-mêle qui devait en résulter, ou plutôt cette soirée avait-elle un but secret qu'on avait déguisé sous une apparence de plaisir? La manière dont les principaux personnages de cette réunion s'observaient me faisait supposer volontiers qu'on devait y traiter de quelque affaire importante, et je me promis d'observer.

XX

UN JEU D'ENFER — PROVOCATIONS

Je renonce à décrire tous les mouvements, toutes les manœuvres de cette soirée, dont le commencement se passa le sourire aux lèvres et avec la plus parfaite convenance; mais, plus tard, voici quelques-uns des petits incidents que je pus remarquer sans que je pusse à ce moment en comprendre toute la portée.

A peine *la société*, selon l'expression de madame Smith, était-elle au grand complet, que monsieur Deslaurières fit un signe expressif à sa femme. Celle-ci se prépara à quitter le siége qu'elle occupait près de la duchesse, qui la retint un moment, et qui lui dit avec cette grâce protectrice qui fait la puissance des grands seigneurs sur les petits bourgeois:

— Croyez, madame, que je serai charmée de vous voir souvent ; dites-le de ma part à monsieur votre mari, que je prie de vouloir bien vous accompagner chez moi lorsque vous voudrez bien me faire le plaisir d'y venir.

La reconnaissance excessive de madame Deslaurières pour cette invitation m'eût paru d'assez mauvais goût, si je n'avais cru y remarquer le calcul d'une femme qui assure une sorte de protection éclatante à sa mauvaise conduite. Monsieur Deslaurières s'était retiré dans la première pièce en attendant sa femme, de façon que lorsque celle-ci passa du salon dans la salle à manger, monsieur Molinos put lui adresser à voix basse quelques observations, auxquelles madame Deslaurières ne répondit que par un regard triste et soumis.

Madame Sainte-Mars avait suivi de l'œil la sortie de madame Deslaurières, et, sans s'inquiéter si l'on pouvait l'entendre, elle dit au marquis de Chabron, qui causait avec elle, les bras appuyés sur le dos de son fauteuil :

— Et l'on reçoit de pareilles créatures !

Monsieur Molinos dut entendre cette observation ; mais il n'y fit pas la moindre attention, et presque aussitôt l'on organisa quelques tables de jeu. C'était alors la fureur de l'écarté : madame Smith pria madame la duchesse de Frobental de vouloir bien commencer la partie. La duchesse s'y prêta de la meilleure grâce du monde et prit place à la table. Comme si madame Smith avait voulu rompre en visière à toutes les convenances et aux sentiments apparents que ses hôtes paraissaient avoir les uns pour les autres, elle alla immédiatement prier madame Sainte-Mars de faire le vis-à-vis de madame la duchesse. L'étonnement et le dédain avec lesquels madame Sainte-Mars accueillit cette proposition furent assez manifestes pour que madame de Frobental dût les apercevoir ; mais de même que monsieur Molinos n'avait point pris garde aux paroles de la belle

Fanny, de même madame de Frobental évita de voir ce refus obstiné ; et, se tournant du côté de monsieur de Pavie, elle lui adressa les reproches les plus gracieux sur son absence : « On ne le voyait plus, disait-elle, et pourtant il savait combien ses visites étaient agréables, et avec quel plaisir elles étaient accueillies par toute la maison. »

Ces mots *toute la maison* avaient été soulignés d'une manière très-marquée, mais ils n'ôtèrent rien à la froideur avec laquelle le beau jeune homme accueillait les agaceries de la vieille duchesse.

Ce petit entretien avait suffi à madame Smith pour vaincre la résistance de madame Sainte-Mars, qui finit par se lever de l'air le plus ennuyé, en disant d'une voix dont l'accent ne me parut nullement d'accord avec l'élégance de sa personne :

— Oh ! mon Dieu, si c'est comme ça, je le veux bien ; mais ça sera bientôt brossé.

Cette fois encore madame de Frobental dut entendre cette singulière parole, et cette fois encore elle resta impassible. Cela commença à m'étonner. Mais ma surprise s'accrut encore lorsque je vis la duchesse se soulever à demi, montrer gracieusement de la main à madame Sainte-Mars le siége placé de l'autre côté de la table, et lui dire de sa voix la plus avenante :

— A nous deux, si vous le voulez bien, madame.

— Quel jeu voulez-vous jouer avec moi, madame la duchesse ? reprit madame Sainte-Mars avec une impertinence qui, malgré ma passion pour elle, me déplut véritablement.

— Nous jouerons le jeu qu'il vous plaira, reprit la duchesse avec cette imperturbable politesse qui semblait ne vouloir se blesser de rien.

— Commençons par un louis, dit madame Sainte-Mars en plaçant une petite bourse sur la table.

— Un louis, soit, dit la duchesse en tirant un petit portefeuille où elle prit une pièce d'or en laissant voir une certaine quantité de billets de banque.

Comme si cet aspect eût allumé l'avidité de ceux qui étaient autour de la table, monsieur de Pavie se mit à dire :

— Je parie dix louis pour madame Sainte-Mars.

— Je les tiens, dit la duchesse.

— Et moi dix louis, fit monsieur de Chabron.

— Je les tiens, reprit encore madame de Frobental.

— Et moi cinq louis, fit monsieur Molinos.

— Je les..

La duchesse s'arrêta et regardant doucement autour d'elle, elle dit en souriant :

— Me laissera-t-on seule contre tant d'ennemis? Voyons, ajouta-t-elle en s'adressant à moi qui demeurais immobile entre les deux camps, voyons, monsieur, ne voulez-vous pas vous mettre de mon parti, et parier quelque chose pour moi?

A la vivacité avec laquelle avaient été proposés et acceptés les enjeux et leur quotité, je m'imaginai être tombé dans une bande de ces joueurs acharnés à qui la frénésie de leur passion rend indifférent le lieu où ils sont et les personnes avec qui ils peuvent la satisfaire. Je n'avais nulle envie d'engager sur une carte la meilleure partie de la pension que me faisait mon père, et j'aurais été fort malheureux de jeter une misérable pièce de cent sous à côté des poignées d'or déjà répandues sur la table. Je devins rouge, embarrassé, surtout en voyant madame Sainte-Mars me regarder d'un air railleur. Passer pour pauvre aux yeux de la femme dont on est amoureux est la dernière des humiliations; et, malgré l'envie que j'éprouvais d'être forcé à risquer une somme beaucoup trop forte pour moi, je tirai quelques louis de ma poche, et je les jetai sur la table.

La partie s'engagea ; elle fut perdue pour nous en deux coups, et nos adversaires se partagèrent notre argent, tandis que madame Saint-Mars disait à madame Smith :

— Je vous l'avais bien dit que ça serait vite brossé.

La duchesse se leva, et, me montrant la place avec une tranquillité parfaite, me dit :

— A votre tour, monsieur.

Cela m'obligeait à risquer encore une somme qui dépassait de beaucoup mes moyens, et quoique j'eusse de l'argent dans ma poche, j'hésitai et je balbutiai quelques mots d'excuse.

Madame de Frobental profita de l'action avec laquelle les gagnants se disputaient nos louis pour me dire tout bas :

— Jouez, je tiendrai tout.

Et au même instant elle glissa dans ma main une bourse pleine d'or. Mon premier mouvement fut de la refuser, mais presque aussitôt j'entendis monsieur de Pavie dire de son ton le plus impertinent :

— Est-ce que nous nous en tenons là ?

Tandis que madame Sainte-Mars ajoutait en me regardant :

— Est-ce que l'École de droit est déjà à sec ?

Au moment où j'écris ces lignes, je cherche à comprendre comment de telles paroles, l'accent dont elles furent prononcées, les allures incroyables dont elles étaient accompagnées, ne tuèrent pas sur le coup la passion que j'éprouvais pour cette belle Fanny. Il y avait là de quoi désenchanter le plus intrépide amoureux, si l'amour n'était pas une passion à qui tout vient en aide lorsqu'elle est poussée à un certain degré, comme tout sert d'aliment à un violent incendie, même l'eau qui éteindrait un feu moins ardent. D'ailleurs, ce ne fut peut-être pas l'amour seul qui me rendit aveugle, la vanité s'en mêla ; et, comme il arrive toujours à ce mauvais sentiment, elle fit taire la dignité qui m'ordonnait de refuser l'offre inconcevable de madame de Fröbental, et je répondis résolûment après avoir pris la bourse :

— L'École de droit est prête à tenir tête à tout le monde.

Il y eut un singulier regard jeté par madame Sainte-Mars sur l'or que j'étalais devant moi ; puis, de cet or, son regard passa à mon visage, et elle m'examina un moment avec une attention qui me troubla profondément.

— Je ne joue qu'un louis, me dit-elle en me voyant avancer une assez forte somme ; il est inutile que vous fassiez plus que mon jeu, les parieurs s'arrangeront entre eux.

Ceci, à le prendre dans le sens que cela dut avoir pour moi, réparait parfaitement les paroles hasardeuses que j'avais entendues un moment auparavant. J'obéis à madame Sainte-Mars, et la partie s'engagea. La duchesse avait tenu tous les paris de cette partie. Je la gagnai, puis une seconde, puis une troisième, tantôt contre madame Sainte-Mars, tantôt contre l'un de ses trois partenaires, et ainsi de suite jusqu'à vingt parties. Par un singulier calcul auquel je ne fis nullement attention, la duchesse diminuait ses enjeux à mesure qu'elle gagnait, si bien que pour ne pas avoir l'air de garder l'argent de mes adversaires j'augmentai sans cesse les miens, et qu'à la vingtième partie, j'avais devant moi un bénéfice de plus de quatre cents louis.

Selon les règles du jeu, il fallut quitter la table lorsque je perdis, et j'offris ma place à madame de Frobental ; mais elle s'excusa, et à mon grand étonnement, je la vis s'emparer du bras de madame Sainte-Mars et l'entraîner dans une pièce voisine.

C'est que pendant que je jouais avec cet aveugle acharnement qui absorbe toutes les facultés d'un homme, il s'était passé une petite comédie que je n'avais pas aperçue, c'est qu'au bout de quelques parties de ce jeu effréné, la bourse de monsieur de Pavie et celle de madame Sainte Mars s'étaient trouvées épuisées, et que la duchesse leur avait offert la sienne avec un empressement parfait. Quelles que fussent les dispositions hostiles de monsieur de Pavie et de Fanny vis-à-vis de la duchesse, ils les avaient complétement oubliées lorsqu'ils avaient été pris de cette soif fiévreuse que le joueur veut satisfaire à tout prix.

Au moment où madame de Frobental se retira, je voulus lui rendre la somme qu'elle m'avait prêtée, mais elle m'arrêta en me disant :

— Vous ne voulez donc pas me la rapporter chez moi, monsieur; vous ne voulez donc pas que j'aie le plaisir de vous voir encore une fois?

Elle s'éloigna aussitôt en entraînant madame Sainte-Mars qui, autant que je pus le remarquer, se laissa emmener parce qu'elle n'osa pas résister à une femme envers laquelle elle venait de contracter une dette assez considérable. Nous continuâmes la partie sans ces dames; et pendant que je tenais les cartes contre monsieur de Pavie, je vis madame Sainte-Mars rentrer seule, et un moment après elle se pencha à l'oreille du marquis de Pavie, et lui dit tout bas :

— Ne vous tourmentez pas de cet argent; elle m'a offert tout le temps que je voudrais.

Le marquis de Pavie prit un air de mauvaise humeur, et repartit assez brutalement à madame Sainte-Mars :

— La duchesse aura son argent demain, je le veux.

Madame Sainte-Mars quitta la table, et l'on vint nous annoncer que le souper était servi.

Monsieur Molinos s'était retiré.

Je ne m'étais pas aperçu que depuis une demi-heure on apportait coup sur coup des plateaux de punch; je ne sais combien de verres j'en avais bu, mais j'avais déjà la tête troublée lorsque je pris place au souper, après avoir promis de continuer la partie après le festin. Ma défaite était probablement arrangée d'avance, et il ne fallut pas grand effort pour me pousser hors des bornes, dans l'état d'agitation où je me trouvais. Au bout de quelques instants, j'étais complétement gris.

On verra bientôt les événements qui résultèrent pour moi de cet excès : mais je ne dois pas oublier de rapporter tout de suite quelques paroles que plus tard j'aurais voulu racheter de mon sang.

Au milieu du souper, la conversation prit une liberté excessive ; elle s'occupa, comme de coutume, des personnes qui avaient quitté le salon, et le nom de madame Deslaurières ainsi que celui de monsieur Molinos ayant été prononcés, il s'éleva une vive discussion à ce sujet. Ce fut alors que madame Smith raconta le secret de cette correspondance de fenêtre à fenêtre dont j'avais été la victime bafouée. De son côté, madame Sainte-Mars raconta comment madame Deslaurières avait fatigué des exigences de ses tendresses jusqu'à monsieur Morinlaid, qui certes était une assez piètre conquête. Monsieur de Chabron déclara qu'il évitait de rencontrer cette femme, dont les impudentes agaceries eussent fait rougir la femme la plus dissolue, et ce fut enfin un haro universel où aucune accusation, aucun mépris ne manquaient. Cependant un seul homme avait pris la défense de madame Deslaurières, et cet homme était monsieur de Favreuse. A toutes les histoires qu'on racontait, il ne répondait que par ces mots :

— L'avez-vous vu ? — L'avez-vous entendu ? — Etiez-vous présent lorsque cela s'est passé ?

On avait beau appeler en témoignage les récits de tous ceux qui connaissaient madame Deslaurières, monsieur de Favreuse ne démordait pas de sa phrase interrogative. Une colère mal déguisée agitait la voix du vieux comte, qui cependant gardait ses grands airs indifférents, et il répétait pour la dixième fois :

« L'avez-vous vu ? » lorsque, irrité par cette obstination incrédule, je m'écriai :

— Eh bien, moi, j'ai vu !

— Jeune homme, jeune homme, reprit monsieur de Favreuse en me regardant d'un air courroucé, vous n'êtes pas assez sûr de ce que vous voyez dans ce moment-ci pour parler exactement de ce que vous avez pu voir dans d'autres circonstances. Gardez ce récit pour une autre fois.

— Laissez-le parler ! s'écria-t-on de tous côtés, car il faut bien vous convaincre.

— Taisez-vous, jeune homme... taisez-vous ! reprit monsieur de Favreuse avec colère.

— Taisez-vous vous-même, vieille..., s'écria madame Smith.

Mais avant qu'elle eût le temps de prononcer le substantif qu'appelait cette épithète, monsieur de Favreuse se leva en disant du ton le plus impertinent :

— Les injures n'entrent point dans notre marché, madame, et je refuse de les recevoir, malgré les offres réelles que vous êtes capable de m'en faire.

Il quitta la salle à manger, et alors, pressé de toutes parts, je racontai l'histoire de ma rencontre aux Champs-Élysées. Je dois le dire, je me sacrifiai le plus gaiement du monde, je me fis aussi ridicule qu'on le voulut, mais j'en pris le droit de traiter madame Deslaurières de la façon la plus ignominieuse ; je prétendis avoir vu prendre de certaines privautés, avoir entendu certaines paroles qui ne laissaient aucun doute sur l'intimité complète qu'il y avait entre monsieur Molinos et madame Deslaurières. J'étais si ravi d'occuper l'attention de madame Sainte-Mars, d'entendre rire toute la table aux récits que je faisais, que je ne m'aperçus pas de l'infamie que je venais de commettre ; je ne la compris même pas lorsque ma belle Fanny s'écria d'un air de triomphe :

— J'en étais sûr !

Ce qui voulait dire certainement qu'un instant auparavant, elle doutait elle-même de toutes les histoires qu'elle avait débitées. Presque aussitôt, on se leva de table et l'on passa dans le salon.

Monsieur de Favreuse, qui s'y était installé au coin du feu, me fit un signe, je m'approchai de lui et il me dit tout bas :

— Vous venez de faire une mauvaise action, jeune homme; tâchez maintenant de ne pas faire de sottises.

L'admonition me déplut, et, malgré l'âge du comte, j'allais y répondre le plus vertement du monde, lorsque je fus appelé à la table de jeu par des cris bruyants. J'y pris place avec la confiance que m'inspiraient les quatre cents louis que j'avais gagnés, et je m'offris loyalement à tenir tous les enjeux que l'on m'offrait. Madame Smith s'était mise de la partie, et je commençai à jouer avec elle. La fortune continua à me favoriser ; les enjeux augmentèrent dans une proportion effrayante; l'argent avait disparu de la table et avait été remplacé par de petits carrés de papier où chacun écrivait, avec sa signature, la somme pour laquelle il s'engageait.

J'en possédais déjà pour près de douze mille francs, lorsque au moment où la partie se trouvait assez poussée pour que chaque coup décidât pour moi d'un gain ou d'une perte de mille écus, la chance tourna complétement. La *veine* (terme de l'époque) que j'avais eue passa à mes adversaires, et si l'on se rappelle avec quelle rapidité les coups se succèdent au jeu de l'écarté, on concevra facilement qu'au bout d'une demi-heure j'eusse rendu non-seulement les douze mille francs de signatures que j'avais devant moi, mais encore perdu les quatre cents louis que j'avais précédemment gagnés et la bourse entière que m'avait laissée la duchesse.

La passion à laquelle j'étais en proie a été trop souvent mise en scène pour que j'aie besoin d'expliquer comment, après avoir perdu toutes ces sommes, l'espoir de les rattraper me poussa à faire ce que d'autres avaient fait avant moi, c'est-à-dire à mettre ma signature sur de petits carrés de papier blanc, et j'en avais déjà perdu pour près de six mille francs, lorsque monsieur de Favreuse, dont, j'avais déjà repoussé assez sèchement les observations, s'empara tout à coup des cartes, et les jetant au feu, déclara d'un ton résolu qu'il ne souffrirait pas qu'on jouât plus longtemps un pareil jeu en sa présence. Je me récriai avec la violence d'un homme à qui l'ivresse et la perte ont fait perdre la raison; mais monsieur de Favreuse se contenta de me répondre le plus froidement du monde :

— Vous pouvez aller vous faire ruiner ailleurs qu'ici, mais ici je ne le souffrirai pas.

Le marquis de Pavie et monsieur de Chabron se récrièrent à leur tour; mais monsieur de Favreuse arrêta leurs réclamations en leur répondant :

— Ce que j'ai dit, je le maintiens ; et, si pour cela, il faut me couper la gorge avec l'un de vous deux, je tâcherai de me souvenir de mon ancien métier.

Ces deux messieurs eurent honte probablement de s'adresser à un vieillard, mais il fallait quelqu'un sur lequel ils pussent se venger de l'injure qui venait de leur être faite ; ils se tournèrent de mon côté et me proposèrent d'aller chez moi pour y continuer notre partie. Sur un regard que lui jeta monsieur de Favreuse, madame Sainte-Mars me fit signe de refuser, et je répondis que je ne voulais plus jouer.

— Et pour quelle raison ? dit monsieur de Pavie, l'œil étincelant de colère. Serait-ce par hasard à cause de l'observation de monsieur de Favreuse, et vous imaginez-vous avoir eu affaire à des fripons ?

« Ce soupçon était à mille lieues de mon esprit, mais le ton dont cette question m'avait été faite ne me laissait pas le droit d'y répondre avec politesse, et je repartis aussitôt :

— Je n'ai point à expliquer les motifs de mon refus, je ne veux plus jouer, c'est là tout ce que j'ai à vous dire.

— Mais j'espère que vous voudrez bien payer ? dit monsieur de Chabron en me regardant du haut en bas.

— En avez-vous douté ? lui dis-je en m'approchant de lui.

— J'en serai sûr, dit monsieur de Pavie, quand j'aurai reçu les six mille francs dont votre seule signature me répond.

— Ces six mille francs seront chez vous demain matin, m'écriai-je avec emportement, et ce seront mes témoins qui iront vous les porter.

Madame Sainte-Mars se jeta à l'encontre de monsieur de Pavie qui semblait vouloir s'avancer sur moi, et je pus entendre le marquis lui dire d'un ton irrité :

— Oh ! vous faites des petits signes à ce monsieur ; c'est beaucoup plus que six mille francs qu'ils lui coûteront.

Malgré l'exaspération et l'espèce d'ivresse sous l'empire desquelles je me trouvais en ce moment, je saisis cette parole avec anxiété ; je crus comprendre que c'était à la jalousie que je devais l'injure honteuse que je venais d'essuyer. Cette injure me parut moins humiliante me venant d'un pareil sentiment, et une sorte de joie me traversa le cœur, car il me semblait que la jalousie d'un rival est presque un aveu de l'amour de celle qu'il soupçonne.

Je me retirai alors, et je rentrai chez moi dans un état d'agitation extrême. Je n'y étais pas depuis dix minutes que je m'étais remis en face de ma vraie position. J'avais été insulté, j'en avais demandé raison ; mais pour obtenir la réparation nécessaire à mon honneur, il me fallait commencer par acquitter une dette de plus de six mille francs, et toute ma fortune se bornait à une pension de mille écus par an, qui m'était payée mois par mois par monsieur Bonsenne. Tout mon avoir actuel ne se montait pas à deux cents francs.

XXI

TENTATIONS — CONFIDENCES FAISANT SUITE AU MANUSCRIT

Si jamais ces souvenirs devaient être lus par d'autres que par les amis intimes auxquels ils sont destinés, j'avoue que je n'oserais raconter la résolution que je pris durant cette nuit. Or donc, me voyez-vous, seul dans ma chambre, avec une dette qui dépassait de beaucoup mes ressources, avec une injure pour laquelle je ne pouvais, pour ainsi dire, demander du sang qu'à prix d'argent; avec une nouvelle passion au cœur, car j'étais tout à coup devenu jaloux de monsieur de Pavie? Me voyez-vous calculant, supputant les valeurs de tout ce que je possédais : meubles, cadres, bijoux, et mes couleurs, et mon piano, et n'arrivant jamais à parfaire la somme que je venais de perdre? Me voyez-vous encore, allant et venant dans ma chambre, cherchant à qui je pourrais emprunter cette somme, et trouvant à peine cinquante louis en additionnant tous les amis de mon âge, car je ne comptais pas ceux qui, une fois leurs folies de jeunesse passées, arguënt de leur expérience ou de leurs cheveux gris pour laisser dans l'embarras, quelquefois dans la misère et dans la honte, le jeune homme qui n'a été ni plus imprudent ni plus coupable qu'ils n'ont été eux-mêmes? Me voyez-vous devant toutes ces impossibilités, perdu, désespéré, demandant au hasard, à Dieu, à une soudaine inspiration une ressource imprévue? Comprenez comment put m'arriver une détestable pensée?

Je devais de l'argent à monsieur de Pavie, j'en devais à madame de Frobental. Imaginez-vous ce nom, résonnant tout à coup au milieu du tumulte de mes idées : madame de Frobental, dont je savais de si terribles secrets, une mère qui avait voulu la mort de son enfant!... Ne pouvais-je donc pas aller à elle, et, pour prix de mon silence, lui emprunter pour quelques jours cette somme qui m'était nécessaire? Cette idée me vint, je m'en détournai comme de ces fantômes qui se dressent devant vos yeux pendant les nuits de délire. J'avais beau la fuir, elle me poursuivait sans cesse; elle m'appelait, elle me sollicitait, elle me criait : « Je suis ta dernière ressource ! » Je luttais de toutes mes forces, en appelant à mon aide et l'indignité d'un pareil marché et la difficulté de le proposer à une femme; mais la nécessité étouffait la voix de mon cœur sous le mot inflexible : « C'est ton dernier espoir ! »

Alors je composai avec moi-même. Je me dis que, puisqu'il fallait arriver à cette honte, il fallait au moins le faire avec toutes les chances possibles de succès. Pour cela, il fallait encore m'éclairer sur le compte de madame de Frobental. Je courus donc aussitôt au tiroir où j'avais enfermé le manuscrit qui m'avait été remis dans la journée et près duquel j'avais placé le portefeuille qui avait été oublié chez moi par le comte de Sainte-Mars.

Hélas ! de ce portefeuille entr'ouvert sortaient de petits bouts de billets de banque, comme des plis d'une robe légèrement relevée un pied charmant, une jambe fine et fuselée. Oh ! quelle infernale tentation ! C'était là mon affaire, c'était là l'argent que je cherchais, la réponse que je demandais à Dieu et au hasard. Je n'hésitai pas un moment, j'ouvris le portefeuille, j'enlevais les billets, je les comptai : ils étaient dix. Je tombai assis sur une chaise, le cœur plein d'une joie furieuse. Je pouvais me battre le lendemain... Je regardai cet argent comme mien, sans penser un moment que je m'emparais d'une somme qui ne m'appartenait pas. Qu'elle eût été laissée chez moi à dessein ou qu'elle eût été oubliée par mégarde, je faisais un crime égal; car, d'une part, j'acceptai le marché honteux que j'avais repoussé le matin de toute mon indignation, ou, d'un autre côté, je commettais, pour ainsi dire, un vol, quelle que fût d'ailleurs mon intention de rendre cette somme. Rien ne me vint de ces idées, je fus tout au bonheur inespéré qui m'arrivait. J'en poussai un cri qui ébranla la maison. J'allai décrocher mes épées, et je me mis aussitôt à espadonner contre les matelas de mon lit, que je lardai à tour de bras.

J'en étais là de cet exercice, lorsqu'un coup frappé discrètement à ma porte arrêta l'impétuosité de ma valeur. Je crus avoir mal entendu, et je n'ouvris point d'abord; mais un coup plus vif vint m'avertir que quelqu'un me voulait parler. Quoique les réflexions auxquelles je venais de me livrer eussent un peu apaisé l'ivresse que j'avais rapportée de chez madame Smith, j'étais en train d'espérances folles, et je m'imaginais que madame Sainte-Mars, pressée de quelque crainte ou de quelque remords à mon égard, désirait me voir, me consoler, me donner peut-être du courage. Je courus donc ouvrir ma porte avec empressement.

Au lieu de la figure avenante de la chambrière de madame Sainte-Mars, j'aperçus le vieux visage d'une vieille femme. Je lui demandai assez brutalement ce qu'elle voulait de moi. Une voix humble me répondit :

— Mademoiselle Justine vous a entendu rentrer, et elle désirerait vous parler.

— Qu'est-ce que ça, lui dis-je, mademoiselle Justine?

— C'est la jeune fille que vous avez arrachée à la colère de monsieur de Frobental.

Le retour de ce nom me frappa en ce moment plus qu'il n'avait encore fait. Je me rappelai que, dans son billet, monsieur de Sainte-Mars me disait que la femme que j'avais sauvée le matin était désignée sous le nom de Justine dans le manuscrit qu'il m'avait remis.

Quoique mon esprit ne pût en ce moment comprendre quels liens rattachaient les unes aux autres toutes les personnes avec lesquelles je me trouvais en contact, quoique ma querelle avec monsieur de Pavie dût me sembler très-indépendante de ce que je savais ou de ce que je pouvais apprendre sur madame de Frobental, je fus cependant comme instinctivement averti qu'il y avait dans tout cela quelque chose de prémédité, de résolu, et que j'étais le jouet de quelque sale intrigue. Cet argent et ce manuscrit que je possédais ne me venaient-ils pas d'un monsieur de Sainte-Mars? Fanny ne portait-elle pas ce nom? madame de Frobental n'avait-elle pas été autrefois la maîtresse d'un homme qui l'avait porté? Une femme qui me paraissait dans la dépendance de monsieur de Favreuse, l'oncle de madame de Frobental, madame Smith enfin, n'avait-elle pas réuni ces deux femmes dans une même soirée, et cela le jour où j'avais moi-même rencontré un homme qui me confiait, sans raison apparente, des secrets auxquels je semblais devoir être parfaitement étranger? La duchesse, en me prêtant cet argent, l'argent avec lequel j'avais joué, n'avait-elle pas voulu prendre sur moi quelques avantages dont j'ignorais la portée? La façon plus que grossière avec laquelle monsieur de Pavie m'avait cherché querelle, tout cela ne cachait-il pas un mystère qu'il était bon d'éclaircir avant d'aller plus loin? Et Justine, presque assassinée par monsieur de Frobental le fils, ne se trouvait-elle pas mêlée à tout cela?

Je ne gardai pas la moindre hésitation, et, après quelques instants de réflexion, je dis à la garde-malade que j'étais prêt à la suivre et à monter chez la jeune fille qui me demandait.

En entrant chez elle, je la trouvais levée; elle était assise dans un vaste fauteuil. Elle me parut moins abattue qu'elle eût dû l'être après la scène épouvantable dont elle avait été la victime le matin même. Lorsque je l'examinai à la lueur de la chandelle qui brûlait près d'elle sur un guéridon, je remarquai dans ses yeux une ardeur étrange et une sorte d'égarement qui me firent craindre que la fièvre ne l'eût envahie jusqu'au délire. Mais j'eus bientôt l'explication de cette animation extraordinaire, en apercevant près de la malade un verre dans lequel il restait quelques gouttes d'eau-de-vie.

— Comment, dis-je à la vieille femme, lui avez-vous permis de boire cela dans l'état où elle se trouve?

La vieille attacha sur moi un regard irrité.

— Venez-vous nous faire de la morale ici? me dit-elle d'une voix âcre, mais avec cette netteté de prononciation qui n'appartient guère qu'aux gens qui savent bien parler; Justine ne sort pas d'une maladie de quinze jours, comme vous, qui venez de vous griser si bêtement, au risque de vous tuer; elle a été un peu secouée, voilà tout. Il fallait bien lui donner le courage de vous raconter ce qu'elle a à vous dire.

Si ce n'eût été la vive curiosité que m'inspiraient toutes ces rencontres fortuites de personnages probablement liés les uns aux autres par un intérêt que je voulais connaître, si ce n'eût été cette curiosité, j'aurais cédé au dégoût que me causèrent ce spectacle et ces paroles de la vieille femme, et je me serais retiré. Je restai cependant; en m'adressant à Justine, je la priai de hâter ses confidences, et de me dire surtout en quoi je pouvais lui être utile.

Je pus alors la mieux voir que je n'avais fait, et je remarquai la beauté de ses traits, qui avaient gardé leurs admirables lignes sous la flétrissure dont la misère ou le vice les avaient empreints.

Elle me regarda à son tour, et me dit d'une voix irritée :

— Ah! êtes-vous donc comme votre père, un marchand de sentences morales et un faiseur de mauvais tours?

On doit comprendre à quel point dut m'étonner l'apostrophe où se trouvait mêlé le nom de mon père et en des termes si peu convenants.

— Qu'est-ce que mon père peut avoir à faire en tout ceci, mademoiselle, et que signifie le ton dont vous me parlez?

— Ce qu'il signifie, reprit Justine en me prenant la main, je vais vous le dire, et puis après vous verrez s'il vous convient de me sauver des persécutions dont je suis l'objet, ou de me laisser me défendre moi-même. Si vous me réduisez à cette extrémité, le scandale qui résultera de ma défense sera votre ouvrage; je veux vous l'épargner, car c'est à vous que je dois la vie, et, quoi qu'on puisse dire de moi, je n'oublie rien, ni le mal, ni le bien qu'on me fait.

J'écoutais cette femme avec un profond étonnement, ne sachant si je rêvais, m'égarant dans ce dédale de personnages qui m'étaient inconnus la veille et auxquels je me trouvais tout à coup lié par mon père.

Comme si cette pensée eût frappé Justine en même temps que moi, elle s'écria tout à coup en riant follement et amèrement :

— Hein, n'est-ce pas, mon cher, que c'est une drôle de chose que ce soit vous qui m'ayez sauvée, lorsque c'est votre père qui m'a perdue?...

Le ton de cette femme m'étonna peut-être encore plus que ses paroles. Justine remarqua ma surprise, et, changeant encore de manières, elle reprit avec une douceur pleine de grâce :

— Oh! je n'ai pas toujours été ce que vous me voyez; la misère et le vagabondage sont une école où on apprend vite à parler mal comme à vivre mal... Mais qu'est-ce que tout ça fait au secret que j'ai à vous dire? Je ne veux le bien de personne, le nom de personne...

— Folle... folle que tu es... dit la vieille femme d'un ton farouche; et la vengeance... la vengeance... tu me la dois!...

— Je n'en veux pas, dit Justine. On m'a plantée sur la terre pour y devenir ce que je pourrais... Eh bien! qu'on m'y laisse comme on m'y a jetée, je n'en demande pas plus, je n'en veux pas plus. Quelques sous seulement pour que je m'en aille en Allemagne ou en Italie : j'y vivrai de moi-même... Il faut que vous arrangiez ça, vous, ajouta cette fille en se tournant vers moi, vous y êtes aussi intéressé que personne.

— Mais pourquoi? lui répondis-je alors.

— Pourquoi? je vais vous l'expliquer. Mais d'abord il faut que vous sachiez ce qui a amené la scène d'aujourd'hui; puis, quand vous connaîtrez les gens à qui vous allez avoir affaire, je vous ferai comprendre pourquoi vous devez me sauver, pourquoi il ne faut pas que tout ça arrive en justice.

Elle s'arrêta et reprit :

— Et pourtant, s'il y a un Dieu au ciel, il devrait me donner le courage de les mener tous devant une cour d'assises; je pourrais bien y laisser ma tête, mais ils y laisseraient leur honneur.

Elle se secoua violemment sur son fauteuil; puis elle s'écria avec une profonde terreur :

— Non, non, pas de prison, et puis au bout de tout cela, la guillotine... Qu'ils me laissent m'en aller! un passe-port et trois sous par lieue, c'est tout ce que je leur demande. Il n'y a pas de mendiant à qui on le refuse; et si vous n'avez pas assez de pouvoir pour me l'obtenir, vous dont le père est un gros employé du gouvernement, la duchesse de Frobental, elle....

Justine s'arrêta encore, et, me regardant fixement, elle me dit brusquement :

— Est-ce que vous l'avez vue ce soir ?

— Oui, répondis-je, je l'ai vue.

— Comment est-elle faite ? reprit-elle.

Et sans attendre ma réponse, elle ajouta :

— Oh! ce doit être une méchante femme, car elle sait que j'existe, elle doit le savoir... D'ailleurs, si elle ne le sait pas, vous le lui direz, vous, et puis nous verrons un peu ce qu'elle fera.

— Oui, oui, nous verrons ce qu'elle fera! dit sourdement la vieille en levant au ciel ses deux poings fermés.

— Mais tenez, s'écria vivement Justine, vous ne devez rien comprendre à ce que je vous dis; voici la chose comme elle s'est passée.

Justine parut se recueillir; je m'assis près d'elle, et elle reprit d'un ton brusque qui lui semblait habituel :

— Vous connaissez la Sainte-Mars, n'est-ce pas?

— La Sainte-Mars! répétai-je avec un mouvement d'indignation.

— Eh oui, la Sainte-Mars, reprit Justine en ricanant. Mais au fait on m'a dit que vous en étiez amoureux à en faire des maladies. Écoutez-moi donc bien, mon cher, et ce que je vais vous apprendre doit vous profiter, non-seulement pour le compte de votre père, mais encore pour le vôtre.

Quoique profondément indigné d'entendre profaner le nom de ma belle Fanny, je me décidai à être patient pour apprendre comment mon père pouvait être immiscé dans toutes ces affaires; je ne fis point d'observation à ce que Justine venait de me dire, et elle reprit d'elle-même :

— Il y a de cela trois mois, madame Sainte-Mars n'avait pas encore jugé à propos de s'établir en veuve de Waterloo, elle s'appelait tout bonnement Fanny, et elle demeurait à un quatrième mansardé du faubourg Saint-Denis, dans deux chambres, dont elle appelait la plus grande son salon, parce qu'il y avait un piano et six chaises en velours d'Utrecht. Un beau jour, elle eut envie de se faire un état et de prendre des leçons de musique pour apprendre à chanter le vaudeville. Vous savez, ou vous ne savez pas, que je suis maîtresse de piano; madame Sainte-Mars demeurait sur mon carré; je m'arrangeai avec elle pour lui donner des leçons à trente sous le cachet. Si à cette époque-là j'avais voulu écouter ses bavardages, et l'entendre raconter ses prétendues histoires avec le comte de Sainte-Mars, je n'en serais pas où j'en suis aujourd'hui; mais je la haïssais d'instinct, cette femme. Et dès que je lui avais seriné ses romances et ses couplets, je prenais mon cachet et je m'en allais. Un matin, tout déménagea à la fois : femme, meubles, et mes cachets qu'elle ne m'avait pas payés. Ce n'était pas la première fois que ça m'arrivait et je ne m'en serais pas autrement occupée, quoique j'eusse appris qu'elle avait fait fortune, lorsqu'un matin, à une heure où l'on ne vient chez personne, un monsieur que je ne connaissais pas vint sonner à ma porte, puis un autre, et tous les deux...

Justine s'arrêta, et, après un moment d'hésitation, elle reprit :

— Mais il n'y a pas besoin que vous soyez, comme moi, une heure à comprendre les scènes qu'ils me firent tous deux, je vais vous dire comment ça était arrivé. L'avant-veille de ce jour-là, il y avait eu souper chez madame Sainte-Mars...

Chaque fois que Justine prononçait ce nom, j'étais saisi d'un tressaillement d'indignation et de colère; mais je voulais absolument savoir où devait aboutir ce récit, et je me contenais de mon mieux.

Justine continua ainsi :

— Le marquis de Pavie avait voulu montrer le bel appartement qu'il lui avait fait arranger dans cette maison-ci. Il avait donc invité quelques-uns de ses amis, et parmi ceux-là se trouvaient le petit comte de Sainte-Mars et le duc de Frobental qui a été arrêté ici ce matin, deux scélérats, entendez-vous : l'un avec sa mine de chat et ses manières veloutées, l'autre avec sa tête de cheval et sa brutalité de portefaix. Mon Dieu ! mon Dieu ! fit Justine en élevant la voix, quels misérables sous de grands noms !

Ce que j'avais aperçu de ces deux messieurs me donnait le droit de croire que ce jugement n'avait rien d'exagéré au fond ; et comme Justine paraissait tombée dans une profonde distraction, je l'engageai à continuer en lui disant :

— Eh bien, que se passa-t-il à ce souper ?

— Oh ! mon Dieu, fit-elle avec dégoût, tout ce qui se passe dans ces orgies-là... A la fin du souper, il s'éleva une discussion sur la vertu des femmes. Le duc de Pavie se mit à se lamenter sur les infortunes des pauvres filles trompées par les promesses des hommes ! Il faisait là l'histoire de sa belle... ou plutôt il répétait celle qu'elle lui avait racontée ; car vous comprenez bien qu'en face du fils du vieux comte, la belle Sainte-Mars n'avait pas pu faire croire au duc qu'elle avait été réellement mariée ; elle avait donc fait ses variations sur un autre thème. Elle lui avait dit comment elle avait été séduite par le général de Sainte-Mars qui lui avait promis de l'épouser, puis comment il avait manqué à sa parole, puis...

Justine s'arrêta encore une fois, et s'écria soudainement :

— Et c'est pourtant possible qu'elle ait dit vrai !... Et

pourquoi n'aurait-elle pas été une pauvre enfant, misérable abandonnée comme tant d'autres qui vont devant elles sans fortune, sans guide, tendant la main au premier hasard qui leur donnera de quoi manger? Et si elle a rencontré un de ces hommes qui jouent toute l'existence d'une femme pour un caprice qui ne les occupera plus le lendemain, qui peut dire que c'est sa faute d'être devenue ce qu'elle est? Elle a tourné au libertinage... eh! mon Dieu, j'ai bien tourné au crime, moi...

— Vous? m'écriai-je.

Justine ne m'entendit pas, et elle reprit en s'exaltant :

— C'est elle qui a raison... elle prendra sa revanche sur les sots... et sur...

Justine se retourna vivement vers moi, et me regardant d'un air dédaigneux, elle reprit :

— Oh! je suis sotte de vous raconter tout ça. Vous êtes amoureux de cette femme, et Dieu sait où elle vous aurait mené... Dis donc, s'écria-t-elle en s'adressant à la vieille femme, dis donc, la marquise, tu me parlais tout à l'heure de vengeance, en voilà une... faire ruiner et peut-être déshonorer le fils pour punir le père !... hein?

La vieille femme répondit :

— N'aie pas peur, ça lui arrivera sans ça.

On doit concevoir quels étaient mon incertitude et mon embarras au milieu de ces paroles sans suite et qui appelaient mon attention tantôt d'un côté, tantôt de l'autre, me laissant deviner çà et là des événements auxquels je croyais comprendre quelque chose sans avoir jamais le temps de m'en assurer. Je ne saurais pas mieux comparer ma position qu'à celle d'un homme ballotté au milieu d'une vaste étendue d'eau, perdu dans une nuit obscure et sous un ciel chargé de nuages. A chaque moment des éclairs glissent à l'horizon, il regarde, il croit voir de ce côté la rive qu'il cherche ; mais à l'instant la nuit revient, un contre-éclair brille d'un autre côté et lui montre la rive à l'endroit opposé ; il se tourne de ce côté, une autre lumière arrive et le trompe encore. Il erre ainsi sans savoir où se diriger, moins sûr de lui, plus aveuglé par ces fausses lueurs que s'il était resté dans une nuit profonde.

Toutefois il y avait en moi je ne sais quelle conscience de l'intérêt puissant et personnel que j'avais d'apprendre ce que cette femme avait à me dire. C'est sans doute ce sentiment qui me donna la patience de l'écouter, malgré l'incohérence de ses paroles et la colère qu'elles me faisaient éprouver toutes les fois qu'il était question de madame Sainte-Mars.

Justine en était revenue à son récit, et voici ce qu'elle ajouta :

— Je vous disais donc qu'il y avait eu une discussion sur la vertu des femmes. Le marquis de Pavie posait sa belle en victime, et le duc de Frobental, qui plaisante à la manière des chevaux de haquet, lui disait un tas de grossièretés, lorsque voilà la Sainte-Mars qui s'écrie (on avait un peu bu, et les paroles venaient vite et sans réflexion) ; voilà donc la Sainte-Mars qui s'écrie :

— Pardienne ! ça vous va bien, monsieur de Frobental, de me traiter comme vous faites, vous dont la mère a de par le monde des enfants qui grouillent peut-être sur le pavé avec les mendiants...

— Des enfants ! s'écria le duc de Frobental en fureur.

— Tout au moins il y en a un, reprit la Sainte-Mars.

Le petit comte de Sainte-Mars, le plus mauvais coquin de la terre, voulut se mettre entre eux deux.

Encore une fois Justine s'interrompit pour dire comme par réflexion.

— Il y a entre le petit comte et la Fanny quelque chose que je ne sais pas, car il n'est pas homme à lui laisser ainsi porter le nom de son père, si elle ne le tenait pas par une infamie. Quoi qu'il en soit, voilà le petit comte qui, pour éviter un esclandre, se met à dire :

— Voyons, Frobental, allez-vous vous fâcher de ce que dit cette folle de Fanny ? elle est un peu grise.

A ce mot, la Sainte-Mars partit d'un éclat de rire à n'en plus finir ; puis lorsqu'elle fut calmée, elle se mit à dire :

— Et c'est bien à vous de me démentir, monsieur de Sainte-Mars, car si la maman de monsieur a fait des siennes, votre père en savait quelque chose, puisque la fille en question est la fille du comte de Sainte-Mars.

— Mon père vous l'a-t-il dit ? reprit le jeune comte de Sainte-Mars, qui oublia un moment ses allures de prudence pour se jeter sur cette nouvelle comme sur un bon morceau.

— Il a mieux fait que de me le dire... il a...

Justine suspendit son récit, et, se grattant le front, elle reprit en paraissant chercher la solution d'un problème qui l'embarrassait :

— Ils m'ont assez souvent raconté cette scène, chacun de son côté, pour que je sois bien sûre que cela s'est passé ainsi... Oui, elle s'est arrêtée tout court à ce moment-là... Elle a compris qu'elle allait en dire plus qu'elle ne voulait; et quoiqu'elle leur ait juré vingt fois depuis qu'elle n'en savait pas davantage, elle en sait plus qu'elle n'en dit, ou peut-être a-t-elle entre les mains des preuves !... Enfin, quoi qu'il en soit, monsieur, ç'a été un horrible malheur pour moi, ç'a été la cause de tout ce qui m'arrive.

Justine leva les yeux au ciel, et secouant vivement la tête comme pour donner un démenti aux paroles qu'elle venait de dire, elle s'écria :

— Oh non ! ce n'est pas cela ; il y a une Providence au ciel qui arrange tout pour arriver à la punition de ceux qui ont mal fait. Non, des hasards comme ceux-là n'arrivent pas si bien à temps; il y a un Dieu...

La vieille femme qu'elle appelait le marquisse se mit à rire. Justine lui cria d'une voix âcre et mordante :

— Tais-toi, la marquise, ne blasphème pas... il y a un Dieu... et tu devrais le savoir, toi !

La vieille, qui était jusque-là restée enfoncée dans son fauteuil, se leva d'un bond.

— Un Dieu !... s'écria-t-elle, allons donc ! Mais est-ce que la duchesse ne trône pas comme une vertu, tandis que moi... et toi... Ah ! un Dieu !

Puis elle reprit en grinçant des dents :

— Va, lorsque je la verrai traînée dans la boue et son fils à la guillotine, je croirai qu'il y a un Dieu !

— Et moi aussi, lorsque j'y serai, reprit Justine... Allons, tais-toi, vieille folle... ta tête déménage...

Justine se tourna vers moi et ajouta :

— Vous voyez qu'il faut que nous nous dépêchions d'arranger tout cela, si nous ne voulons pas que cette malheureuse nous perde tous.

La vieille femme était retombée sur son fauteuil ; mais la contraction violente de ses traits montrait qu'elle continuait en elle-même les imprécations qu'avaient suspendues les paroles de Justine.

XXII

SUITE DES CONFIDENCES — FRÈRES ET SŒUR

Justine reprit, sans s'occuper de l'endroit où elle avait abandonné son récit :

— Mes affaires n'allaient pas mal ; je donnais des leçons de musique par-ci par-là... lorsque, comme je vous l'ai dit, j'entendis un matin sonner à ma porte, et je vis entrer un jeune homme qui me demanda si je ne m'appelais pas Justine et si je ne donnais pas des leçons de piano. Je ne lui avais pas encore répondu, et je l'avais à peine fait entrer dans ma seconde chambre, que l'on frappa une seconde fois, et je vis entrer un autre jeune homme qui me fit les mêmes questions. Je ne puis vous dire pourquoi cette double visite me fit peur.

Justine s'adressa à la vieille et continua :

— Je te dis, marquise, qu'il y a un Dieu... Sans cela, d'où me serait venue cette frayeur que j'éprouvai à l'arrivée de ces deux hommes. Qu'est-ce qu'il y avait là d'étonnant? c'était mon état de donner des leçons de piano... ils venaient me parler de ça... Pourquoi donc est-ce que quelque chose sembla m'avertir secrètement que ce n'était qu'un prétexte ?

La vieille haussa les épaules, et Justine, revenant encore à moi, reprit :

— Et puis vous allez voir, vous, ce qui arriva, et vous jugerez s'il n'y a pas de quoi faire réfléchir. Le second monsieur n'avait pas dépassé la porte que le premier sortit de la pièce où je l'avais fait entrer et lui dit d'un air brutal :

— Ah ! c'est vous, Maximilien?

— C'est vous, Annibal, lui répond le second arrivé en refermant la porte du carré et en entrant chez moi sans que je l'en eusse prié.

— Nous sommes probablement ici pour le même but? fit le premier en fronçant ses gros sourcils, et comme s'il eût voulu manger l'autre.

— Probablement, repartit celui qui s'appelait Maximilien, en le saluant du bout de la tête et avec un air de mépris singulier.

— Eh bien, reprit Annibal, je ne suis pas fâché que l'explication ait lieu devant nous deux. Au moins nous saurons à quoi nous en tenir l'un et l'autre.

— Bien, fit Maximilien; mais en regardant mademoiselle, dit-il en me considérant, je crois qu'on s'est moqué de nous deux.

L'autre m'examina et répondit, en me dévisageant avec insolence :

— Qui sait?... il y a des figures honnêtes qui cachent de fameuses coquines !

J'étais chez moi et j'aurais dû mettre à la porte ces deux individus ; mais, je vous l'ai dit, leur arrivée m'avait fait peur, et puis... oh oui! quand on n'a pas la conscience tranquille, on est à la merci du premier qui a l'air de vous accuser. Ils virent que j'avais peur.

Le second, celui qui, malgré son air doucereux, m'épouvantait le plus, me dit alors :

— Ne craignez rien, mademoiselle, et si vous voulez nous donner un moment d'audience, tout s'éclaircira, je l'espère, et à votre avantage.

S'ils n'avaient pas été si bien mis tous les deux, j'aurais cru avoir affaire à des espions de police ; et même je n'étais pas tout à fait éloignée d'avoir cette idée, lorsque l'Annibal dit à l'autre d'un air ironique :

— Entrez donc, monsieur le comte.

— Je suis à vos ordres, monsieur le duc, répliqua l'autre.

Je vous raconte ça juste comme cela m'est arrivé, parce qu'il faut que vous compreniez bien comment il s'est fait que mon secret m'est échappé. Et puis d'ailleurs, ne faut-il pas que vous sachiez tout, vous ?...

— Alors, reprit Justine, je les fis entrer chez moi, et comme tous deux gardaient le silence, je leur demandai ce qu'ils me voulaient.

— Vous convient-il d'interroger mademoiselle ? fit Maximilien en s'adressant au duc.

— Interrogez-la vous-même si ça vous va, dit le duc d'un ton bourru.

Puis, se reprenant, il ajouta :

— Non, vous êtes trop adroit et lui feriez dire ce qui vous plaît.

Il se tourna vers moi et reprit brusquement:

— Connaissez-vous madame Sainte-Mars ?

Ce nom m'épouvanta autant qu'il me surprit.

— Madame Sainte-Mars! m'écriai-je. Mais il n'y a pas de madame Sainte-Mars... elle est morte depuis vingt ans.

Maximilien me regarda alors avec des yeux qui me firent frémir jusqu'au fond du cœur.

— D'où savez-vous cela? me dit-il.

Je n'eus pas le temps de répondre, et je ne sais pas comment je l'aurais fait, lorsque le duc reprit avec une nouvelle brusquerie :

— Eh! mon Dieu, laissez là votre mère, elle est bien où elle est... et où elles devraient être toutes... Voyons, la belle, connaissez-vous Fanny la blonde?

— Oui, monsieur, lui dis-je, quoique je fusse toujours préoccupée du nom que je venais d'entendre.

— Vous lui avez donné des leçons de piano ?

— Oui, monsieur.

— A quelle époque ?

— Lorsqu'elle demeurait dans cette maison.

— Et depuis ? dit le duc.

— Depuis, lui dis-je, ma foi, je ne sais ce qu'elle est devenue; sans cela j'aurais été lui réclamer les trente francs qu'elle me doit.

— Qu'est-ce que c'est ? dit le duc d'un air insolent, que voulez-vous dire? Fanny doit de l'argent à une fille comme vous ?...

Cette grossièreté finit par me mettre en colère, quoiqu'il y ait bien peu de chose qui me touche maintenant.

— Je vous dit qu'elle me doit de l'argent, parce qu'elle m'en doit.

— Vous voyez, dit le comte en s'adressant au duc, Fanny a cependant osé nous dire, à vous et à moi, que cette fille l'avait volée.

— Moi! m'écriai-je en fureur, moi, la voler! Elle a osé dire que je l'avais volée!... Mais c'est elle qui est une voleuse... et bien pis qu'une voleuse!... Ah! elle en faisait de belles quand elle était ici!

— Ah! fit Maximilien, vous savez de ses histoires?

Je n'avais pas eu plutôt dit ce que vous venez d'entendre que j'en étais fâchée... Je ne veux qu'une chose, moi, c'est qu'on me laisse en repos...

Celui qui était le duc tenait la tête basse et semblait furieux de ce qu'il venait d'apprendre.

L'autre continuait toujours à m'observer avec ses yeux de chat, et il finit par dire :

— Allons, Annibal, êtes-vous homme à vous faire de la peine parce que la Sainte-Mars vous a trompé? Eh bien, ne sommes-nous pas à deux de jeu? Je vous le déclare pour ma part, cela me paraît drôle, voilà tout.

— Ça me paraît ignoble, fit le duc. Eh! mon Dieu, que cela fût arrivé il y a six mois, c'est assez simple: elle faisait argent de tout; mais maintenant que cet imbécile de Pavie lui en donne plus qu'elle ne vaut...

— Cet imbécile de Pavie, dit le comte, est avare comme un marchand de sabots.

— Non, reprit le duc... D'ailleurs, pourquoi croyez-vous à cette fille?... Il me semble qu'il n'y a rien de plus facile que de dire qu'on n'a pas volé et que d'accuser les autres pour se disculper.

Toutes ces discussions entre ces deux messieurs m'avaient donné le temps de me remettre.

— Ah çà, leur dis-je, aurez-vous bientôt fini de m'insulter chez moi?... Vous feriez bien mieux, s'il y en a un de vous deux qui soit le préféré, de me payer les dettes de votre belle et de me laisser la paix.

— Elle a raison, Annibal, dit le comte.

Tout à coup le duc se leva, et me regardant bien en face, il me dit :

— Voyons, vous n'avez pas pris chez Fanny, il y a huit jours, une bague avec un brillant entouré de rubis?

— Moi ! m'écriai-je; mais je ne sais pas ce qu'elle est devenue, votre Fanny... Je ne sais pas seulement où elle loge... Est-ce que c'est elle qui a eu l'infamie de vous envoyer ici?

— Non, mademoiselle, non, dit le comte du ton le plus patelin... Elle s'en est bien gardée; c'est à force de recherches que nous avons appris que vous lui aviez donné des leçons de musique; et comme elle a dit au duc que c'était une maîtresse de piano qu'elle avait chez elle qui lui avait extorqué cette bague et un collier de brillants que j'avais eu de mon côté la sottise de lui offrir, nous sommes venus chez vous.

— Eh bien, messieurs, leur répondis-je alors, outrée que j'étais de l'inconcevable scène qu'on venait me faire, si vous êtes à la recherche de vos bijoux, vous les trouverez probablement où sont passés tous ceux qu'on lui donne, et monsieur Morinlaid peut vous en donner des nouvelles.

— Morinlaid ! m'écriai-je tout à coup, en entendant ce nom venir se mêler à tous ces autres noms si bizarrement réunis.

— Est-ce que vous le connaissez? me dit Justine.

— Sans doute.

— Eh bien, la connaissance ne vous fait pas honneur; vous allez en juger... Vous comprenez que lorsque j'eus dit ça, ces deux messieurs se mirent à m'interroger sur ce qu'était ce Morinlaid. Ma foi, j'en avais assez de prendre des précautions, et je leur dis la vérité. Il dit, et c'est vrai, qu'il est le cousin de la Sainte-Mars; mais il y autre chose entre eux.

XXIII

FRÈRES ET SOEUR. — CONFIDENCES FAISANT SUITE AU MANUSCRIT

A cette parole de Justine, je me rappelai les visites faites à madame Sainte-Mars par Morinlaid, visites secrètes et qui passaient par un escalier qui n'était pas celui où on entrait d'ordinaire chez cette dame, et je m'écriai :

— Comment, lui, Morinlaid, il serait l'amant...

— Bah! fit Justine; vous êtes fou... Oh non! si ce n'était que ça elle l'aurait mis à la porte... Non, non, il y a autre chose, il y a un secret entre eux... Est-ce que je ne l'ai pas vu ici la faire obéir comme une petite fille, lui prenant tout ce qu'elle avait, la menaçant de tout, sans que jamais elle ait osé rien répliquer? Morinlaid en sait plus que nous tous sur la Sainte-Mars... Quoi qu'il en soit, j'avais raconté tout ça à ces messieurs, et le comte avait dit au duc :

— Maintenant il ne nous reste plus qu'à faire nos excuses à mademoiselle... et quant à madame Sainte-Mars, nous sommes assez édifiés sur son compte pour savoir avec quelle facilité elle ment, et pour en conclure que la scène du déjeuner de l'autre jour est une de ses ignobles inventions pour nous faire taire l'un et l'autre.

— Je vous avoue, reprit Justine, que je ne me souciais guère de ce que cette femme avait pu dire, mais il y avait dans tout ça quelque chose qui me chiffonnait l'esprit, c'était le nom qu'on lui donnait.

— Ah çà! mais dites-moi donc pourquoi elle s'appelle maintenant madame Sainte-Mars?

Le comte se mit à rire et repartit :

— C'est un nom de guerre qui fait très-bien pour piper les imbéciles.

— Mais, lui répondis-je, le comte de Sainte-Mars a laissé un fils, comment se fait-il qu'il permette à cette drôlesse de porter son nom?

Celui à qui je m'adressais, Maximilien, le chat, me regarda avec son mauvais œil, et le duc lui dit aussitôt :

— Eh bien, Maximilien, vous voyez, ce n'est pas seulement dans le monde, c'est dans la plus basse classe que l'on s'étonne de l'indifférence avec laquelle vous laissez prostituer votre nom.

— Comment! m'écriai-je, monsieur...

— Monsieur que voilà, repartit le duc, est le fils dont vous parlez.

Je ne m'attendais pas à cette révélation, elle me suffoqua, elle m'abasourdit, elle me renversa.

— Vous, dis-je à Maximilien, le fils de monsieur le comte de Sainte-Mars?

— Oui... me dit-il, tout surpris de mon étonnement.

— Le fils de celui qui était général et colonel des grenadiers de la garde?

— Oui.

— Celui qui a fait la guerre en Amérique?

— Mais oui.

— Celui, ajoutai-je en baissant la voix, qui a été l'amant de la duchesse de Frobental?

Le comte recula et l'autre sauta au plancher en s'écriant :

— De ma mère !

Puis les deux jeunes gens se regardèrent entre eux, tandis que moi-même je les regardais l'un après l'autre, effarée, stupéfaite de cette rencontre.

Le comte m'examinait toujours et il me semblait voir qu'il cherchait à reconnaître déjà sur mon visage les traces d'une ressemblance dont il m'a souvent parlé depuis. Quant au duc, il revint bientôt de la surprise que lui avaient causée mes paroles, et il reprit :

— C'est l'ignoble histoire que la Sainte-Mars a apprise à cette fille... Et en voilà assez, ajouta-t-il en s'avançant vers moi d'un air de menace... N'oubliez pas que si vous répétiez jamais une pareille calomnie, on saurait vous faire taire...

— Une calomnie! répondis-je dans le trouble où j'étais, oh non! ce n'est point une calomnie.

— Mais d'où le savez-vous donc? me dit le comte de Sainte-Mars d'un ton si affectueux qu'il me trompa.

— D'où je le sais?

— Oui, reprit-il en me prenant les mains, d'où connaissez-vous cette histoire... vous qui semblez être si étrangère à nous?

— D'où je connais votre père qui est le mien? m'écriai-je; d'où je connais votre mère qui est la mienne? ajoutai-je en me tournant du côté du duc de Frobental.

Tous deux reculèrent à mes paroles, et je restai entre eux, éperdue, attendant une marque d'amitié de leur part.

Comme vous le voyez, les coups de théâtre se succédaient avec rapidité. Puis il se passa quelque chose de bien extraordinaire. Ceci est vrai comme je vous le dis. Ces deux hommes se mirent à me regarder en tournant autour de moi, comme eussent fait deux chiens affamés autour d'une bête dont ils ont peur. Je les suivais des yeux dans le plus profond étonnement, lorsque tout à coup monsieur de Sainte-Mars s'étant approché de moi, le duc se jeta au-devant de lui en lui disant brutalement :

— Vous n'avez rien à dire à cette femme, rien, entendez-vous !

Monsieur de Sainte-Mars ne bougea pas; mais à la façon dont il regarda monsieur de Frobental, je vis que le duc n'était pas de force à lutter avec lui. Jamais je n'avais vu un regard si affreux que celui-là.

Cependant Maximilien se contint, et d'une voix fort tranquille il repartit :

— Si je n'ai rien à dire à cette jeune fille, vous ne devez pas avoir non plus de confidences à lui faire.

— Si elle dit vrai, s'écria le duc, c'est la fille de ma mère, et j'ai le droit...

— Si elle dit vrai, répliqua le comte en ricanant, c'est la fille de mon père, et j'ai le droit...

Il s'arrêta en examinant le duc, qui baissa la tête.

— Eh bien, reprit-il d'un ton d'humeur, sortons tous deux ensemble, et nous ne la reverrons l'un et l'autre qu'après avoir fait nos conventions.

— Soit, fit le comte.

Et tous deux, sans m'avoir adressé une parole, sans s'être enquis de ce que je faisais, sans me demander comment j'avais existé jusque-là, tous deux me laissèrent en même temps, et quittèrent mon appartement.

J'écoutais avec une curiosité réelle l'étrange récit de Justine, et elle remarqua la surprise que me causait la singulière conduite de ces messieurs, car elle s'empressa d'ajouter :

— Oui, monsieur, oui, cela s'est passé absolument comme je viens de vous le dire. Ni l'un ni l'autre n'ont eu un mot pour moi.

— Mais quel était donc leur projet ? dis-je à Justine.

— Ah ! reprit-elle, voici où est l'infamie... Ah ! c'est que tous deux avaient voulu acheter le silence de Fanny par de riches présents, et que ces présents ayant disparu, elle avait trouvé bon de dire qu'on les lui avait volés, plutôt que d'avouer qu'elle avait été forcée de les donner à un misérable qui savait aussi ce secret.

— Mais, repris-je, lorsqu'ils vous eurent reconnue, comment se fait-il qu'ils vous quittèrent ainsi?

— Je savais depuis bien des années que j'étais la fille de la duchesse de Frobental et de monsieur de Sainte-Mars, je savais l'existence du duc et du comte; mais il ne m'avait pas convenu d'en parler, ni de m'en servir pour me tirer de ma pauvreté... et il n'y a qu'à vous que je puis en dire la raison. Je ne m'étais donc pas trop alarmée de cette rencontre, quoique je ne fusse pas trop contente d'être connue de ces messieurs; et je me préparais à sortir pour aller donner mes leçons, lorsque je vis tout à coup rentrer le comte de Sainte-Mars... Il avait l'air fort affairé; il me prit dans ses bras, me combla de caresses, m'appela sa sœur, s'informa, au milieu de toutes ses protestations, si je possédais des preuves de ce que j'avais avancé; et comme je lui avouai que je les avais, le voilà qui me dit aussitôt qu'il faut les lui remettre, car le duc de Frobental veut s'en emparer.

Je me méfiai, et je répondis que ces preuves n'étaient pas chez moi (et je disais vrai), et que je ne craignais personne au monde.

Alors le comte prit une autre tournure, il me fit peur de la violence du duc, il me dit (et c'était assez plausible) qu'il lui importait peu à lui qu'on sût que son père avait été l'amant de madame de Frobental, de pareilles accusations ne touchant pas l'honneur d'un homme, et d'ailleurs monsieur de Sainte-Mars étant mort; mais qu'il n'en était pas de même de la duchesse; que la révélation d'un pareil secret pouvait la perdre, compromettre l'avenir de sa fille, et porter la honte dans sa maison.

Avec ces raisons-là, il fut facile au comte de Sainte-Mars de me persuader que monsieur de Frobental tenterait tout pour me faire disparaître, soit par des moyens particuliers, soit en s'adressant à la police, qui était à la merci des nobles et des riches. Je crus tout ce qu'il me disait, et je consentis à le suivre lorsqu'il me proposa de quitter mon appartement. Je voulais remettre ma disparition au lendemain ; mais il m'avoua alors que, sous prétexte de s'entendre avec monsieur de Frobental sur ce qu'ils devaient décider de moi, il avait entraîné le duc à déjeuner, qu'il ne lui avait pas été difficile de le griser, puisque c'était la noble habitude du duc, et qu'il l'avait laissé dans cet état entre les mains d'un certain Molinos qui était chargé de l'achever.

— Mais, ajouta-t-il, sitôt que le duc sera revenu de son ivresse, il pensera à revenir vous chercher, et si vous voulez lui échapper, il faut partir à l'instant même.

J'essayai de résister, impossible. Vous connaissez le comte de Sainte-Mars ? Il parle de velours, il vous caresse, il vous prend, il vous enveloppe, il vous entraîne, on se fie à lui ; puis, si quelque chose lui résiste, c'est comme un tigre qui tend ses griffes et montre ses dents, il est à faire peur ! Enfin, quoi qu'il en soit, et sans que je puisse dire comment cela se fit, il m'emmena de chez moi. Je ne déménageai pas, il ne voulut pas qu'on emportât mes meubles pour que le duc ne pût suivre ma trace en interrogeant ceux qui m'auraient déménagée. Je fis un paquet de mes hardes, je montai avec lui dans un fiacre, et il me conduisit ici.

— Comment ! lui dis-je, dans la maison où était madame Sainte-Mars ?

— Précisément, et il le fit à dessein. « Le duc, me disait-il, vous cherchera bien loin, mais il ne s'imaginera jamais que vous soyez demeurée si près. Et puis, ajouta-t-il, s'il me soupçonne de savoir où vous êtes, il me fera suivre ; j'aurai beau prendre des précautions, on saura toutes les maisons où je vais. Il apprendra, c'est vrai, que je viens ici, mais il croira que je monte chez madame Sainte-

Mars ou bien chez un de mes amis qui loge précisément au-dessus de chez vous. Il ne soupçonnera rien. C'est à vous à m'aider dans toutes mes précautions jusqu'au jour où je pourrai assurer votre sort. »

Il est inutile de vous répéter toutes les raisons qu'il me donna pour me déterminer. Je le suivis, et il y a deux mois qu'il m'a installée ici.

Cependant, au milieu de toutes ces révélations, une circonstance particulière m'avait frappé dans le récit de Justine : c'était le nom de monsieur Molinos, l'amant de madame Deslaurières.

— Ainsi, dis-je à Justine, monsieur Molinos est un ami du comte de Sainte-Mars ?

— Son ami ! me dit-elle en haussant les épaules ; c'est son espion, son âme damnée : c'est bien pis que tout cela, c'est un gueux qui, pour quelques pièces de cent sous, empoisonnerait père et mère... Du reste, ajouta Justine en s'adressant à la vieille qui était restée immobile dans son fauteuil, il a de quoi tenir, n'est-ce pas, marquise ? il est le petit-fils de celui qui vous a aidée...

— Te tairas-tu, vipère ? s'écria la vieille en se levant avec violence. Raconte tes secrets si tu le veux, mais ne raconte pas ceux des autres.

— Allons, allons, reprit Justine sans me laisser le temps de réfléchir aux dernières paroles que je venais d'entendre, allons, on se taira... Du reste, reprit-elle en s'adressant à moi, ce qui touche à celle-là ne vous regarde pas. Et maintenant que vous savez qui je suis, il faut que vous appreniez ce que j'ai été et pourquoi j'ai le droit de vous demander, à vous, votre protection contre les deux misérables qui veulent me perdre.

Je touchais enfin à la partie du récit qui semblait devoir

m'être personnelle, lorsque j'entendis le bruit de ma sonnette agitée avec une telle violence qu'il arriva jusqu'à moi. La nuit était entièrement passée, cependant je m'étonnai de cette visite matinale, et je n'avais aucune envie d'aller recevoir l'importun qui se présentait chez moi d'aussi bonne heure, lorsqu'on sonna de nouveau avec une telle force et une telle obstination, que je compris qu'il s'agissait de quelque chose d'important. Au milieu des étranges événements où je vivais depuis vingt-quatre heures, cette supposition n'avait rien d'extraordinaire, et je me décidai à quitter Justine en lui promettant de revenir aussitôt que je me serais débarrassé de l'importun qui venait troubler notre entretien.

On doit remarquer que j'ai raconté jusqu'à présent cette étrange histoire, non pas comme elle eût dû être écrite, en suivant l'ordre des dates, mais comme je l'appris moi-même. Si j'avais fait autrement, ce récit eût été sans doute plus rapide, mais il m'aurait été difficile d'expliquer ma conduite, qui fut souvent dictée par les révélations qu'on me faisait.

Note de 1840, à ma marraine. — A mesure que je relis cette histoire presque oubliée pour moi, j'y trouve de plus en plus la justification de ce que je suis devenu et de ce que j'ai fait. Quel triste début dans la vie, en effet, que ce hasard qui jeta autour de moi tous ces vices, tous ces crimes, s'agitant, se remuant dans ma sphère comme si c'était ma vie ordinaire de tous les jours! Quelle foi peut rester au cœur, lorsqu'on découvre que la beauté au front pur, au sourire candide, à la grâce pudique, n'est qu'une indigne courtisane prête à vendre à qui voudra l'acheter l'amour que moi, pauvre niais, j'avais offert de payer de mon nom et de ma main! quel profond dégoût on doit éprouver des autres, quel dédain de soi-même et de sa propre niaiserie ! Comme on doit avancer ensuite timidement dans ce monde qu'on trouve si infâme dès les premiers pas, et à quelles méchantes actions ne doit pas vous pousser, à l'âge même où le cœur ne demande qu'à être bon et confiant, cette horrible crainte qui vous saisit d'être dupe de vos propres sentiments et ridicule à tous les yeux.

Ce n'est pas que je veuille dire que c'est partout et pour tous la même histoire et les mêmes dangers. Il y en a pour qui la vie commence au milieu des sites riants de l'amour, où elle va accompagnée de véritables affections, de chants joyeux, de purs dévouements, de sincères caresses, de croyances poétiques. Heureux ceux-là ! ils ont la plus belle part du peu de bonheur que Dieu donne à l'humanité. Qu'ils soient donc indulgents pour ceux qui ont souffert, qu'ils ne les accusent pas sans cesse d'avoir trouvé en eux-mêmes les vices d'un esprit sceptique, le dédain insolent d'une immoralité native, les doutes désespérés d'un cœur sans loyauté ; non, non, l'homme ne naît point ainsi ; c'est le monde qui pervertit son esprit, qui fausse le caractère, qui vicie son cœur. Et lorsque le spectacle du mal arrive au jeune homme avant que l'expérience du bien ait pu lui apprendre que tout n'est pas fait ainsi dans la vie, il faut l'excuser, et surtout il faut le plaindre, car il est bien peu coupable et il est bien cruellement malheureux !

Oh ! maintenant que toute ma jeunesse est passée, maintenant que je suis seul, maintenant que j'ai vécu en vertu du caractère et des opinions que m'ont faits les événements de ma vie, maintenant que je voudrais demander aux jours qui me restent à vivre quelques-unes de ces illusions que je n'ai jamais eues, maintenant je sens tout le malheur où j'ai vécu, bien plus qu'à l'époque où je vivais. Vingt ans passés dans la lutte, dans le combat, m'ont laissé tout meurtri dans ma solitude, le cœur brisé, l'âme endolorie, l'esprit incertain, blessé partout et indifférent à tout.

Et l'on accuse la seule affection qui m'ait donné un peu de foi en la vie, un peu de courage contre la déception, un peu d'aspiration vers les choses de ce monde ; la seule affection qui ait fait que j'ai cru un peu à la gloire ! on l'accuse, on la blâme... Oh ! le monde est stupide et infâme.

XXIV

EXPLICATIONS TRÈS-LONGUES ET TRÈS-NÉCESSAIRES

On se rappelle que j'avais quitté Justine, rappelé chez moi par le bruit incessant de ma sonnette.

Lorsque je descendis, je fus très-étonné de trouver à ma porte monsieur de Sainte-Mars qui, dans le billet joint au mémoire qu'il m'avait adressé, m'avait dit qu'il était absent de Paris pour quelques jours. Il me parut probable qu'il n'avait pas voulu me tromper, car il était en pantalon de cheval, tout couvert de boue, et le désordre de son costume disait suffisamment qu'il venait de faire une longue course.

— Ah ! me dit-il en me voyant, et comme si nous nous étions parfaitement connus, vous étiez chez Justine : aussi étais-je fort étonné que vous ne me répondissiez pas ; car, sans prétendre vous offenser, je ne connais guère d'hommes qui puissent dormir d'un si profond sommeil lorsqu'ils doivent se couper la gorge quelques heures après, avec un homme comme le marquis de Pavie, la meilleure lame et le plus fort tireur de pistolet de toute la France...

J'avoue que depuis les quelques heures que j'écoutais le récit de Justine, j'avais complétement oublié ma querelle avec monsieur de Pavie, le duel qui devait nécessairement s'ensuivre, et ce qu'il y avait surtout de très-important pour moi, l'obligation où je me trouvais de m'acquitter envers lui avant de lui demander raison de ses insolences.

L'arrivée de monsieur de Sainte-Mars me ramena à ma vraie situation, et, si l'on se rappelle sur quelles ressources j'avais compté pour payer monsieur de Pavie, on doit comprendre combien la présence de monsieur de Sainte-Mars dut me causer d'embarras. Il me sembla que cet homme devinait l'emploi que je voulais faire de l'argent qu'il avait laissé chez moi, et je rougis comme s'il m'avait surpris violant un dépôt sacré.

Probablement le comte se trompa à mon émotion, car il me dit, pendant que je l'introduisais dans mon appartement :

— Ne craignez rien, monsieur; il est impossible que ce duel ait lieu... Dans tous les cas, je m'en charge; car j'ai fait dix lieues en deux heures pour venir être votre témoin.

Cette façon de disposer de moi, de pénétrer dans mes affaires était plus qu'extraordinaire; mais ma position était si étrange, et, comme me l'avait dit Justine, les allures du comte de Sainte-Mars avaient quelque chose de si impérieux et de si décisif, à travers les formes obséquieuses qu'il affectait, que je ne lui répondis pas.

Il ne faut pas oublier que j'avais vingt ans tout au plus à l'époque dont je parle, et que la différence qu'il y avait entre mon âge et celui de monsieur de Sainte-Mars était relativement très-considérable. En effet, monsieur de Sainte-Mars avait alors plus de vingt-cinq ans, quoiqu'il parût beaucoup plus jeune. D'un autre côté, il eût eu sur moi, dans tous les cas, un avantage énorme, c'était d'avoir été de bonne heure le maître de sa vie, d'avoir eu à la diriger, à la défendre, à la pousser. D'ailleurs, il savait probablement ce qu'il voulait, où il allait; tandis que moi, j'étais perdu au milieu d'une foule d'événements bizarres auxquels je paraissais parfaitement étranger et auxquels on s'obstinait à me mêler sans que je pusse en deviner la raison. Cela me déplaisait au fond ; mais, soit curiosité, soit défaut de volonté, je ne savais comment échapper à cette obsession.

Quoiqu'il en pût être de mes dispositions envers le comte de Sainte-Mars, je le laissai s'installer chez moi avec le sans-façon d'une vieille connaissance, et il fut le maître d'engager la conversation comme il l'entendit, tant j'étais troublé et comme ivre de cette succession rapide d'événements et de rencontres.

— Avez-vous lu le mémoire que je vous ai fait remettre, monsieur ? me dit-il.

— J'en ai lu une assez grande partie, lui dis-je, assez pour savoir ce qu'est madame de Frobental...

— Assez pour savoir ce qu'est cette Justine que vous avez sauvée ?

— Non, monsieur, non ; c'est elle-même qui m'a appris qu'elle était l'enfant remise à madame de Prémontré pour être sacrifiée à ce que la duchesse appelle son honneur.

— Ah ! me dit monsieur de Sainte-Mars d'un ton surpris, c'est Justine... Comment se fait-il que vous, qui lui êtes parfaitement inconnu, elle ait pu vous choisir pour une pareille confidence ?

Je me remis un peu, et d'ailleurs monsieur de Sainte-Mars me la donnait trop belle pour que je ne trouvasse pas la réponse ; aussi lui dis-je :

— Je ne sais, monsieur, quel titre de plus je pouvais avoir à la confidence encore plus extraordinaire que vous m'avez faite vous-même.

Je croyais avoir pris monsieur de Sainte-Mars au défaut de la cuirasse ; mais il se contenta de sourire légèrement et me répondit aussitôt :

— Oh ! monsieur, j'ai mille millions de raisons, meilleures les unes que les autres, pour vous faire cette confidence, et si vous voulez m'écouter un moment, vous allez en juger.

Je fus très-piqué d'avoir manqué mon effet, et je répondis assez sèchement à monsieur de Sainte-Mars :

— N'oubliez pas, monsieur, que j'ai fort peu de temps à vous donner, que j'ai à prendre dès ce matin un rendez-vous avec monsieur le marquis de Pavie et qu'il faut que je fasse choix des personnes qui doivent m'accompagner, car, malgré l'honneur que vous voulez bien me faire d'être mon témoin, je vous ferai observer que nous ne nous connaissons pas assez pour que j'accepte.

— Je vous ai déjà dit que ce duel ne pouvait pas avoir lieu.

— Monsieur ! m'écriai-je avec colère.

— Ne nous fâchons pas, reprit le comte, ne nous fâchons pas, surtout avant de savoir à qui nous avons affaire.

— Mais, monsieur, lui dis-je, je n'ai aucune envie de le savoir.

Le comte me regarda de ce regard de tigre dont m'avait tant parlé Justine; mais j'étais fort décidé à ne plus me laisser imposer par cette pantomime apprêtée ; et il paraît que le regard par lequel je répondis au sien lui montra qu'il ne gagnerait rien à ces grimaces menaçantes, car il reprit sa figure féline, et me dit de sa plus douce voix :

— Et que diriez-vous, monsieur, si je vous apprenais que le marquis de Pavie gêne singulièrement certaines personnes, et que par une adresse admirable on vous a poussés l'un contre l'autre, dans l'espoir de cette rencontre, et qu'on compte singulièrement sur votre courage pour se défaire du marquis ?

— C'est impossible, monsieur !

— Voulez-vous me permettre de m'expliquer, me dit monsieur de Sainte-Mars, et lorsque je vous aurai dit par quels moyens on est arrivé à faire naître cette querelle, vous ne voudrez pas, j'en suis sûr, servir d'instrument à la plus odieuse intrigue contre une femme qu'il suffit d'avoir vue pour comprendre tout ce qu'elle mérite d'intérêt et d'affection.

— De qui voulez-vous donc parler, monsieur ?

— De votre voisine, madame Sainte-Mars.

J'allais de surprise en surprise ; et j'avoue qu'après avoir entendu parler de ma belle Fanny comme m'en avait parlé Justine, ce langage me sembla tout à fait extraordinaire dans la bouche du fils de l'homme dont cette femme avait usurpé le nom.

— De madame Sainte-Mars !... dis-je d'un ton fort dédaigneux ; de mademoiselle Fanny...

— Oh ! me dit le comte en m'interrompant d'un ton grave, je sais qu'elle n'a pas le droit de porter ce nom. Mais croyez que si je ne réclame pas, croyez que si je ne fais pas cesser une chose que beaucoup de gens regardent comme un scandale, c'est que je sais que ce nom devrait être le sien, qu'il lui a été promis et presque donné... Ah ! monsieur, ajouta-t-il, jamais femme n'a été plus cruellement et plus odieusement trompée !

En entendant parler ainsi monsieur de Sainte-Mars, toutes mes idées se renversèrent ; je n'étais que trop disposé à croire tout ce qu'on pourrait me dire pour la justification de madame Sainte-Mars.

J'accueillis donc ces paroles avec empressement ; tout ce que Justine m'avait dit d'odieux contre Fanny me parut résulter d'une basse jalousie, et devint à mes yeux une ignoble calomnie ; et comme Justine ne pouvait pas avoir été infâme contre madame Sainte-Mars sans l'avoir été également contre tous ceux dont elle avait parlé, le comte se trouva pour ainsi dire justifié du même coup à mes yeux. D'ailleurs Justine, jusqu'au moment où son récit avait été interrompu, n'avait rien allégué de formel contre le comte, et ses paroles renfermaient plutôt des injures que des accusations.

Je me rapprochai donc du comte de Sainte-Mars, et, répondant à ce qu'il venait de me dire, je repris :

— Comment, monsieur, vous penseriez que votre père...

Le comte baissa les yeux, et repartit d'un air embarrassé et triste :

— Ce mot m'avertit que ce n'est pas à moi de vous raconter une histoire déplorable. Madame Sainte-Mars vous la dira peut-être un jour, car elle désire vous connaître et se justifier d'une mystification où on l'a mêlée, et qu'elle n'a apprise qu'hier soir...

Ceci me fut cruel, mais le comte avait enduit son épigramme de miel, je la laissai passer, et il reprit :

— Oui, monsieur, elle désire vous connaître; vous l'apprécierez, et alors vous serez heureux de n'avoir pas prêté les mains à une infamie contre cet ange.

— Expliquez-vous donc, monsieur? lui dis-je avec un véritable intérêt.

— Eh bien! dit le comte en se posant comme un homme qui va entreprendre un long récit, voici ce dont il s'agit. Ce que vous avez lu du mémoire que je vous ai remis, ce que Justine vous a dit d'elle-même, et ce que vous avez appris sans doute par cette fille du malheur de Fanny doit vous faire comprendre comment madame Sainte-Mars peut avoir entre les mains les preuves de la faute de madame de Frobental.

— Je comprends que les confidences de monsieur votre père ont pu lui révéler ce secret; mais j'ignorais tout à fait que madame Sainte-Mars possédât les preuves de l'événement qui s'est passé il y a plus de vingt ans.

— Voici comment ces preuves sont tombées entre les mains de Fanny. Mon père est mort il y a deux ans, dans une maison de campagne qu'il habitait avec elle. J'étais absent à cette époque, et il confia à celle qui le méritait à tous égards un dépôt qu'elle considère comme sacré.

Monsieur de Sainte-Mars s'arrêta, et reprit en approchant tout à fait son fauteuil du mien, comme si la confidence qu'il allait me faire devenait plus intime :

— Indépendamment de sa carrrière militaire, mon père a été mêlé à presque toutes les grandes questions diplomatiques de l'Empire. Monsieur Meylan, votre père, pourrait vous donner à ce sujet des renseignements précieux. Il est résulté de cette double position : 1° que le comte de Sainte-Mars était initié à une foule de secrets assez dangereux pour le gouvernement qui nous régit actuellement; 2° qu'il possédait des papiers qu'on lui eût arrachés à tout prix, si on eût connu un instant leur existence. Une seule personne avec votre père savait ce secret, c'était le duc de Frobental, qui, ayant suivi la carrière diplomatique, s'était trouvé souvent en rapport avec le comte de Sainte-Mars. Quelle qu'eût été l'intimité de la duchesse avec mon père, celle-ci ignorait complétement cette circonstance, et elle ne lui fut révélée qu'à la mort du duc. En effet, lorsqu'elle-même voulut mettre les papiers de son mari à l'abri d'une perquisition judiciaire, elle trouva parmi ces papiers une longue suite de documents diplomatiques auxquels était jointe une liste de ces documents, annotée par monsieur de Frobental, et portant à la marge : *Remis à monsieur de Sainte-Mars, soit en original, soit en copie.*— La duchesse ne fit pas une très-grande attention à cette circonstance, qui depuis ce moment est devenue d'une grande importance pour elle, et qui fait la base de l'intrigue et de la violence qu'elle prépare contre Fanny.

Le comte s'interrompit, puis il ajouta :

— Vous me comprenez bien, n'est-ce pas, monsieur? Veuillez suivre mon récit avec attention. C'est là le point important de l'affaire, quoiqu'il doive vous paraître bien éloigné des intérêts dont vous avez entendu parler jusqu'à présent.

Monsieur de Sainte-Mars avait raison. Dans ces récits qui se succédaient les uns aux autres, j'avais passé de scènes de meurtre et d'infanticide à des scènes de scandale, et voilà que je me trouvais en pleine politique, à propos d'un enfant trouvé et d'une femme de mauvaise vie. Cependant je répondis à monsieur de Sainte-Mars :

— Je vous suis parfaitement, monsieur, et je vous écoute avec une attention entière.

Il continua ainsi :

— C'est Fanny, monsieur, qui avait ces papiers, et c'est parmi ces papiers que se trouvait mêlée, je ne sais comment, une correspondance de mon père avec madame de Frobental, correspondance qui établit de la manière la plus formelle la naissance de cette Justine.

Je me crus tout à fait sur la voie de l'intrigue que l'on voulait me démasquer, et je m'écriai triomphalement :

— Je commence maintenant à comprendre pourquoi a eu lieu chez madame Smith cette réunion bizarre, où se trouvaient madame de Frobental et madame Sainte-Mars en présence l'une de l'autre. On a tenté un rapprochement ; on aura sans doute voulu essayer de quelque marché ignoble pour arracher ces papiers à madame Sainte-Mars.

Le comte secoua lentement la tête et s'empressa de me désabuser de ma confiance en ma propre perspicacité en me répondant :

— Point du tout, monsieur ; nous sommes plus fins que cela. Et d'ailleurs, on sait parfaitement que cette démarche eût été inutile vis-à-vis d'une femme de l'honneur et de la probité de Fanny.

Je donnais en plein dans les éloges que le comte faisait de ma belle blonde, et je l'écoutais la bouche béante, tout prêt à croire tout ce qu'il lui plairait de me dire.

Il continua en reprenant ainsi :

— Vous avez dû remarquer hier, dans le salon de madame Smith, un certain monsieur Deslaurières et sa femme?

— Parfaitement, lui dis-je fort surpris d'entendre ce nom. Est-ce que ce monsieur et cette dame sont aussi mêlés à cette histoire ?

— Pas encore; mais on les y mêle, ou l'on prétend les y mêler... Vous savez, ou vous ne savez pas que monsieur Deslaurières est chef de bureau au ministère de la guerre. Or, voici ce qu'on prétend obtenir de ce monsieur, par tous les moyens possibles...

— En effet, dis-je à monsieur de Sainte-Mars, vous me rappelez quelles amitiés extraordinaires la duchesse de Frobental a faites à cette femme, qui, entre nous soit dit...

— Oh! quant à cela, reprit le comte, fiez-vous à madame de Frobental, elle donnerait la main à un portefaix, ou recevrait chez elle la dernière des femmes, pour arriver au but qu'elle se propose... Du reste, les caresses qu'elle a faites à madame Deslaurières ne sont que l'exécution du plan qu'elle a formé avec le marquis de Chabron.

Encore un nom nouveau qui m'arrivait, encore un personnage que je croyais à mille lieues de toutes ces affaires et qui s'y trouvait intéressé.

— Le marquis de Chabron aussi! m'écriai-je.

— D'où diable venez-vous donc, mon cher ami, me dit le comte en souriant, pour ne pas savoir l'histoire de monsieur de Chabron et de madame de Frobental? Mais il est le mari secret de la duchesse!

— Vous voulez dire son amant.

— Point du tout, son très-légitime époux. Mais comme le nom de marquise de Chabron est assez piètre, et que, d'un autre côté, il eût été peut-être très-difficile de le justifier, on a continué à l'appeler duchesse de Frobental. Du reste, elle n'est pas la seule dans cette position, et nous avons la princesse de... Mais la question n'est pas là, et il nous faut revenir à la grande combinaison de la duchesse. Or voici en quoi consiste cette combinaison. La duchesse n'est pas sans pouvoir auprès du ministre de la guerre ; et, dans tous les cas, il lui suffirait de faire savoir à monseigneur qu'elle a découvert tous les papiers de son mari, que des dépêches importantes existent dans les papiers laissés par monsieur de Sainte-Mars, que ces papiers intéressent l'État, et qu'ils peuvent compromettre quelques-uns des individus qui, après avoir platement servi l'Empire, servent encore plus platement la Restauration ; il suffirait, dis-je, d'un pareil avis pour que le ministre, à tort ou à raison, ordonnât une perquisition chez madame de Sainte-Mars, à cette fin de s'emparer de ces papiers.

— Pensez-vous, dis-je à monsieur de Sainte-Mars, qu'un ministre puisse donner un pareil ordre ?

— Je ne sais, répliqua monsieur de Sainte-Mars, s'il le peut légalement, mais il le peut de fait ; et une fois tous ces papiers saisis et enlevés, qui diable voulez-vous qui s'occupe du plus ou moins de droit qu'on a à s'en emparer ?

— Mais il me semble, dis-je au comte de Sainte-Mars, que si quelqu'un doit s'opposer à une pareille perquisition, ce doit être vous, le fils du comte de Sainte-Mars.

— Moi ! reprit le comte ; mais c'est cette nuit seulement que j'ai appris l'existence de ce dépôt entre les mains de madame Sainte-Mars. D'ailleurs, quel moyen puis-je avoir de m'en emparer, si ce n'est en les réclamant judiciairement ? Mais les réclamer judiciairement, c'est en révéler l'existence et provoquer la mesure que nous voulons éviter.

— Mais madame Sainte-Mars ne peut-elle vous les remettre volontairement ?

— C'est ce que je ne la crois pas disposée à faire, puisqu'elle ne l'a pas déjà fait. Dans tous les cas, c'est une chose que je lui proposerai, et à laquelle j'espère qu'elle consentira, lorsque je lui aurai expliqué, comme je vous le fais, le danger qui la menace.

— Mais quel danger peut-il y avoir pour elle, si ce n'est de se voir enlever des papiers auxquels elle doit attacher personnellement peu de prix ?

— Mais ce danger est énorme, monsieur, reprit le comte, car vous comprenez bien que si le ministre est homme à passer par-dessus toutes les lois pour arriver à son but, il n'est pas assez maladroit pour ne pas s'armer de toutes les circonstances qui pourront donner à cet arbitraire une apparence de légalité... Quelles que soient les bonnes qualités de madame Sainte-Mars, elle n'en est pas moins dans une très-fausse position. Le nom qu'elle a pris et qui ne lui appartient pas, et sous lequel cependant elle a souscrit des engagements dont on peut s'armer pour donner lieu à une action contre elle en police correctionnelle...

Je ne puis dire combien ce mot, prononcé à propos de la belle Fanny, à propos de la femme que le comte lui-même venait de nommer un ange, je ne puis dire combien ce mot me parut outrageant et déplacé.

Le comte s'en aperçut et reprit avec un de ses méchants sourires qu'il retenait à grand'peine :

— Que voulez-vous, mon cher monsieur, le code n'entend rien à la poésie des femmes trompées, et prend les droits et les devoirs de chacun au pied de la loi, et gare à qui s'en écarte ! Ainsi donc, quelque odieuse que puisse être pour ceux qui connaissent madame de Sainte-Mars une poursuite pareille, elle n'en serait pas moins fondée en droit, et elle ne laisserait pas d'être d'une grande utilité pour masquer d'un certain voile de légalité, comme je vous l'ai dit, la confiscation du fameux dépôt.

— Mais, dis-je à monsieur de Sainte-Mars, si cela est si facile que vous voulez bien le dire, pourquoi cela n'a-t-il pas déjà été fait ?

— Ah! voici l'embarrassant, reprit monsieur de Sainte-Mars, et voici où les Deslaurières trouvent leur place. Vous comprenez fort bien que madame de Frobental n'a aucun souci des papiers politiques qui peuvent intéresser le ministre ou ses amis. Ce qu'elle veut, c'est la correspondance particulière qui la concerne. Or, une fois cette saisie ordonnée, il y aura nécessairement un agent du gouvernement chargé de l'exécuter. Si cet agent est le premier venu, il remplira probablement son mandat avec conscience, et, par conséquent, les papiers concernant madame de Frobental seront à la merci de qui voudra les lire. Si, au contraire, l'agent du ministre est un homme tout dévoué à madame de Frobental, il fera la part de chacun : celle du gouvernement et celle de la duchesse... Vous comprenez maintenant à quoi peut être bon le Deslaurières.

— Pourquoi celui-là plutôt qu'un autre?

— Pourquoi?... Ah! vous me demandez plus que je ne sais; mais madame Deslaurières est ou doit être, sans s'en douter, dans la dépendance de la duchesse. Comment? c'est peut être un secret que pourrait vous apprendre monsieur de Favreuse. Quoi qu'il en soit, ce sont ces gens-là qu'elle a choisi pour l'exécution de son dessein.

L'explication du comte de Sainte-Mars était trop catégorique pour que je ne comprisse pas enfin parfaitement tous les fils de cette intrigue.

— Je suis absolument de votre avis, monsieur, répliquai-je à monsieur de Sainte-Mars, relativement à tout ce que vous venez de m'apprendre ; mais j'avoue que je ne vois pas en quoi cela peut concerner ma rencontre avec monsieur de Pavie.

— Ceci, reprit monsieur de Sainte-Mars, est une combinaison un peu plus infâme que les autres, et dont il me semble cependant que je vous ai déjà touché deux mots.

Le marquis Alexandre de Pavie est l'ami de madame Sainte-Mars, et si son âge lui donnait cette liberté, je crois que déjà il serait son mari. En attendant, monsieur de Pavie veille de trop près aux intérêts de madame Sainte-Mars pour qu'on ose l'attaquer de la manière dont je viens de vous parler, tant qu'il sera près d'elle. Le marquis a, de son côté, près du ministre de la guerre des recommandations puissantes : il est le fils d'un de nos plus célèbres maréchaux, et presque tous les généraux employés au ministère sont les obligés de son père. Comme il ne soupçonne rien des intrigues dirigées contre madame Sainte-Mars, il n'a pu prémunir ses amis en sa faveur. Que faudrait-il donc pour que l'intrigue de la duchesse arrivât à bon port ? que le marquis de Pavie fût éloigné de madame Sainte-Mars pendant douze ou quinze jours seulement, et vous comprenez qu'un duel peut amener ce résultat. Vous êtes jeune, vous êtes brave, vous pouvez tuer ou blesser le marquis, c'est une chance d'un contre un, c'est un jeu à pair ou non, une partie à pile ou face. Si on la perd, c'est-à-dire si c'est vous qui êtes tué ou blessé, on engagera la lutte d'une autre façon, voilà tout. Seulement on tente le résultat à tout hasard, on vous joue contre une balle, sans que même vous ayez une part dans les bénéfices si vous leur gagnez la partie.

Je n'interrompais plus monsieur de Sainte-Mars ; tout cela me semblait si exorbitant, si inouï, si abominable, que je restais anéanti dans une confusion d'idées au milieu desquelles je m'égarais.

— Eh bien, me dit monsieur de Sainte-Mars, qui me tenait pour ainsi dire à sa merci, pensez-vous maintenant que votre duel avec monsieur de Pavie soit une chose honorable pour vous et pour lui ? Pensez vous que vous ne seriez pas tous les deux, vous ridicule et lui coupable d'avoir aidé à l'accomplissement de cette intrigue, si, vous laissant aller à un mouvement de colère que rien ne justifie au fond...

Ces dernières paroles du comte me ramenèrent un peu à ma vraie position, et je lui répondis :

— Mais à supposer que ce que vous dites soit vrai, la conduite de monsieur de Pavie n'en a pas moins été vis-à-vis de moi d'une impertinence qui exige une réparation.

— Et qui vous a dit que cette impertinence n'a pas été excitée par la même main qui mène toute cette intrigue? qui vous a dit que monsieur de Chabron, factotum universel de madame de Frobental, n'a pas alarmé le marquis sur vos prétentions à vous faire aimer de madame Sainte-Mars?

Jamais jeune fille ne rougit avec plus d'embarras à la première question discrète qu'on lui fait sur les sentiments qu'elle cache au fond de son cœur, que je ne fis moi-même à cette insinuation imprévue.

— Je vous prie de croire, monsieur, dis-je en balbutiant, que je n'ai aucune prétention de celle dont vous me parlez, et qu'il me serait fort pénible de croire que j'ai pour madame Sainte-Mars d'autres sentiments que le respect le plus profond...

— Et l'amour le plus exalté, dit le comte en m'interrompant. Tout le monde le sait dans la maison, et monsieur de Favreuse, et madame Smith, et monsieur de Chabron, et les Deslaurières, et madame Sainte-Mars mieux que personne, à qui vous l'avez écrit en termes assez clairs.

J'étais passé de rouge au pourpre, encore plus humilié qu'irrité des paroles de monsieur de Sainte-Mars, devinant enfin que je devais être probablement la fable de toute la maison.

Le comte profita de ma confusion pour poursuivre en liberté et d'un ton qui me déplaisait souverainement sans que je pusse définir pourquoi il me déplaisait, tant il mettait de soin à cacher l'ironie qui remplissait toutes ses paroles.

— Une seule personne, et comme il arrive toujours, la plus intéressée, une seule personne, dis-je, ne vous a pas deviné. Le marquis seul ne s'est pas aperçu de l'obstination avec laquelle vous suiviez sa Fanny, de l'exaltation de vos regards lorsque vous rencontriez les siens. L'intention de devenir mari lui tient lieu du fait de l'être; cela veut dire qu'il est déjà aveugle et sourd à ce sujet. Mais quand on a près de soi une main pour vous ouvrir les yeux et une voix pour vous corner la vérité aux oreilles, il est difficile de rester longtemps sourd et aveugle... La main a été celle de monsieur de Chabron, la voix a été celle de monsieur de Chabron; et comme vous connaissez le but de ce monsieur, vous devez comprendre tout ce qu'il a employé pour arriver. La vérité ne lui aura probablement pas suffit, il vous aura supposé des torts que vous n'aviez pas.

— Vous pensez que ce monsieur, dis-je avec emportement, aurait osé m'imputer des paroles ou des actions indignes d'un honnête homme?

— Oh! fit le comte en souriant, nous ne nous entendons nullement. Quand il s'agit d'exciter la jalousie d'un amant, le plus grand tort qu'on puisse imputer à son rival, c'est de plaire; c'est d'être vu avec indulgence, sinon avec plaisir; et sous ce rapport, Chabron n'a peut-être pas autant menti qu'il le pense et que vous voudriez bien me le faire croire.

Je fus réellement flatté malgré moi de cette supposition, et je répondis avec la plus impudente modestie :

— Vous pouvez être sûr, monsieur, et je vous en donne ma parole d'honneur, que jamais une parole, un regard, un signe de madame Sainte-Mars n'a pu me faire croire qu'elle ait pris garde à la passion que vous me supposez pour elle.

— Oh! je crois parfaitement cela, répondit monsieur de

Sainte-Mars; elle sait combien sa position lui impose de retenue; elle a dû dissimuler. Mais moi qui la crois connaître mieux qu'elle-même, je sais que ce n'est pas en vain qu'une femme excite une passion aussi profonde et aussi persévérante que la vôtre.

Oh! mon Dieu, comme j'étais bête et comme j'étais à la merci de tous ceux qui voulaient se moquer de moi et me mettre en jeu à l'occasion de leurs intérêts!... Cependant, pour mon excuse, il faut avouer qu'il était difficile de se trouver avec moins d'expérience que je n'en avais dans une intrigue plus embrouillée, plus sale, plus honteuse. Je dois dire, et je le répète souvent pour qu'on puisse bien comprendre ce que je répondis, je dois dire que j'étais au milieu de toutes ces révélations contradictoires comme un homme perdu dans un pays inconnu, et qui ne voit aucune issue à la position où il se trouve, tout prêt par conséquent à se laisser conduire par le premier qui lui dira, comme à Mathan : « Voici votre chemin. » Aussi dis-je à monsieur de Sainte-Mars :

— Mais, monsieur, que voulez-vous donc que je fasse à tout cela, moi?

— Vous pouvez, reprit monsieur de Sainte-Mars, nous rendre un énorme service à tous, et voici comment. Aujourd'hui vous avez sauvé la vie à Justine ; elle vous doit par conséquent une reconnaissance qui doit être encore toute-puissante en elle. Voyez-la ; obtenez d'elle la remise de certaines lettres qu'elle possède aussi de son côté et qui peuvent compromettre madame de Frobental.

— Mais à quoi cela peut-il vous servir, monsieur ?

— Oh! ceci, dit le comte, n'est pas une des circonstances les moins bizarres de cette histoire. La liaison de mon père et de la duchesse nous était parfaitement inconnue à moi et à Frobental, lorsqu'elle nous fut révélée dans une circonstance pénible, mais dont il est inutile de vous donner les détails.

Je devinais qu'il s'agissait du fameux souper dont m'avait parlé Justine.

Le visage du comte était si profondément triste en parlant de cette circonstance, que je me sentis assez porté à croire aux accusations d'hypocrisie que Justine avait élevées contre lui. Je le laissai donc continuer.

XXV

SUITE DES EXPLICATIONS

— Le duc de Frobental, reprit le comte, n'eut rien de plus pressé, et pour des motifs que je ne veux pas qualifier, que de raconter à Chabron la scène de chez Justine. Chabron l'a redite à la duchesse, qui, épouvantée, éperdue, l'expédia auprès de madame Sainte-Mars pour obtenir d'elle des renseignements positifs. Chabron est trop bête pour ne pas être dangereux. Il est difficile de se méfier de cette figure de Limousin, dont toute l'intelligence semble occupée à comprendre qu'il est *bel homme*. Fanny se laissa surprendre aux condoléances que lui fit Chabron sur la scène dont je viens de vous parler, et avoua qu'elle possédait la fameuse correspondance en question. C'est depuis ce temps que madame Sainte-Mars est en butte aux obsessions secrètes de la duchesse, et c'est depuis que madame de Frobental a compris qu'il n'y avait rien à gagner par les offres les plus séduisantes, qu'elle s'est déterminée à prendre le moyen que je vous ai raconté.

— En vérité, dis-je à monsieur de Sainte-Mars, je suis beaucoup plus bête que monsieur de Chabron, car je ne comprends pas quel intérêt vous avez à obtenir de Justine les preuves d'un fait dont d'autres preuves resteront aux mains de madame Sainte-Mars.

— Je vous ai parlé d'une circonstance bizarre de cette histoire, dit le comte, la voici : La duchesse sait, comme je viens de vous le dire, l'existence de cette correspondance entre les mains de madame Sainte-Mars, mais elle ignore parfaitement l'existence de Justine, de sa propre fille...

J'examinai le comte, qui s'arrêta sous mon regard, et reprit :

— Cela ne vous semble pas vraisemblable, n'est-il pas vrai, monsieur?

— Ma foi, dis-je au comte, il y a si peu de choses vraisemblables dans cette histoire, que je ne vois pas pourquoi je douterais plutôt de celle-ci que des autres.

— Le temps nous presse, reprit le comte, sans cela je vous dirais comment moi-même j'ai découvert Justine, mais il est nécessaire d'arriver à la conclusion de cette histoire.

Je m'aperçus enfin avec quelle facilité le comte de Sainte-Mars passait sur les circonstances qu'il ne pouvait tourner à son profit, et je me mis sur mes gardes contre cette conclusion.

— Madame de Frobental, grâce à son ignorance au sujet de l'existence de Justine, est dans la conviction que si elle peut arracher sa correspondance des mains de madame Sainte-Mars, elle aura mis sa réputation à l'abri de toute atteinte. Mais, supposez qu'un homme comme moi puisse lui dire que ces preuves après lesquelles elle s'acharne si résolûment ne sont pas les seules existantes; dès ce moment l'intérêt qu'elle a de s'en emparer est moindre, et dans tous les cas, ce serait la meilleure protection qu'on pût apporter à madame Sainte-Mars. Il suffirait, en effet, de dire à la duchesse : « Abandonnez vos desseins contre madame Sainte-Mars, ou, si vous y persévérez, il se trouvera d'autres preuves qui seront immédiatement divulguées. »

La combinaison n'était pas mauvaise, mais en fin de compte, et malgré ma stupide passion pour Fanny, je ne comprenais pas trop quel intérêt si pressant monsieur de Sainte-Mars pouvait avoir à arracher à sa propre sœur les preuves de sa naissance; et cela pour protéger une femme qui usurpait son nom, et qui, dans tous les cas, devait lui être fort indifférente, à moins de motifs secrets bien puissants.

Je fis au comte une observation en ce sens.

J'aurais dû prévoir sa réponse. En effet, il se hâta de dire :

— Mais ne comprenez-vous donc pas que je protége Justine aussi bien que madame Sainte-Mars. Supposez que la duchesse apprenne son existence, elle deviendra le premier persécuteur de sa fille... Mais, mon Dieu, n'avez-vous pas été témoin aujourd'hui même d'une action effroyable... et ce qu'a fait le duc...

— C'est un crime dont il sera cruellement puni.

— Vous vous trompez, monsieur, me répondit le comte; on ne traîne pas un homme comme le duc de Frobental devant les assises pour avoir donné peut-être quelques coups de cravache à une fille dont personne ne sait ni le nom ni l'état.

— Mais c'est sa sœur, m'écriai-je avec indignation, c'est la vôtre, monsieur!

Le comte, qui avait laissé tomber sa dernière phrase avec un accent souverainement impertinent, se hâta de reprendre sa mine doucereuse.

— Oh! monsieur, me dit-il, je suis comme vous, je trouve cet acte infâme, mais je vous parle comme on parlera au parquet.

— Mais on entendra mon témoignage, dis-je avec hauteur.

Cette menace fit une véritable impression sur le comte, et il reprit après un instant de silence :

— Monsieur Meylan, ce témoignage peut perdre une des plus grandes familles de France, et vous réfléchirez avant de vous laisser aller à un mouvement d'indignation fort juste sans doute, mais qui ne fera que perdre à la fois la duchesse et madame Sainte-Mars.

— Je ne vois pas...

— Écoutez-moi donc. Supposez une action criminelle au sujet de l'événement d'hier, événement dont je suis encore à comprendre que la duchesse n'ait pas été instruite sur-le-champ, car elle n'en était pas instruite hier, du moins je le pense, puisqu'elle est venue dans la maison même où il s'est passé. D'ailleurs, vous l'avez vue, avait-elle l'air d'être embarrassée à ce sujet ?

— En aucune façon.

— Du reste, ajouta le comte, cela se peut expliquer par le fait que le duc n'est pas connu dans cette maison sous son véritable nom. Mais je reviens à notre question. Supposez, dis-je, qu'un procès criminel soit engagé relativement à cette affaire, voici quelles en seraient les conséquences immédiates : 1° Quelle était la raison des violences du duc de Frobental ? D'arracher à Justine des papiers importants. 2° Quels étaient ces papiers ? Les preuves de la naissance de Justine. 3° Quel intérêt le duc avait-il à s'emparer de ces papiers ? C'est que ces preuves montraient Justine comme la fille de la duchesse de Frobental et de monsieur de Sainte-Mars. — Voilà, reprit le comte, les conséquences immédiates d'un pareil procès. Et maintenant, considérez la valeur des noms qu'il va mettre en jeu, l'extrême curiosité que ces noms vont exciter dans le monde, et vous devez facilement croire que tout ce qui touche de près ou de loin à la position de Justine et aux familles qu'elle concerne sera mis sur le tapis. On cher-

chera, on commentera, on expliquera, et vous devez être
certain par avance que notre belle Fanny sera en butte
aux propos les plus cruels ; qu'on traduira de la façon la
plus indigne sa position passée et sa position actuelle. Vous-
même, à quelque titre que ce soit, vous aurez votre part de
ces méchancetés plaisantes par lesquelles le monde cherche
à se venger de l'ennui incessant qu'il éprouve... Ne vaudrait-il pas mieux, mille fois mieux, que tout ceci tombât
dans le plus profond oubli, que Justine consentît à se retirer et à se cacher, en laissant une déclaration signée d'elle
et qui attribuerait au désespoir la tentative de suicide
qu'elle aurait commise hier? Cette déclaration, corroborée
par votre témoignage et aidée de quelques démarches adroitement faites auprès du premier magistrat qui aura à s'occuper de cette affaire, l'arrêterait dès son principe et donnerait à tous ceux qui s'y trouvent intéressés le temps
d'assurer à chacun la tranquillité, le repos, et de faire à
cette Justine elle-même un sort convenable, en la désar-
mant cependant des preuves qui peuvent perdre la duchesse
de Frobental.

Je prie ceux qui me lisent et ceux qui m'ont jugé si sévèrement de se mettre un moment à ma place.

J'avais vingt ans, je me trouvais en présence de faits
dont je n'avais eu jusqu'alors aucune idée. J'entendais
parler des relations les plus exceptionnelles et les plus coupables avec une facilité telle, qu'il m'était permis de croire
que c'était là le train usuel de la vie du monde. Et, quel
que pût être mon dégoût pour ces intrigues qu'on venait
de m'exposer avec tant de naïveté, je n'avais cependant
nulle envie d'aider au scandale qu'un procès devait en faire
jaillir. D'une autre part, je n'oubliais pas que Justine avait
mêlé le nom de mon père à toute cette histoire. Je me
trouvais donc fort disposé à tout ce que demandait de moi

monsieur de Sainte-Mars, lorsque je fus arrêté dans ma résolution par la réflexion suivante que je m'empressai de lui faire :

— Puisque monsieur de Frobental, lui dis-je, tient à enlever à Justine les preuves qui peuvent compromettre sa mère, jusqu'au point de se livrer aux violences dont j'ai été le témoin, comment se fait-il que la duchesse, dans l'intérêt de laquelle il agit sans doute, ignore l'existence de Justine, que son fils connaît?

Le comte me regarda avec attention, comme pour s'assurer de la portée de mon observation ; il paraît que cet examen le détermina à pousser plus loin ses confidences, car il reprit presque aussitôt :

— Il faut tout vous dire, monsieur Meylan, et ce qui me reste à vous dire n'est pas la partie la moins honteuse de ce secret. Ce n'est nullement dans l'intérêt de la duchesse qu'agit son fils, c'est dans le sien propre. Vous ne connaissez pas Frobental, et par conséquent vous pouvez difficilement vous faire une idée d'une nature à la fois plus brute et plus corrompue, plus violente et plus astucieuse. Le duc de Frobental, cet héritier d'un grand nom et d'une grande fortune, est, comme manières, immédiatement au-dessous d'un palefrenier de bonne maison. La plus mauvaise compagnie s'indigne de la grossièreté de ses paroles ; les plus brutaux ne pourraient lutter avec lui d'ignobles actions ; il aime l'ivrognerie et la débauche dans les cabarets ; il est le glorieux rival des plus hideux coquins de Paris. Et maintenant que je vous ai dit quel était l'homme, vous comprendrez aisément quel désespoir ce doit être pour sa mère, dont l'élégance cache si bien la sécheresse du cœur, et qui sacrifierait tout au maintien de sa bonne réputation. Elle a tout fait pour ramener son fils ; mais cette nature basse a échappé à tous les freins, résisté à tous les bons conseils. Il a donc fallu que la duchesse se séparât de lui et l'abandonnât à ses mauvais penchants. Heureusement pour madame de Frobental que son mari avait deviné les instincts farouches de son fils et donné à sa femme tous les moyens nécessaires pour les réprimer. Le duc a si bien fait par son testament, que l'administration et la jouissance de son immense fortune sont restées entre les mains de sa veuve. Elle a donc pu mettre une espèce de barrière aux débordements du jeune duc, en lui assignant une pension honorable pour tout autre, mais insuffisante pour satisfaire de pareils débordements. Or, comprenez-vous maintenant dans quel but monsieur de Frobental voudrait être armé contre sa mère de documents qu'elle voudrait racheter à tout prix ? Comprenez-vous qu'entre les mains d'un pareil fils, ces titres deviendraient un moyen d'obtenir l'argent qu'on lui refuse prudemment ?

— Et vous pensez, monsieur, m'écriai-je indigné d'une telle perversité, qu'un fils, quels que soient ses vices, puisse jusqu'à ce point outrager sa mère ?

— Je ne veux pas faire de morale à ce sujet, reprit le comte ; je ne veux pas vous dire combien il y a de gens dans le monde qui profitent des fautes de leur père, de leur mère ou de leurs sœurs pour vivre à leur aise dans l'oisiveté. Tout ce que je puis vous dire, c'est que le duc de Frobental ne reculera devant aucune mauvaise action pour satisfaire la soif qu'il a de la fortune qu'on lui refuse. Vous en faut-il d'autres preuves que le crime auquel il s'est porté hier matin ? Soyez-en sûr, ce n'est pas, à proprement parler, un homme ; c'est une sorte de bête fauve à qui le sang monte à la tête, et qui devient ivre de fureur devant une résistance obstinée, comme a dû être celle de Justine. Il faut donc profiter de l'arrestation du duc pour mettre la malheureuse à l'abri de sa colère. Ou bien, si vous ne m'aidez pas dans ce projet, peut-être verrons-nous se dénouer toutes ces intrigues par une catastrophe sanglante. Je parle en homme d'honneur à un homme d'honneur; je n'ai d'autre intérêt dans tout ceci que d'éviter de voir le nom de mon père mêlé à de pareils scandales, que de sauver à une femme charmante des chagrins qui pourraient devenir mortels pour elle... Et j'ose espérer, monsieur, que vous m'aiderez dans l'accomplissement d'un projet dont vous devez connaître la bonne et loyale intention.

XXVI

ENCORE DU MYSTÈRE

Comme je l'ai déjà dit, j'ai essayé de raconter les choses de la façon la plus exacte dont elles m'étaient présentées. Si je les montrais telles que l'événement me les fit voir plus tard, on me trouverait probablement absurde dans ma crédulité; mais il y avait à ce moment, du moins cela me semble encore raisonnable, il y avait présomption pour moi que le comte de Sainte-Mars disait vrai, et je lui promis mon concours.

Il n'eut pas plutôt reçu ma promesse qu'il reprit :

— Quant à votre affaire avec le marquis de Pavie, je me charge de l'explication. Je vais immédiatement chez lui, et comme je ne veux pas que vous puissiez croire que j'ai pu rien faire ou dire en votre nom qui puisse porter la plus légère atteinte à votre honneur, je vous prie de vouloir bien accepter mon invitation pour dîner avec lui, aujourd'hui même, avec quelques amis.

Je ne répondis point, et je dois dire que je passai alors par une des douleurs les plus cruelles que j'eusse encore souffertes.

— Vous ne voulez point accepter, me dit monsieur de Sainte-Mars, et cette manière vous déplaît-elle?

Oh! certes, si à ce moment j'avais pu me battre contre monsieur de Pavie, au risque d'être tué, j'aurais préféré ce parti à la honte de dire que je devais près de six mille francs au marquis de Pavie et que je n'avais pas de quoi les payer. Mais la rencontre, qu'elle dût être amicale ou bien qu'elle dût avoir lieu à main armée, devait nécessairement être précédée du remboursement.

J'étais dans cet horrible embarras, et ce qui l'augmentait encore, c'était de sentir sur moi le regard curieux du comte de Sainte-Mars, aux astuces duquel je m'étais laissé prendre, mais pour lequel je me sentais cependant un sentiment instinctif de répulsion.

— Veuillez vous expliquer franchement avec moi, reprit monsieur de Sainte-Mars; je ne voudrais faire aucune démarche qui pût vous déplaire et que vous dussiez ensuite désavouer.

Les paroles s'arrêtaient à ma gorge, j'avais la bouche sèche.

De tous ces hommes et de toutes ces femmes chargés d'infamie dont j'avais appris l'histoire depuis vingt-quatre heures, aucun, j'en suis assuré, n'avait éprouvé une si cruelle appréhension en face de ses crimes, que la mienne en face d'un malheur si misérable.

J'étais devenu pâle au point que le comte s'approcha de moi d'un air véritablement alarmé, et s'empressa de me dire :

— Mais qu'avez-vous donc? mais il vous est arrivé quelque chose que vous ne voulez pas me dire.

— Il est arrivé, lui répondis-je dans un trouble que je comprends encore, que j'ai imprudemment joué contre monsieur de Pavie une somme que je ne possède pas en ce moment, et que jusqu'à ce que cette somme lui ait été remise par moi, toute démarche relative à notre querelle serait si mal interprétée que je dois m'abstenir.

— N'est-ce que cela ? dit monsieur de Sainte-Mars... Eh! mon Dieu, n'avez-vous pas des amis ?

— La somme est considérable.

— Ne me comptez-vous pas en première ligne parmi ceux qui pourraient vous rendre service ?

— Je n'ai pas l'honneur d'être connu de vous.

— Laissez donc, dit monsieur de Sainte-Mars de l'air le plus gracieux... pas d'enfantillage. Il y des hommes dont le nom est la meilleure responsabilité ; vous êtes le fils de monsieur Meylan, cela suffit. A combien s'élève votre dette envers le marquis?

— Mais, à six mille francs...

— C'est une niaiserie, reprit le comte après un moment de silence pendant lequel il dut calculer que ce n'était pas une niaiserie. Je me charge de cette affaire comme de l'autre.

Je fis des façons, monsieur de Sainte-Mars insista, je me rendis et je pris occasion de cela pour lui dire d'un air sottement dégagé :

— Votre offre obligeante me rappelle que vous avez laissé ici hier un portefeuille dans lequel se trouve une forte somme.

J'avais beau vouloir paraître considérer cet oubli comme un hasard, je ne pouvais m'empêcher de me souvenir de quelle manière je l'avais considéré la veille et quelle injure j'y avais vue.

Monsieur de Sainte-Mars fut plus adroit que moi, il me répondit d'un ton qui me fit croire à sa franchise :

— Ah! pardieu! vous me faites grand plaisir ; je m'imaginais avoir perdu ce maudit portefeuille, et, je dois vous le dire; autant j'aime à faire de l'argent un usage amusant ou agréable, autant je déteste de le perdre ainsi.

Je tirai le portefeuille de mon secrétaire et je le présentai à monsieur de Sainte-Mars, qui, au moment de le prendre, s'arrêta tout d'un coup et me dit :

— Mais j'y pense, il y aurait dans tout ceci quelque chose de beaucoup plus convenable à faire. Il y a dans ce portefeuille sept mille francs, gardez le tout, envoyez vous-même cet argent au marquis, en lui annonçant ma visite pour deux heures. Ce sera mieux que si je lui remettais moi-même cet argent ; car je ne pourrai aller chez lui qu'à l'heure que je viens de vous dire, et, en pareilles questions, plus les choses sont faites vite, mieux elles sont faites.

Je n'avais pas d'objection à faire à cet arrangement. J'acceptai, et le comte me quitta après que nous fûmes convenus des faits suivants :

Je devais retourner chez Justine, et la décider à quitter immédiatement la maison. Je devais en outre lui faire faire la déclaration dont m'avait parlé le comte. Quant à lui, il devait revenir vers quatre heures pour m'apprendre le résultat de son entrevue avec le marquis, et savoir, d'un autre côté, ce que j'avais obtenu de Justine.

Je dois dire, pour ma justification, que je faisais entrer pour beaucoup, dans la détermination que je prenais à l'égard de cette fille, le désir, tant de fois exprimé par elle durant son récit, de se mettre à l'abri de toutes les réclamations dont elle pourrait être assaillie, et de vivre tranquille dans un coin ignoré.

Il faut dire aussi, et je le répète parce que cela ne ressort peut-être pas de mon récit autant que je l'aurais voulu, et surtout autant que cela fut vrai, que les confidences de monsieur de Sainte-Mars avaient singulièrement diminué l'intérêt que j'avais pris dès l'abord à Justine, en me la faisant voir comme ayant indignement calomnié madame Sainte-Mars. D'un autre côté, le comte m'avait associé avec tant d'adresse aux soins qu'il prenait de sauver un chagrin à cette charmante femme, que je me sentais fier de pouvoir l'y aider.

Cependant il se glissait à ce sujet dans mon cœur une espérance dont je ne voulais pas prévoir l'avenir. En effet, cet amour inconcevable, inouï, que j'éprouvais pour madame Sainte-Mars avait déjà perdu de son caractère primitif. A l'heure où j'étais arrivé, je n'eusse plus écrit la belle lettre que je lui avais fait remettre. Mais si j'avais déjà pour elle, et sans m'en douter, une adoration moins chaste, cette adoration devenait plus ardente. Madame Sainte-Mars était pour moi une nécessité de ma vie, à quelque titre qu'elle y entrât.

Quoi qu'il en soit, nos plans ayant été parfaitement arrêtés avec monsieur de Sainte-Mars, il me quitta, et je restai seul pour les mettre de mon côté à exécution.

Je fis la lettre que je devais écrire à monsieur de Pavie, j'y enfermai les billets de banque; mais une toute petite circonstance m'arrêta : j'avais oublié de m'informer de l'adresse de monsieur le marquis. Je ne trouvai d'autre moyen que de la faire demander, ou plutôt que d'aller la demander moi-même à madame Sainte-Mars, qui devait la connaître. En conséquence, je descendis chez elle.

Je remarquai encore un bruit de portes fermées avant qu'on vînt m'ouvrir. Ce fut Victoire qui parut. Madame Sainte-Mars avait plusieurs domestiques, et je m'étonnai de trouver encore cette fille. On eût dit qu'elle était là en sentinelle pour les visiteurs qui venaient de ce côté. En m'apercevant elle eut un vif mouvement d'impatience. Cela me déplut, et je lui demandai assez sèchement l'adresse de monsieur de Pavie.

— Pourquoi faire? me dit-elle d'un air fort étonné et alarmé à la fois.

— Il me semble que cela ne vous regarde pas! lui dis-je.

— En ce cas, me répliqua-t-elle fort librement, il me semble que je ne suis pas un almanach d'adresses.

Comme la première fois, je tenais ma lettre à la main; Victoire continua, sans me laisser répondre à son impertinence :

— Il demeure... Mais si c'est pour lui envoyer cette lettre, il est inutile d'aller plus loin, car il est ici.

Elle prit alors la lettre, qui était fort épaisse, et me regarda ensuite d'un air interrogateur.

— Faites attention, lui dis-je, que cette lettre renferme six mille francs de billets de banque, et donnez-la-lui sur-le-champ.

— Bien, monsieur; je vous prie de vouloir bien attendre un moment?

— Pourquoi donc?

— Mais pour que vous soyez bien sûr que la lettre est arrivée à son adresse, à moins que vous ne vouliez un reçu.

— C'est inutile, lui dis-je en me retirant.

Au même instant, une voix impérieuse sortit de la pièce qui suivait le cabinet où j'étais... On demanda qui était là. Je reconnus la voix du marquis de Pavie.

Victoire me quitta, entr'ouvrit la porte qui menait à cette pièce, et répondit :

— C'est une lettre de monsieur Michel Meylan, qui venait demander votre adresse.

— Apporte! répondit le marquis, de l'accent dont on parle à un chien de chasse.

Victoire disparut un moment et revint aussitôt.

— Maintenant que vous êtes sûr que votre lettre est arrivée, me dit-elle avec humeur, bien le bonjour, et que Dieu vous bénisse.

Elle me ferma la porte au nez, et je restai seul sur le palier. J'attribuai tant que je pus sa grossièreté au doute que je lui avais montré sur la remise exacte de ma lettre ; mais j'avais beau vouloir fermer les yeux à la vérité, j'étais malgré moi tourmenté de l'idée que si j'avais interrogé cette fille, elle m'eût volontairement appris que je jouais un jeu de dupe.

Cependant j'étais rentré chez moi et je me préparais à retourner chez Justine, selon nos conventions avec monsieur de Sainte-Mars, lorsqu'on sonna de nouveau à ma porte. J'allai ouvrir. C'était un énorme gaillard en redingote, qui sentait le laquais d'une lieue, et qui me demanda du ton dont il eût parlé à son camarade :

— Monsieur Michel Meylan ?

— C'est moi.

La réponse fit immédiatement tomber le chapeau et incliner le chef de ce grand'drôle, qui, après quelques excuses, me remit un billet auquel, me disait-il, on demandait une prompte réponse.

J'ouvris la lettre et j'y trouvai ces quelques lignes évidemment écrites à la hâte et d'une main agitée :

« La duchesse de Frobental prie monsieur Michel Meylan de passer chez elle immédiatement ; elle a des choses de la dernière importance à lui communiquer.

» La personne qui lui remettra cette lettre est chargée de recevoir sa réponse. »

En toute autre circonstance j'eusse été surpris d'une pareille missive, mais après tout ce que j'avais appris, je cherchais seulement à comprendre dans quel intérêt la duchesse pouvait me prier de passer chez elle.

Je réfléchissais donc, fort incertain de décider s'il valait mieux retourner près de Justine avant d'aller voir la duchesse, ou s'il ne fallait pas mieux voir celle-ci avant de revoir Justine. En effet, il y avait chance d'apprendre de ce côté des choses qui m'éclaireraient sur la conduite que j'avais à tenir. Cependant j'hésitais encore, lorsque le porteur de la lettre me dit :

— Madame la duchesse vous serait bien reconnaissante si vous pouviez venir tout de suite à l'hôtel.

Je me décidai, et je répondis à cet homme :

— Vous pouvez aller dire à madame de Frobental que je serai chez elle quelques minutes après vous.

— Si monsieur veut monter dans la voiture qui est à la porte, me dit cet homme, elle est à vos ordres.

Je m'étais habillé après le départ de monsieur de Sainte-Mars ; je pris mon chapeau, et je descendis en même temps que le messager de la duchesse.

Cette petite circonstance me rendit témoin d'un fait qui avait sa gravité.

Le messager, au lieu de me suivre jusqu'à la voiture, me quitta et gagna le grand escalier.

— Eh bien, lui cria ma vaillante portière en se plantant sur son passage, où allez-vous?

— Chez madame Deslaurières, répondit mon homme.

Ceci me semblait parfaitement confirmer ce que monsieur de Sainte Mars m'avait dit des intentions de la duchesse.

Je me promis donc d'être avec elle d'une circonspection extrême, et de la laisser s'avancer de manière à en apprendre plus qu'elle ne croirait m'en dire.

XXVII

PREMIÈRE ÉPREUVE

Je montai dans la voiture que la duchesse avait évidemment envoyée à mon intention. Cette voiture était sans armes et le cocher sans livrée. Après quelques minutes d'une course assez rapide pour me montrer qu'on avait hâte de me voir arriver, je descendis dans la cour d'un immense hôtel ; mais au lieu de me mener au grand perron où étaient les antichambres, la voiture s'arrêta à l'une des ailes et en face d'une porte particulière qui s'ouvrit à mon arrivée, et à laquelle je trouvai un vieux valet de chambre en grande tenue, qui me demanda si j'étais monsieur Michel Meylan. Après ma réponse affirmative, il m'engagea à le suivre, et j'entendis la voiture quitter la cour de l'hôtel.

J'étais en veine de tout observer et d'attacher un sens particulier à tout ce qui m'arrivait, et quoique mon entrée n'eût eu rien de mystérieux, je trouvai cependant qu'il devait y avoir eu des raisons particulières pour m'introduire par un autre chemin que celui qui me semblait être la voie ordinaire.

Je suivis le valet de chambre jusqu'au premier ; il m'ouvrit une porte et me fit entrer dans une vaste bibliothèque en me priant d'attendre un moment. J'examinai l'endroit où je me trouvais, et je vis un magnifique portrait de David, représentant un homme, d'une figure assez insignifiante, en costume de sénateur. C'était le portrait de monsieur de Frobental. Celui de la duchesse lui faisait pendant. C'étaient bien là tous les traits de madame de Frobental, c'étaient ses yeux ardents et lumineux, sa bouche aux lèvres minces et serrées, le nez parfaitement dessiné ; le contour sévère et pur de son visage. Mais tout cela était d'une jeunesse qui semblait devoir remonter à plus de vingt-cinq ans, si l'on comparait le portrait à ce qu'était devenue la duchesse. Les cheveux étaient d'un châtain plein de douceur, le sourire aimable, le teint animé, la lèvre rose, pas une ride, pas un pli, pas une marque de vieillesse, quoique ce ne fût plus la figure d'une très-jeune femme. Cependant ce portrait était daté de 1812, et en 1821 madame de Frobental avait les cheveux d'un blanc de neige. Une maigreur excessive, une pâleur mate accusaient tous les angles de ce visage si gracieux et si plein huit ou dix ans avant, et lui donnaient l'expression farouche qui m'avait saisi la première fois que je l'avais vue.

Tout occupé de ces réflexions, j'étais resté en contemplation devant ce portrait, de façon que je n'entendis pas ouvrir l'une des portes de la bibliothèque, et que je fus très-surpris en entendant une voix grave dire près de moi :

— Ah ! la douleur vieillit plus vite que les années, vous le voyez, monsieur.

Je me retournai, c'était la duchesse.

J'étais venu dans cette maison avec les plus fâcheuses dispositions contre cette femme ; mais malgré moi, à l'aspect de ce portrait, à la pensée de ce changement si extraordinaire survenu en si peu d'années, les paroles qu'avait prononcées madame de Frobental me touchèrent vivement.

— Qui sait, me dis-je en moi-même, si cette femme qu'on m'a représentée comme si dure, si insensible, si coupable, n'a pas eu horriblement à souffrir de sa faute, et peut-être encore plus de la calomnie ?

Je m'inclinai respectueusement devant la duchesse, qui me montra un siége et qui s'assit près de moi.

Elle était encore plus pâle qu'à l'ordinaire, et sa respiration haletante et pénible me fit voir qu'elle était à peine maîtresse de son émotion. J'avais presque pitié d'elle, mais j'étais moi-même fort embarrassé, et d'ailleurs je ne voulais pas être le premier à engager l'entretien. Il y eut donc entre madame de Frobental et moi un assez long silence.

Enfin la duchesse se décida à parler :

— Ma démarche, me dit-elle d'une voix entrecoupée, doit vous paraître très-extraordinaire ; elle se rattache cependant à un événement que je n'ai appris que ce matin, et auquel vous avez pris part. C'est celui qui est arrivé hier dans votre maison.

Je m'inclinai, et la duchesse reprit avec une confiance qui me prouva qu'elle n'avait aucun soupçon de ce que je pouvais savoir :

— Vous me demandez sans doute à quel titre cet événement peut m'intéresser ?

Je me rappelai à temps que le coupable ayant refusé de répondre, je pouvais à toute force ignorer son nom ; je ne sais quelle idée me vint de laisser la duchesse s'engager dans son récit, et je répondis :

— J'avoue, madame, que je ne puis deviner pourquoi cet événement vous trouble à ce point.

Elle se tourna vivement vers moi, et avec une effusion de cœur que je crus être sincère, elle reprit :

— Comprenez-vous que je sois allée hier tranquille et heureuse... heureuse, non ! mais enfin sans crainte de nouveaux malheurs ; comprenez-vous que je sois allée hier dans votre maison, le jour même où mon fils y avait été arrêté comme le dernier des assassins ?

— Votre fils, madame ! m'écriai-je en continuant de jouer la comédie.

— Oui, monsieur, me dit-elle, mon fils... le duc de Frobental, l'héritier d'un des plus grands noms de France, arrêté !

La duchesse se frappa le front à ces paroles avec un si violent désespoir qu'il me toucha vivement.

— Il faut sauver mon fils de l'horrible position où il s'est mis, monsieur, et je compte sur vous pour cela... Je ne vous fais point d'excuse de ce que je vous dis, je n'ai pas besoin de pallier mes paroles, la douleur d'une mère doit tout vous expliquer... Si je me trompe, pardonnez-moi, mais je suis incapable de jouer avec vous une fausse comédie... Monsieur, si pour vous déterminer il faut de l'argent, beaucoup d'argent... demandez, je vous donnerai tout ce que vous voudrez.

Je me levai et je saluai la duchesse en faisant mine de me retirer.

Elle me saisit la main et me retint en me disant :

— Pardonnez-moi... je ne sais ce que je dis... Eh bien, puisque vous êtes un homme d'honneur, vous comprendrez mon désespoir et vous me viendrez en aide... je vous remercierai à genoux de votre bonté, et ma reconnaissance ne finira qu'avec ma vie.

Il y avait un accent si profondément vrai dans les paroles de cette femme, que je lui dis avec un entraînement réel :

— Je suis à vos ordres, madame, et tout ce qu'il faudra faire pour vous sauver un malheur pareil à celui qui vous menace, je le ferai.

— Oh! merci, monsieur, merci... reprit la duchesse. Répondez-moi donc franchement : connaissez-vous cette femme chez qui mon fils a commis ce crime?

Je m'étais engagé dans une voie d'où je ne pouvais sortir sans me donner un démenti à moi-même; je continuai donc mon rôle d'ignorant; mais cette fois je le fis assez jésuitiquement et je répondis à la duchesse :

— Je ne la connaissais pas, du moins, avant l'événement d'hier matin.

— Vous l'avez revue depuis ?

— Oui, madame.

— Qu'est-ce que c'est que cette femme?

— Mais c'est, je crois, une pauvre fille qui donne des leçons de piano pour vivre.

— C'est sans doute une de ces femmes de vie honteuse que mon fils aura été ramasser je ne sais où... c'est la maîtresse du duc, n'est-ce pas?

— Sa maîtresse! dis-je, entraîné par l'affreuse idée que faisait naître en moi cette supposition; je ne le crois pas, madame.

— Mais qu'est-elle donc? et d'où pouvaient venir les violences de mon fils envers cette femme, s'il n'avait aucun doute sur elle, si elles ne partaient de quelque sentiment violent de jalousie qui l'a égaré jusqu'au crime?

Je me trouvai pris dans cette question et je ne sus pas m'en tirer plus adroitement qu'en répondant :

— Quant à cela, je l'ignore parfaitement.

— Mais enfin, puisque vous l'avez revue, que vous a-t-elle dit? quelle cause a-t-elle donnée à la présence de mon fils, à cette altercation, à ces violences?

Je me sentis rougir et la duchesse vit mon embarras; je ne sus que répondre.

— Il y a quelque chose que vous ne voulez pas me dire, monsieur, reprit-elle en me dévorant des yeux, quelque chose de plus affreux peut-être que tout ce que je puis supposer.

J'hésitais un moment pour savoir si je dirais toute la vérité à madame de Frobental, mais l'embarras que j'eusse éprouvé à la lui dire eût été encore plus grand que celui que j'éprouvais à me taire.

— Quoi que j'aie pu apprendre de cette malheureuse fille, dis-je à la duchesse, cela ne peut en rien changer mes dispositions à vous rendre tel service que vous me demanderez. Veuillez donc vous hâter de m'apprendre ce que vous désirez que je fasse, car je lui ai promis de retourner près d'elle, et j'y serais déjà si votre lettre ne m'avait appelé ici.

Jamais changement de décoration ne s'opéra plus vite que celui qui se fit alors dans l'air, la voix et les façons de la duchesse à mon égard.

Au lieu de cette douleur pleine d'entraînement qui semblait la jeter à mes pieds, au lieu de cette parole que les sanglots paraissaient suffoquer à chaque instant, au lieu de cette confiance qui m'avait séduit, je vis une froideur hautaine se répandre sur ses traits.

— Pardon, me dit-elle, monsieur, mais je croyais que vous m'aviez comprise ; je croyais que vous ne mettriez pas de restriction au service que je vous demande.

— Des restrictions !... lui dis-je d'un ton véritablement fort surpris. A mon tour, madame, je ne vous comprends pas ; je n'ai mis aucun retard à me rendre chez vous dès que vous m'y avez demandé ; je vous ai dit que j'étais tout à vous à l'instant où vous m'avez prié de vous aider à sauver votre fils ; que pouvais-je de plus, madame ?

— Je n'ai le droit de rien vous demander, monsieur, fit la duchesse, et vous ne me devez rien ; mais vous commencez la vie, et par conséquent il y a des choses que vous ignorez sans doute et que je dois vous dire. Ce qui fait les hommes d'honneur, monsieur, c'est, avant toute chose, la franchise. Vous êtes mêlé à une affaire déplorable et où l'honneur et la liberté de mon fils sont compromis ; je me livre à vous, je vous dis tout ; c'est une mère qui vous parle, qui vous implore, une mère qui a besoin de tout savoir pour agir d'une manière efficace et prudente ; et voilà que, je ne sais sous quel prétexte et dans quel but, vous refusez de m'apprendre des choses qui peuvent m'éclairer, me guider... Pensez-vous, monsieur, qu'en présence de cette conduite je puisse croire à la franchise de vos offres ? Pensez-vous que je ne puisse pas en être à me repentir de vous avoir confié un secret qui peut perdre mon fils ?

— Je vous avoue, madame, que je ne vois pas le secret que vous m'avez confié.

— Monsieur, je ne suis pas tellement privée d'amis, reprit la duchesse, que je n'eusse pu obtenir dès ce matin l'élargissement du duc ; je l'eusse éloigné, je l'eusse fait partir, et vous auriez sans doute toujours ignoré quel était le coupable ; c'est moi qui vous l'ai dit.

Je trouvai la leçon si malavisée, que je ne l'acceptai point, et sans trop réfléchir à la valeur et surtout aux suites que pouvait avoir l'aveu que j'allais faire, je repartis immédiatement à la duchesse :

— Vous ne m'avez rien appris, madame, et je savais parfaitement que le coupable était le duc de Frobental.

A cette déclaration la duchesse se recula sur son siége, en me regardant d'un œil de vipère.

Nous étions bien loin des sanglots de la mère, des regards éplorés et des supplications qui m'avaient accueilli.

— Quel homme êtes-vous donc ? fit la duchesse d'un ton dont elle ne se donnait plus la peine de déguiser la sécheresse. Vous le saviez, dites-vous ? Pourquoi me l'avoir caché ? quel intérêt avez-vous à cela ?... quel est votre but... votre projet ?

Je pris mon parti d'être aussi sec que madame de Frobental ; d'ailleurs je me sentais très-fort contre elle, et lui répondis aussitôt :

— Permettez-moi, madame, de vous faire observer que le hasard le plus inattendu m'a jeté dans une affaire déplorable ; j'y suis et j'y voudrais rester parfaitement étranger. Cependant, par considération pour votre nom, j'ai bien voulu vous entendre, c'est ce que j'ai fait, c'est ce que je suis prêt à faire encore. Vous me demandez ce que je puis savoir de cette affaire, permettez-moi de vous dire que je pourrais vous demander d'abord quelles sont vos intentions, afin de régler ma conduite d'après vos propres desseins.

La duchesse se tut un moment.

Soit qu'elle eût compté sur la supériorité de sa position pour m'imposer à moi, pauvre étudiant, soit qu'elle eût mis sa confiance dans l'inexpérience d'un très-jeune homme, elle parut cruellement piquée de me voir entrer dans une discussion calme, et, emportée par l'humeur que lui causa ma réponse, elle repartit avec une aigreur par trop maladroite :

— En vérité, monsieur, il me semble que j'ai mis plus de bonne grâce dans le service que j'ai pu vous rendre hier.

Il s'agissait des cinquante louis qu'elle m'avait prêtés... Je me sentis rouge de dépit et de rage.

— J'avais oublié de vous dire, madame, m'écriai-je en me levant, qu'au moment où j'ai reçu votre lettre, j'allais vous envoyer cette somme. J'ai si maladroitement été empressé de me rendre chez vous, que j'ai oublié de la prendre sur moi... Dans cinq minutes, elle vous sera remise. J'ai l'honneur de vous saluer.

Madame de Frobental m'examinait pendant que je lui parlais ainsi, et comme je prenais résolûment le chemin de la porte, elle se leva, vint à moi, me prit la main et me dit avec un accent qui m'arrêta :

— Ah ! monsieur, que je voudrais que mon fils eût dans le cœur de ces nobles indignations, de ces fières colères... J'ai eu tort, monsieur, très-grand tort... mais si vous saviez toute l'horreur de ma position, vous comprendriez que le trouble où elle me plonge ne me laisse pas le pouvoir de mesurer mes paroles comme je le devrais... Ayez pitié de moi, monsieur, je vous fais mes excuses bien sincères.

Je m'arrêtai, déjà repentant de la colère que j'avais montrée, et je dis à madame de Frobental :

— Veuillez donc vous expliquer, madame, et me dire enfin quelles sont vos intentions.

— Ecoutez-moi donc, reprit la duchesse, voici le plan que j'ai formé et dans lequel votre bonne volonté peut m'être d'un puissant secours.

XXVIII

UN PROJET MATERNEL

Nous reprîmes nos places, et la duchesse, se décidant enfin à me confier ses projets, reprit ainsi :

— Mon premier devoir, mon premier désir, c'est d'arracher mon fils à une poursuite criminelle ; mais ce serait une imprudence très-grave que de le laisser parfaitement libre après une pareille action. L'impunité que je lui aurais assurée ne ferait sans doute que le pousser plus avant dans ses désordres. Je veux donc qu'en retour de la liberté que je veux lui rendre, il contracte un engagement qui le tienne éloigné de Paris et qui le soumette à une surveillance assez sévère pour dompter la violence de son caractère et réformer ses honteuses habitudes. J'attends le ministre de la guerre, c'est un ancien ami de monsieur de Frobental et il est resté le mien ; je ne craindrai pas de lui avouer la vérité, et je suis sûre qu'il fera tout ce que je lui demanderai pour me venir en aide. Il y a, je m'en suis assurée, un régiment prêt à s'embarquer pour l'île Bourbon. Je le prierai d'incorporer mon fils dans ce régiment, mais il faut que mon fils consente à signer son engagement : une fois le consentement obtenu, l'avis lui sera donné de rejoindre immédiatement ; je le laisserai dans la prison où j'ai obtenu qu'il fût gardé au secret, je le laisserai dépasser, dis-je, le jour qui lui sera marqué pour son départ dans la feuille de route. Ce jour passé, la prison lui sera ouverte. Mais à peine l'aura-t-il quittée, que des gendarmes apostés à cet effet s'empareront de lui comme réfractaire ; conduit ainsi de brigade en brigade jusqu'à sa destination, j'aurai soin que le colonel du régiment où il sera incorporé le retienne en prison jusqu'au jour du départ des troupes. De cette façon, il partira, il quittera la France. Le régime militaire, l'éloignement de la patrie, le voyage, briseront peut-être ce caractère indomptable et me le ramèneront plus soumis et peut-être enfin digne du nom qu'il porte.

J'écoutais attentivement la duchesse; ce plan me paraissait admirablement combiné, quoique je ne comprisse point encore en quoi je pourrais participer à l'exécution de ce plan.

J'admirais avec quelle facilité cette mère disposait du sort de monsieur son fils, et j'ajoutais en moi-même aux espérances pieuses qu'elle venait de montrer, cette espérance qui était à mon sens au fond de son âme : « Et comme monsieur mon fils continuera probablement ses orgies à l'île Bourbon, il est probable qu'avec l'aide d'un climat assez meurtrier, il y mourra en peu de temps et me débarrassera d'un fléau qui trouble le calme de ma vie. »

Ce fut dans ce sentiment que je compris le plan de la duchesse, et elle devina sans doute que je n'en étais pas profondément touché, car elle se hâta de reprendre :

— Me trouvez-vous donc trop sévère, monsieur, contre un fils que les lois peuvent punir de la dernière peine?

Elle avait parfaitement raison, mais je ne sais par quel sentiment secret cette résolution, toute juste, toute nécessaire qu'elle fût, me paraissait bien froidement calculée.

On propose de pareils arrangements à une mère pour lui sauver un horrible malheur, et elle les accepte en désespoir de cause; mais, selon moi, il ne lui va pas de les arranger avec une précision qui montre une très-grande présence d'esprit. Je me dispensai toutefois de faire la moindre observation à ce sujet, et je dis à la duchesse :

— En présence d'un malheur comme le vôtre, madame, personne n'a le droit de discuter les moyens qui peuvent vous sauver. Mais ce que je dois vous dire, madame, c'est que je ne comprends pas encore à quoi je puis vous servir dans l'exécution de ce projet.

— Le voici, monsieur, dit la duchesse d'un ton fort doux : ce n'est pas assez que mon fils parte, ce n'est pas assez qu'on ne retrouve plus le coupable, il faut aussi que la plainte disparaisse.

Je me rappelai immédiatement le plan que m'avait tracé monsieur de Sainte-Mars, et je voulus voir si par hasard il s'accorderait avec les vues de madame de Frobental ; je l'interrompis donc pour lui dire :

— Pour cela, il faudrait que cette fille quittât Paris aujourd'hui même, en laissant une déclaration qui porterait que c'est elle qui, poussée par un désespoir dont elle n'a pas à rendre compte, a voulu se précipiter par la fenêtre... D'un autre côté, je pourrais dire qu'elle m'a répété verbalement cette déclaration écrite, et il est probable que toute poursuite, toute recherche contre votre fils s'arrêteraient immédiatement.

— Mais c'est à merveille ! s'écria la duchesse avec un vrai sourire. Je n'aurais pas mieux imaginé, et vous avez été au-devant de toutes les difficultés. Cette fille vous a-t-elle donc fait part de ses intentions ?

— Peut-être...

— Et à quel prix a-t-elle mis son silence et sa disparition ?

Je m'étais engagé plus avant que je n'aurais voulu, mais je me rappelais les paroles de Justine, son désir incessant de s'arracher à toutes ces intrigues ; il me sembla que je servais tout le monde en aidant la duchesse dans son projet, et je lui répondis :

— Je ne pense pas que le prix que Justine voudra mettre à son départ et à son silence doive vous occuper ; elle ne désire, elle ne veut que le repos. « Un passe-port et de quoi quitter la France, m'a-t-elle dit, voilà tout ce que je désire. »

— Mais, reprit madame de Frobental avec une sorte d'inquiétude, comment se fait-il qu'elle ne vous ait rien dit sur la cause des violences dont elle a été l'objet?

— Madame, voulez-vous compter sur moi? voulez-vous croire que je vous servirai avec loyauté et franchise?

— Sans doute.

— Eh bien, madame, veuillez ne pas m'interroger sur des choses que je ne puis pas vous dire, que je ne voudrais pas savoir...

— Mais qu'est-ce donc? fit la duchesse.

Comme j'allais lui répondre, un petit coup discret fut frappé à une des portes de la bibliothèque, et avant que la duchesse eût répondu, une tête charmante se glissa entre la porte entre-bâillée.

— Que voulez-vous, Clara? dit vivement la duchesse.

— Maman, répondit la délicieuse enfant, cette dame que vous m'avez dit de recevoir en vous attendant est là depuis une demi-heure; elle paraît étonnée de ne pas vous voir, car elle m'a demandé plusieurs fois si je savais pourquoi vous l'avez fait prier de passer chez vous.

— Je suis à elle à l'instant, reprit la duchesse.

Puis elle reprit:

— Le ministre n'est point encore arrivé?

— Non, maman.

— Eh bien, tenez encore compagnie à madame Deslaurières pendant cinq minutes, je vais aller la trouver. Excusez-moi bien près d'elle, et dites-lui qu'il s'agit d'une chose qui l'intéresse au dernier point.

Cet incident, que la duchesse laissa passer comme fort indifférent, me sembla un avertissement du ciel.

Tout le plan qui m'avait été dénoncé par monsieur de Sainte-Mars commençait de cette façon à être mis à exécution : c'était l'affaire de la saisie des papiers de madame Sainte-Mars, organisée en même temps que la disparition de Justine.

Tant de présence d'esprit et tant d'activité dans une mère si éplorée m'étonnèrent... Je me demandai donc si, pour prix du service qu'on attendait de moi, je ne pourrais pas sauver à ma Fanny les persécutions dont elle était menacée, et je repris ma figure la plus diplomatique pour recevoir madame de Frobental lorsqu'elle revint à moi, après le départ de sa fille, pour me dire :

— Par grâce! monsieur, ne me laissez pas dans l'affreuse inquiétude où me mettent vos réticences!

Je n'étais plus à ce sujet, et je répondis très-froidement à la duchesse :

— Madame Deslaurières vous attend, madame.

— Sans doute... vous la connaissez ?

J. fis une moue dédaigneuse et je repartis :

— Je ne la connais pas personnellement, mais je sais quel parti on peut tirer de cette femme.

Madame de Frobental me regarda avec des yeux si étonnés, que, ravi de l'effet que je venais de produire, je continuai en lui disant :

— Elle est fort belle; cette beauté peut être une excellente protection pour son mari.

La duchesse devint verte de colère; elle en fut tellement suffoquée qu'elle ne m'interrompit point.

Je compris que je ne pouvais plus soutenir l'insolence de mes paroles qu'en poussant encore plus loin cette insolence elle-même, et j'ajoutai aussitôt :

— Cette protection peut faire confier à monsieur Deslaurières une mission politique fort importante, celle par exemple de s'emparer de papiers qui intéressent *au plus haut point* (j'appuyai sur ces mots (les secrets de l'État, et il peut arriver que monsieur Deslaurières rende le service qu'il a reçu en enlevant du milieu de ces documents politiques une correspondance qui intéresse aussi *au plus haut point* une noble famille...

La duchesse m'écoutait les yeux grands ouverts, la bouche béante; elle se passa ensuite les mains sur les yeux, et secoua la tête avec un mouvement convulsif. Elle doutait de ce qu'elle venait d'entendre, elle semblait se croire sous l'empire d'un rêve effroyable... Enfin, elle se prit encore à me regarder comme si elle eût voulu pénétrer jusqu'au fond de ma pensée.

Je ne pus m'empêcher de jouir de l'effet prodigieux que j'avais produit, et je regardai la duchesse en souriant. Il me serait impossible de peindre tout ce qui s'agita de passions furieuses sur le visage de madame de Frobental pendant les quelques instants que dura ce silence.

Certes, je suis assuré qu'à ce moment elle rêva s'il n'était pas possible d'écraser, d'anéantir tout à coup l'homme qui osait lui dire de pareilles choses. Mais comme je restais devant elle parfaitement calme et assuré, il lui fallut bien se résoudre à me laisser vivre.

Tous ses efforts pour se remettre furent vains pendant quelques minutes, et ce ne fut qu'après avoir essayé à deux ou trois reprises de prononcer une parole, qu'elle parvint à me dire avec une sorte de cri rauque et déchirant :

— Mais qui êtes-vous donc, vous ?... et que me voulez-vous donc, vous aussi ?

J'avais voulu faire l'important, et j'avoue que la question de la duchesse m'embarrassa étrangement.

Je n'aurais su en effet que lui répondre, si ce n'était que je voulais qu'on laissât madame Sainte-Mars en repos ; cette réponse une fois faite, il me fallut nécessairement entrer dans le détail de tous les renseignements que j'avais sur la position de la duchesse, et Dieu sait comment j'aurais commencé cet étrange récit ! Dieu sait comment madame de Frobental l'eût écouté! Dieu sait encore ce que m'eût valu ce récit et à quelles extrémités la duchesse eût pu se porter contre un homme qui savait... tout ce que je savais!

Heureusement que nous fûmes interrompus par l'arrivée du vieux valet de chambre qui m'avait introduit. Il annonça à madame de Frobental que Son Excellence monseigneur le ministre de la guerre était dans son salon, avec madame Deslaurières et mademoiselle de Frobental.

On ne fait pas attendre un ministre, et surtout un ministre auquel on a une grâce à demander, et je crus que madame de Frobental allait me quitter, que je pourrais partir, et que je serais libre enfin de tenir un moment conseil avec moi-même pour savoir comment je me conduirais au milieu de tous ces intérêts opposés qui venaient à moi sans que je pusse trop m'en expliquer la raison. Mais je fus trompé dans mon attente; la duchesse ne répondit que par un signe au valet de chambre.

Immédiatement après, elle se tourna vers moi, complétement remise et maîtresse d'elle-même.

— Vous comprenez, me dit-elle, que notre explication n'en peut rester là... il faut que je sache tout...

— Je serai toujours à vos ordres, madame, dis-je à madame de Frobental, et demain...

— Aujourd'hui même, monsieur.

— Dans la soirée, si cela vous plaît.

— Non, monsieur, non, vous ne pouvez pas me quitter ainsi.

— Pardon, madame, lui dis-je; mais quelque intérêt que je prenne à votre position, quelque désir que j'aie de vous être utile, j'ai moi-même des intérêts très-graves dont il faut que je m'occupe.

— Précisément aujourd'hui même? me dit madame de Frobental d'un air soupçonneux.

— Précisément aujourd'hui, répondis-je fort sèchement. Hier il s'est élevé entre moi et monsieur le marquis de Pavie une discussion assez vive pour que j'aie dû lui envoyer un de mes amis, et il est nécessaire que je sois chez moi quand cet ami m'apportera la réponse de monsieur le marquis.

— C'est vrai, dit la duchesse en paraissant réfléchir. Mais, ajouta-t-elle en se tournant vers moi, n'avez-vous pas contracté vis-à-vis de monsieur de Pavie une dette?

— Qui est acquittée depuis ce matin, madame, et qui ne peut plus être un obstacle à une rencontre entre nous, à moins que les explications que doit lui donner monsieur de Sainte-Mars...

On eût dit que je poussais à plaisir madame de Frobental de précipice en précipice. A peine relevée d'une chute, elle recevait un nouveau coup. Le nom de monsieur de Sainte-Mars lui donna encore un de ces étonnements épouvantés qu'elle avait déjà subis deux fois durant notre entretien.

— Quoi! me dit-elle, vous connaissez monsieur de Sainte-Mars?

— Oui, madame.

— Ah! je comprends tout maintenant... Oh! le misérable! le misérable! s'écria-t-elle en frappant ses mains avec violence... il vous a dit...

Elle s'arrêta devant ce qu'elle allait me révéler et reprit :

— Il me l'avait annoncé : ni bassesses, ni calomnies, ni lâchetés, rien ne lui coûtera pour arriver à son but; mais je jure sur mon âme que cela ne sera pas!

De tous ceux qui étaient mêlés à cette horrible histoire, monsieur de Sainte-Mars était encore celui qui, à part les injures de Justine, était resté le plus entier et le plus irréprochable; et voilà qu'à son nom les mots de misérable, les accusations de calomnie et de lâcheté sortaient de la bouche de la duchesse! Monsieur de Sainte-Mars m'avait démontré que j'étais la dupe des autres, est-ce que je ne serais pas aussi la dupe de monsieur de Sainte-Mars?. Il y avait là de quoi perdre la tête.

La duchesse ne prit pas garde à la sombre préoccupation dans laquelle je tombai tout à coup, et me dit :

— Veuillez me suivre au salon, je vous en supplie, monsieur; je vous laisserai quelques minutes avec ma fille et madame Deslaurières, et nous reprendrons cet entretien, car maintenant que je sais que vous connaissez monsieur de Sainte-Mars, il faut que je vous éclaire sur le compte de ce misérable.

Je me laissai emmener par la duchesse, fort troublé, fort incertain, et surtout fort curieux d'apprendre ce qu'était monsieur de Sainte-Mars, et de juger par moi-même si l'idée de la machination qu'il avait prêtée à la duchesse n'était pas une invention de sa part, et conséquemment une calomnie.

XXIX

LA PAIX OU LA GUERRE

La duchesse me fit passer par d'assez vastes appartements, et nous arrivâmes dans un grand salon où mademoiselle de Frobental était fort occupée à un métier de tapisserie, pendant que le ministre causait sur un divan avec madame Deslaurières et d'un air qui annonçait que la rencontre d'une si jolie femme ne lui était pas indifférente.

Avec une aisance dont les émotions précédentes semblaient devoir rendre madame de Frobental incapable, elle alla à madame Deslaurières, l'accabla des politesses les plus empressées, la félicita de sa beauté, de sa grâce, de son élégance; lui demanda la permission de la quitter un moment, et, sans attendre la réponse de madame Deslaurières, elle pria le ministre de vouloir bien la suivre.

Celui-ci s'inclina avec un respect qui me parut profondément ironique, et madame de Frobental sortit après avoir dit à madame Deslaurières :

— Je vous laisse avec un de vos voisins et ma fille, qui voudra bien vous tenir compagnie.

Ces derniers mots furent adressés à la jeune Clara avec un regard qui lui ordonnait de ne point quitter le salon. C'était sans doute une sentinelle posée pour m'empêcher de m'éloigner et pour prévenir une explication entre moi et madame Deslaurières. La précaution était inutile de ce côté, je n'avais aucune envie de causer avec cette femme, pour laquelle j'éprouvais une répulsion inconcevable. Nous étions tous trois fort occupés probablement de nos propres pensées, car nous ne fîmes nulle attention les uns aux autres.

Cependant l'impatience me gagna bientôt, et après avoir examiné les dessins des meubles en gobelins et les tentures du salon, je me laissai aller à regarder madame Deslaurières. Elle était plongée dans une profonde rêverie; quelque chose d'amer et de douloureux contractait ses noirs sourcils, sa bouche avait une cruelle expression de dédain, et je vis ses doigts se crisper avec une sorte de colère : une larme vint à ses yeux et un soupir profond s'échappa de sa poitrine.

A ce moment elle releva la tête et me vit devant elle : elle rougit et détourna les yeux.

Mais comme si cette femme eût été honteuse du remords qui l'agitait peut-être en ce moment, elle sembla repousser la bonne pensée qui lui venait et se reprit à me regarder, le sourire aux lèvres et le regard assuré.

Elle était véritablement belle avec sa blonde et abondante chevelure encadrant d'un ton doux et doré le sombre éclat de ses yeux noirs.

— Eh bien, monsieur Meylan, me dit-elle, comment a fini votre soirée d'hier?

Mademoiselle Clara, qui jusque-là avait tenu les yeux baissés sur son métier, les releva sur moi comme pour voir ce qu'un jeune homme assez bien tourné répondrait aux agaceries d'une jolie femme.

Si madame Deslaurières avait mis de la vanité à me forcer à lui parler, j'en mis de mon côté à lui montrer que je ne me laissais point prendre à son assurance, et je lui répondis du ton le plus froid et le plus dédaigneux :

— Cette soirée a fini comme elles finissent toutes : on s'est fort ennuyé, on a beaucoup joué pour tuer l'ennui; et il y a des gens qui ont payé fort cher la faveur de se rencontrer avec des gens qu'ils ne désiraient nullement connaître.

Il eût fallu trop de bonne volonté pour ne pas comprendre mon impertinence; et la mine que fit madame Deslaurières me montra jusqu'à quel point elle en avait été blessée.

Mais elle reprit presque aussitôt sa figure riante et moqueuse, et elle me dit avec un sang-froid parfait :

— Ce que vous me dites là m'étonne, monsieur, et cela m'étonne surtout de vous l'entendre dire dans ce salon, qui devrait vous rappeler que c'est chez madame Smith que vous avez eu l'honneur de rencontrer hier soir madame la duchesse de Frobental, chez qui vous êtes ce matin.

Si mademoiselle Clara n'avait été présente, ou bien si j'avais osé répondre sincèrement, j'aurais pu dire à madame Deslaurières que j'étais fort peu sensible à l'honneur d'avoir rencontré madame de Frobental; mais à défaut de cette réponse, je voulais absolument en trouver une; et comme j'étais en veine d'impertinence, je répliquai immédiatement.

— Ce n'est pas d'elle dont je veux parler, madame.

Mais autant j'étais décidé à montrer à cette femme le peu de cas que je faisais d'elle, autant elle l'était de son côté à repousser mes paroles comme si elles ne pouvaient la concerner. Aussi reprit elle avec le sourire le plus moqueur :

— Ah ! vous voulez parler sans doute de monsieur de Pavie, qui vous a si lestement gagné votre argent ?

Je fronçai le sourcil, et elle continua d'un air encore plus railleur :

— Mais vous avez dû trouver près de lui une compensation à l'ennui de votre soirée et au chagrin de votre perte.

Je ne puis dire jusqu'où ma réponse à cette raillerie eût pu dépasser toutes les bornes de la convenance, tant j'étais outré de voir toucher par des mains impures à un sentiment que je croyais avoir enfermé dans le sanctuaire de mon cœur.

Je ne puis, dis-je, affirmer qu'en ce moment je n'eusse pas poussé la grossièreté jusqu'à l'injure, si je n'avais remarqué que mademoiselle de Frobental m'examinait d'un air fort étonné, et qui me dit suffisamment qu'elle ne comprenait pas qu'on pût parler à une femme du ton dont je parlais à madame Deslaurières. Cette circonstance arrêta ma réponse sur mes lèvres, mais elle ne fit qu'accroître ma mauvaise humeur.

Cependant, comme je ne voulais pas en avoir le démenti, et que je ne voulais pas non plus donner de moi une trop mauvaise idée à cette belle jeune fille, je m'approchai de madame Deslaurières de manière à la cacher complétement à mademoiselle de Frobental, et je lui dis à voix basse :

— Madame, je suis plus intelligent que certaines personnes; je comprends parfaitement les allusions qu'on m'adresse, mais il ne me convient pas toujours de les accepter. Du reste, madame, je crois devoir vous avertir, non pas en ami, c'est un titre auquel je n'ai aucune prétention, que je sais trop de choses ou que j'en ai peut-être trop vu pour qu'il ne fût pas dangereux de me forcer à me défendre contre des attaques que je n'ai point provoquées.

Madame Deslaurières devint toute confuse, et une expression pleine de tristesse remplaça son joyeux sourire.

— Oh! mon Dieu! monsieur, me dit-elle, vous êtes libre de dire tout ce que vous savez et tout ce que vous avez vu. Toutefois, je ne pensais pas qu'une bien légère plaisanterie pût m'attirer une réponse si dure.

— Il y a des choses avec lesquelles on ne doit pas plaisanter, madame, lui répondis-je aussitôt, dans l'intention de continuer une leçon plutôt que de l'entretenir de mes propres sentiments. Il y a des affections graves et sincères qu'une moquerie flétrit et auxquelles on ne doit pas laisser toucher par respect pour soi-même.

Madame Deslaurières me considéra un moment avec une expression assez extraordinaire pour que je le remarquasse. Je vis qu'elle hésitait pour savoir si elle devait prendre mes paroles au sérieux ou du côté plaisant. Elle se demandait probablement s'il fallait me plaindre ou me railler.

Enfin elle me dit tout à coup, et comme si elle avait eu besoin de s'expliquer elle-même ce qu'elle éprouvait.

— Vous l'aimiez donc véritablement avec cette passion?...

La question me surprit, et la bonne foi avec laquelle elle avait été faite me désarma pour ainsi dire tout à coup. Je crus comprendre que cette femme n'avait osé toucher à mes sentiments que parce qu'elle les assimilait à ceux qu'elle avait dans le cœur, mais qu'en même temps elle était capable de sentir et de respecter ceux qui avaient en eux-mêmes de la foi et de la sincérité.

Cependant, lui répondre aussi directement qu'elle m'avait parlé, c'eût été lui faire un aveu que je ne voulais faire à personne, et à elle moins qu'à tout autre, et je lui répondis, mais beaucoup plus gracieusement que je ne l'avais fait jusque-là :

— En vérité, madame, je ne puis comprendre de qui vous voulez me parler et à qui vous faites allusion.

— Vous ne pouvez, me dit-elle, nier une passion que vous avez assez affichée pour que tout le monde en ait été le témoin et pour que tout le monde en parle.

— Cela veut dire, n'est-ce pas, madame, que je me suis montré ridicule aux yeux de bien des gens?

— Est-ce que vous trouvez par hasard, monsieur, qu'il y a du ridicule à être amoureux ?

— Je ne prétends point cela, madame; mais il y a du ridicule à poursuivre de sa passion une femme qui ne peut ni ne doit y répondre; et il y aurait plus que du ridicule à laisser croire qu'on a conçu quelque espoir lorsqu'on a pour elle le respect le plus profond et le plus mérité.

Madame Deslaurières me regarda avec un nouvel étonnement, mais toute expression de raillerie s'était effacée, et elle se contenta de répéter mes dernières paroles.

— Le plus profond respect ? me dit-elle.

J'étais en train de professer, vice qui, quoi qu'on en dise, appartient bien plus à la jeunesse qu'à l'âge mûr. Je répondis donc par un de ces petits axiomes amoureux qui ne répondait nullement à la question de madame Deslaurières, mais qui répondait parfaitement à ma pensée.

Nous causions toujours à voix basse.

— Croyez-vous, madame, qu'on puisse aimer véritablement une femme qu'on ne respecte pas? Croyez-vous qu'il puisse y avoir une passion durable et sincère, si elle ne considère pas comme un être sacré la femme à qui elle s'adresse ?

J'avais réussi au delà de ce que j'espérais ; madame Deslaurières m'avait sans doute compris, car elle devint immédiatement assez triste et me répondit en baissant la tête :

— Vous avez probablement raison, monsieur ; il doit être bon d'être aimé ainsi.

Nous en étions là de notre conversation, lorsque la duchesse reparut avec le ministre. Leur présence me rappela immédiatement dans quel but et dans quel intérêt on avait fait venir madame Deslaurières, et je lui dis tout bas :

— Prenez garde, madame, à ce qu'on veut vous faire faire ici.

Cette parole fut encore plus puissante que tout ce que j'avais dit jusque-là ; et, malgré tout le dédain que je croyais avoir pour cette femme, ma vanité fut particulièrement flattée de l'effet que j'avais produit sur elle et de l'espèce d'ascendant de mes conseils.

Elle n'eut pas le temps de me répondre, car la duchesse s'avança vivement vers nous en nous examinant tous les deux et en disant :

— Je suis charmée de voir que vous avez bien voulu réparer l'un envers l'autre l'impolitesse que j'ai faite en quittant mon salon ; j'en suis d'autant plus charmée, ajouta madame de Frobental en s'adressant plus particulièrement à madame Deslaurières, qu'il faudra que je vous demande la permission d'être encore une fois impolie envers vous, madame. Mais, si je vous enlève un aimable causeur (et ce mot fut dit avec la plus parfaite impertinence), je vous laisse du moins avec Son Excellence, qui a à vous parler d'une affaire qui ne vous intéressera pas moins que ce qu'a pu vous dire monsieur Meylan. — Quant à vous, ajouta-t-elle en se tournant de mon côté, je vous demanderai encore un moment d'entretien, après quoi je vous laisserai parfaitement libre de mes importunités.

Comme on a pu le voir, j'avais été fort peu disposé jusqu'à ce moment en faveur de la duchesse ; l'arrogance de ces dernières paroles et de ses façons envers moi me fâcha tout à fait, et je la suivis avec l'intention bien formelle de lui montrer ce que je valais et ce que je pouvais.

Mais ce que je valais et ce que je pouvais vis-à-vis de madame de Frobental ne consistait qu'en ce que je savais, et je me résolus à le lui dire, au risque de ce qui pourrait en arriver.

Du reste, elle me fit la partie très-facile, car à peine fûmes-nous rentrés dans la bibliothèque, qu'elle s'écria très-vivement et d'un ton très-impérieux :

— Monsieur, il y a dans tout ceci une intrigue infâme que vous devez connaître, puisque vous connaissez monsieur de Sainte-Mars ; il faut me la révéler, ou bien il me sera permis de penser que vous y prêtez les mains.

Je montai sur mes grands chevaux, je pris ma tenue la plus suffisante, et je répondis à la duchesse en laissant tomber mes paroles une à une :

— Et d'abord, madame, je vous prie d'observer que l'opinion que vous pouvez avoir de moi m'est fort indifférente. Je vous prie d'observer encore, madame, qu'il y a quarante-huit heures je ne connaissais ni monsieur de Sainte-Mars, ni monsieur votre fils, ni vous, madame, ni aucune des personnes qui s'agitent dans cette intrigue que vous qualifiez d'infâme et à laquelle, par conséquent, il doit m'être souverainement déplaisant d'être mêlé.

La duchesse voulut m'interrompre ; mais je continuai avec une fatuité si imperturbable qu'elle arrêta l'élan de sa colère.

— Voulez-vous savoir mon histoire dans tout ceci, madame? J'étais fort tranquillement chez moi, lorsque j'entends pousser des cris aigus; je vois au-dessus de ma tête une femme qu'un portefaix ivre veut jeter par la fenêtre. Emporté par un sentiment de pitié et d'horreur, je monte chez cette femme, je l'arrache à la mort ; et voilà, parce que j'ai fait l'action assurément la plus simple du monde, voilà que je deviens le but des confidences des uns, des menaces des autres, des prières et des plaintes de je ne sais qui ; voilà, dis-je, que chacun se croit le droit de me prendre à partie pour me faire l'agent de ses intérêts... Mais, madame, ne pensez-vous pas qu'il peut arriver une heure où je répondrai à tout le monde que je ne veux point d'autre rôle dans cet événement que celui que m'y assignera l'avenir?... Si cette affaire va devant les tribunaux, je suis un des vingt témoins qui ont vu le crime de monsieur votre fils, et mon témoignage ne le compromettra pas plus qu'aucun de ceux qui seront probablement portés contre lui. Si votre crédit parvient à étouffer cette affaire, soyez bien sûre d'une chose, madame, c'est que ce n'est pas moi qui en parlerai d'aucune façon. Agissez donc comme si je n'existais pas. Faites partir votre fils, qu'il s'engage...

— Mais, monsieur, s'écria violemment la duchesse en m'interrompant enfin, il refuse, il ne veut pas, il prétend qu'il n'a qu'à dire un mot, et que je serai la première à lui rendre sa liberté sans condition; il a été plus loin encore, il a osé dire que cette femme elle-même se tairait devant la justice et ne porterait pas la moindre accusation contre lui.

— Vous avez donc vu monsieur votre fils, lui dis-je, madame? en devinant parfaitement la cause de l'assurance du duc de Frobental.

— Eh non, monsieur, repartit la duchesse; mais telle est la réponse qu'il a faite au ministre lui-même, qui a été le voir dans sa prison. Maintenant, monsieur, je n'ai plus qu'un mot à vous dire : vous savez ou vous ne savez pas ce qui fait la confiance de mon fils ?

— Je le sais, madame.

La duchesse, que sa colère avait emportée, se calma en reconnaissant que j'étais plus maître d'elle qu'elle ne le pensait, et elle reprit d'un ton qui touchait presque à la prière :

— Et maintenant, monsieur, vous convient-il de me l'apprendre ?

— Cela peut me convenir, répondis-je aussitôt, mais à certaines conditions.

— Des conditions à une mère qui veut sauver son fils ?

— Oui, madame, des conditions à la mère qui en impose à son fils pour l'arracher à la honte d'une accusation infamante.

Madame de Frobental se contint, malgré la violente colère qu'elle éprouvait, et me dit :

— Mais enfin, monsieur, quelles sont ces conditions ?

— Que vous ne ferez rien contre madame Sainte-Mars.

— Qu'entendez-vous par là, monsieur ?

— Que la petite combinaison dont je vous ai parlé sera abandonnée par vous.

— En vérité, monsieur, reprit la duchesse avec hauteur, avec qui donc avez-vous vécu jusqu'à ce jour, que vous avez pu croire à une pareille infamie, qui vient de monsieur de Sainte-Mars, j'en suis sûre ?

— Vous avouerez, dis-je à madame de Frobental, que la rencontre probablement très-peu fortuite du ministre et de madame Deslaurières dans votre salon prête une grande vraisemblance aux suppositions de monsieur de Sainte-Mars ?

La duchesse haussa les épaules avec dédain et repartit d'un ton ironique :

— Mais dites-moi donc, monsieur, puisque monsieur de

Sainte-Mars vous a si bien informé, à ce que vous croyez, vous a-t-il dit dans quel intérêt il protégeait madame Sainte-Mars?

— Je lui crois une vive amitié pour cette dame, et...

La duchesse me rit au nez.

— Ah! monsieur, fit-elle, monsieur de Sainte-Mars a de l'amitié pour cette femme qui a déshonoré la fin de la vie de son père...

— Mais, madame!... m'écriai-je.

— Mais au fait, reprit madame de Frobental avec un léger sourire, vous avez peut-être raison. Ils sont faits pour s'entendre... Tenez, ajouta-t-elle avec une brusquerie familière, voulez-vous savoir pourquoi monsieur de Sainte-Mars vous a raconté cette infamie? Voulez-vous savoir pourquoi cet homme s'est fait mon ennemi mortel? C'est parce que je lui ai refusé la main de ma fille.

— Comment! madame...

— Oui, monsieur. Monsieur de Sainte-Mars a cru pouvoir prétendre à la main de Clara, et comme il ne me convenait pas de donner ma fille à un homme qui a pu tromper beaucoup de gens par son hypocrisie, mais que les chagrins qu'il a causés à son père m'ont trop appris à connaître; comme il ne me convenait pas de lui donner ma fille, il a juré qu'il arriverait à son but, et c'est pour cela, monsieur, qu'il a une si tendre amitié pour madame Sainte-Mars.

Cette explication devenait fort plausible, et j'admis assez volontiers l'accusation de madame de Frobental; mais je n'en profitai pas moins pour lui montrer que si je ne voulais pas être la dupe de monsieur de Sainte-Mars, je ne voulais pas non plus être la sienne, et je lui dis:

— Mais, madame, s'il est vrai que c'est ce motif qui fait agir monsieur de Sainte-Mars, il prouverait que madame

Sainte-Mars possède des papiers qu'il vous est important de ressaisir...

— Et dont il veut s'emparer pour s'en armer contre moi ; est-ce là toute votre pensée, monsieur ? dit la duchesse.

— Peut-être, madame.

— Eh bien, monsieur, reprit madame de Frobental, ne trouvez-vous pas juste que je fasse, dans un intérêt de légitime défense, ce que veut faire monsieur de Sainte-Mars dans un intérêt honteux de vengeance, non point par les indignes moyens qu'il lui a plu de me supposer, mais en me servant du crédit de mes amis? Si vos conditions sont de m'empêcher de poursuivre entre les mains de madame Sainte-Mars des papiers qui peuvent intéresser le repos et l'honneur de ma famille, je n'accepte pas votre marché, monsieur, et je vous laisse vos secrets.

— Comme il vous plaira, madame, lui dis-je ; seulement, je crois devoir vous prévenir qu'alors même que vous obtiendriez par des moyens violents cette correspondance qui importe à *votre* repos et à *votre* honneur, vous n'auriez pas désarmé monsieur de Sainte-Mars.

— Oh ! je sais, de prétendues confidences, des inventions atroces... Oh ! pour cela, je le laisse le maître de faire tous les romans qu'il voudra.

— Qui sait, madame, si à défaut de preuves écrites monsieur de Sainte-Mars n'appuierait pas la vraisemblance de son roman sur une preuve vivante ?

Évidemment la duchesse ne me comprit pas, car elle me regarda fort tranquillement, quoique avec surprise.

— Qu'appelez-vous une preuve vivante ? reprit-elle.

— Supposez, lui dis-je, supposez que la personne dont cette correspondance révèle la naissance...

La duchesse se prit à trembler.

— Que voulez-vous dire ?

— Supposez que cette personne existe et que monsieur de Sainte-Mars puisse la faire apparaître.

La duchesse recula devant moi comme devant un fantôme, et s'écria :

— C'est impossible !...

— Cela est, madame, lui dis-je.

Le coup était effroyable ; la duchesse parut près d'y succomber ; elle tomba sur un fauteuil, cacha sa tête dans ses mains et resta pendant quelques minutes incapable de prononcer une parole et de se lever ; enfin elle se prit à murmurer sourdement :

— Vivante ! elle vit !...

Puis elle se redressa et vint à moi : elle était effrayante à voir.

— Vous la connaissez peut-être ?

— Je la connais, madame, et puisqu'il faut tout vous dire, votre fils la connaît aussi.

La duchesse poussa un cri et retomba sur son siége en disant :

— Oh ! je suis perdue !

— Sachez donc tout, lui dis-je : la femme contre laquelle il s'est porté hier à une si terrible violence... c'est elle.

— Elle ! fit la duchesse dont les yeux égarés semblaient chercher un point d'appui où elle pût se soutenir, accablée qu'elle était sous cette suite de révélations qui la frappaient coup sur coup. Elle ! répéta-t-elle, et mon fils la connaît !... Oui, c'est vrai, vous m'avez dit qu'il avait voulu la tuer... Mais ils s'entendront ensemble...

Le désordre des idées de madame de Frobental était tel, qu'elle oubliait que cette tentative de meurtre était la meilleure preuve que Justine ne voulait pas sans doute seconder les mauvais desseins de monsieur de Frobental.

J'attendis qu'elle se fût un peu calmée ; je lui fis cette observation, et je l'assurai qu'autant qu'il m'était permis d'en juger, je croyais Justine fort disposée à ne tirer aucun avantage de sa position.

La duchesse ne paraissait plus m'entendre; elle réfléchissait profondément.

— Non! fit-elle enfin, ce n'est pas elle,.. ce ne peut pas être elle!... Ah! c'eût été une infâme trahison! elle est morte; c'est quelque fille perdue qu'on a ramassée dans la rue pour lui faire jouer ce rôle.

Au milieu de ce chaos d'ignobles intrigues, celle-là n'était pas plus invraisemblable que les autres, et monsieur de Sainte-Mars était homme à avoir essayé cette comédie.

Ce qui me faisait entrer volontiers dans la pensée de la duchesse, c'étaient les terreurs de Justine toutes les fois qu'il avait semblé possible qu'elle fût obligée de paraître devant les tribunaux.

— Vous avez peut-être raison, madame, lui dis-je, et...

— Oui, oui, s'écria-t-elle, c'est la complice de mon fils; et il ose dire que cette femme ne l'accuserait pas, parce qu'il y a entre eux un contrat infâme qui la perdrait aussi bien que lui.

— Ceci me paraît probable, madame, dis-je à la duchesse, et autant j'aurais été éloignée de vous seconder dans des projets qui pourraient tourner contre cette infortunée, autant je me livre à vous pour vous arracher à une persécution qui, pour vous perdre, veut s'armer d'une faute...

La duchesse me regarda avec une hauteur indicible.

— D'une faute, reprit-elle... ah! vous croyez donc aux horribles suppositions de monsieur de Sainte-Mars?

Je fus atterré de cette assurance; au milieu de ces accusations qui se croisaient en tous sens, au milieu de ces démentis que se donnaient tous les personnages de cette histoire, je ne savais plus que croire, que penser.

Je me laissai dominer par l'intrépide audace de la duchesse, et je m'inclinai devant elle en lui disant :

— En vérité, madame, vous me voyez confus, et...

— Il faut que je voie cette femme, reprit la duchesse en m'interrompant, il faut que je la voie aujourd'hui même... l'instant :

Elle s'arrêta et reprit :

— Non..., en plein jour... entrer dans cette maison... non, ce n'est pas possible! Ce soir... je la verrai ce soir...

— Qui sait, madame, si avant ce soir elle n'aura pas quitté Paris?

— Pourquoi?

— Monsieur de Sainte-Mars en a le désir, et il en a peut-être le pouvoir.

— Mais quel est son but?

— Il doit vous paraître étrange, madame, mais il est absolument le vôtre.

— Je ne vous comprends pas.

— Déterminer Justine à s'éloigner après avoir laissé dans mes mains une déclaration qui justifierait votre fils...

— Ah! c'est ainsi, fit alors la duchesse. Probablement monsieur de Sainte-Mars ne veut partager avec personne le profit qu'il veut tirer de cette femme, et il veut la soustraire aux influences du duc. La division se sera mise dans le camp de nos ennemis, et cela m'explique les fureurs de mon fils; il aura trouvé sa complice tout à fait passée du côté de monsieur de Sainte-Mars... c'est cela!... Mais ne devez-vous pas le voir? ne devez-vous pas recevoir de lui une réponse relative à votre affaire avec monsieur de Savie?

— C'est vrai, madame.

— Eh bien, dites-lui, monsieur, qu'il lui serait parfaitement inutile d'espérer de faire disparaître cette femme. Dans cinq minutes, des hommes seront apostés à la porte de votre maison, et en quelque lieu qu'on prétendît la cacher, je la retrouverais immédiatement

— Je ne verrai monsieur de Sainte-Mars que vers cinq heures.

— Il en est trois, monsieur, et ce soir, à huit heures, je serai chez cette Justine. Veuillez le lui annoncer. Quant à présent, monsieur, je n'ai point d'autre service à vous demander. Mais veuillez m'écouter et ne vous irritez pas, je vous supplie, de mes paroles. Vous avez du mérite, vous aurez de l'ambition, et dès à présent même vous devez avoir des désirs au-dessus de votre position. J'ai du pouvoir, monsieur; j'en ai pour faire du bien, j'en aurais, si je voulais, pour faire du mal, et au besoin je m'en servirai, si...

— Je vous ferai observer, madame, que la vie d'un étudiant qui ne se mêle que de ses études est à l'abri de toute persécution.

— C'est ce qui n'est pas certain; mais ce que vous devez comprendre, c'est que votre père occupe dans la diplomatie un poste élevé, un poste lucratif, et que la légèreté avec laquelle il a disposé de sa fortune lui rend cet emploi nécessaire. Ce poste peut devenir plus brillant, comme il peut lui être enlevé.

— Madame!... m'écriai-je.

— Plus bas, monsieur, me dit la duchesse; au point où le hasard m'a placée vis-à-vis de vous, il est nécessaire qu'il n'y ait point d'équivoque sur vos intentions et sur les miennes. Vous m'avez comprise, j'espère... Ce soir, sans doute, je pourrai vous en dire davantage.

J'avais le cœur gros et la bouche pleine de reproches sanglants; mais après ce qu'elle m'avait dit, la duchesse, jugeant que toute discussion ne ferait qu'affaiblir l'effet de ses dernières paroles, sonna ; le vieux valet de chambre dont j'ai parlé parut aussitôt, et madame de Frobental m'ayant salué fort cérémonieusement, lui dit d'une voix très-calme :

— Reconduisez monsieur.

La duchesse se retira, et je suivis mon conducteur, qui me fit passer par le chemin que j'avais pris pour entrer.

La voiture qui m'avait amené était à la petite porte par laquelle j'étais entré ; le valet de chambre m'en ouvrit la portière en me disant :

— Où monsieur désire-t-il qu'on le conduise ?

— C'est inutile, lui dis-je en m'éloignant brusquement.

Pendant que je traversais la cour, je remarquai une riche voiture armoriée arrêtée devant le grand perron. Au manteau de pair et aux insignes militaires dont elle était ornée, je reconnus la voiture du ministre, et je m'éloignai rapidement, la honte et la colère dans le cœur, en pensant au motif de la visite d'un des premiers fonctionnaires de l'État.

— Sans doute, me disais-je, on traite en ce moment de l'avancement de ce bon monsieur Deslaurières et des moyens de persécuter cette charmante madame Sainte-Mars !

Sous l'empire de cette idée, je pris rapidement le chemin de ma maison, sans savoir ce que j'y allais faire, mais comme si ma présence devait prévenir le danger qui menaçait Fanny.

XXX

SÉDUCTIONS MINISTÉRIELLES.

Emporté par cette idée, je marchais ou plutôt je courais dans la rue de la Pépinière, rue assez déserte à toutes les heures du jour, surtout à cette époque où elle ne faisait que traverser de vastes enclos et des chantiers de bois, lorsque j'aperçus devant moi madame Deslaurières, derrière laquelle marchait un homme que je reconnus pour être celui qui m'avait apporté la lettre de la duchesse. Ou madame Deslaurières était fort pressée d'arriver, ou bien elle cherchait à échapper à la poursuite de cet homme qui semblait vouloir l'aborder.

Je ralentis ma course pour les observer, et dans un endroit où personne ne passait en ce moment, je vis cet homme accélérer le pas et se placer en face de madame Deslaurières. Celle-ci poussa un cri et se retourna comme pour implorer le secours du premier passant. Elle me vit et s'élança vers moi... J'allai au-devant d'elle. Elle avait les yeux tout en larmes et paraissait profondément troublée.

— Monsieur, me dit-elle en prenant mon bras, monsieur, vous êtes un homme, vous me connaissez, du moins par mon nom, vous ne laisseriez pas insulter et menacer dans la rue une femme, quelle qu'elle fût... Protégez-moi contre ce misérable qui me poursuit depuis un quart d'heure.

Au lieu de s'éloigner à mon aspect, le drôle contre qui madame Deslaurières me demandait ma protection s'avança insolemment de mon côté, le chapeau sur le coin de l'oreille, se carrant dans ses larges épaules et faisant jouer ses doigts de manière à montrer la vigueur de ses deux énormes pattes.

Dans la disposition d'esprit où j'étais, tout ce qui me semblait appartenir à madame de Frobental me déplaisait supérieurement, et les allures de ce monsieur ne firent qu'ajouter à mon vif désir de corriger un de ses agents. Je pris donc le bras de madame Deslaurières, et j'attendis de pied ferme les propositions que cet individu avait sans doute à me faire.

Il se posa insolemment en face de moi, et me dit en pinçant les lèvres et en sifflotant d'abord un petit bout d'air :

— Dites donc, jeune homme, est-ce que vous connaissez madame ?

— Que je la connaisse ou non, l'ami, je vous préviens d'une chose, c'est que je ne la laisserai pas insulter par un faquin de votre espèce !

— Ne vous mêlez pas de ça, je vous le conseille, reprit-il, ça pourrait vous coûter cher... Laissez aller madame, j'ai à lui parler.

Je fis un pas pour poursuivre mon chemin, ce drôle se plaça insolemment devant nous et me barra le passage. Madame Deslaurières tremblait à mon bras.

— Qu'est-ce à dire? m'écriai-je, voulez-vous me faire place, misérable !

— Filez !... filez, et plus vite que ça, me répondit cet homme en se reculant et en me menaçant du poing.

Il n'avait pas fait ce geste que je m'étais élancé sur lui avec une telle rapidité, qu'il tomba de toute sa hauteur au milieu du ruisseau.

Madame Deslaurières courut après moi et s'accrocha à mon bras pendant que le goujat se relevait en jurant sur tous les tons. Il s'avança de nouveau vers moi, mais il s'arrêta, malgré sa fureur, aux cris que poussa madame Deslaurières en se précipitant entre nous.

— Laissez-moi ! s'écriait-elle... laissez-le !...

— Voulez-vous me suivre? dit-il à madame Deslaurières avec une brutalité qui m'exaspéra.

Elle se tourna vers moi, et me dit en éclatant en larmes :

— Mais je ne connais pas cet homme !

Je me dégageai d'elle et j'allai droit à lui :

— Écoute, drôle, lui dis-je, je sais qui tu es et qui t'envoie. Ne te fie pas à la protection de tes maîtres ; si tu dis encore un mot à madame, je te fais arrêter.

— Moi? dit-il en ricanant.

— Toi!... et jusque-là, jusqu'à ce qu'il arrive quelqu'un pour me prêter main-forte, je t'avertis que si tu bouges, je te rosse d'importance.

— Ah! tu ne me prendras pas en traître cette fois, me dit-il en se posant encore.

Une lutte allait s'engager entre nous, lorsque je fus très-surpris de voir s'interposer un monsieur que je ne reconnus pas d'abord. Il était plus que moi de taille à donner une leçon de coups de poing à ce manant, qui le reconnut sur-le-champ, car il lui dit :

— Ah! c'est vous, Molinos; de quoi diable venez-vous vous mêler ?

L'intervention de cet homme fit tomber tout à coup mon enthousiasme à défendre madame Deslaurières, et je lui dis, pendant que ce Molinos entraînait l'inconnu à quelques pas :

— Vous n'avez plus besoin de moi, madame?

— Oh! s'écria-t-elle, ne m'abandonnez pas, je vous en supplie.

L'effroi de madame Deslaurières était si vif, sa prière était si ardente, qu'elle me parut redouter la protection de monsieur Molinos encore plus que la persécution de l'inconnu.

Un fiacre passait. Je l'arrêtai et j'y fis monter madame Deslaurières, pendant que le Molinos et le laquais déguisé s'expliquaient vivement, mais à voix basse.

Quel que fût mon mépris pour l'un et pour l'autre, car la familiarité qui paraissait exister entre ces deux individus avait singulièrement déconsidéré le beau voisin à mes yeux, mon intention était de retourner près d'eux et de donner une sévère leçon à celui que je supposais être l'agent de la duchesse, lorsque madame Deslaurières, me prenant la main, me dit :

— Oh! ne me quittez pas! montez avec moi; il me poursuivrait.

Je jetai un regard du côté des deux interlocuteurs qui me regardaient, et je leur criai de loin :

— Vous savez où l'on me retrouve, messieurs?

Et je criai au cocher :

— Rue de Provence, n° 3.

A peine fus-je assis près de madame Deslaurières, qu'elle baissa les stores de la voiture. Je la regardai d'un air fort étonné.

— Si l'on me voyait avec vous dans ce fiacre, que ne dirait-on pas?

La précaution était bonne ; mais la présence d'esprit de madame Deslaurières me parut d'une femme qui en a l'habitude. D'ailleurs, il semblait que, grâce à la circonstance qui nous avait réunis, elle pouvait braver des observations qui tomberaient devant le récit qu'elle aurait à faire de sa rencontre. Je ne fis cependant aucune observation, et je me tenais dans mon coin, fort embarrassé de ma position et de plus en plus mécontent de me trouver ainsi jeté dans un pêle-mêle d'événements, d'intrigues où chacun tirait de son côté, s'attachant à moi comme au centre commun de tous ses intérêts.

Madame Deslaurières me regardait à travers les larmes qui lui revenaient sans cesse aux yeux. Je crus de ma galanterie de lui adresser quelques paroles en guise de consolation, et je lui dis :

— Calmez-vous, madame, vous n'avez plus rien à craindre, vous serez bientôt chez vous.

— Chez moi! me répondit-elle avec des sanglots... Oh monsieur, monsieur, c'est de là qu'est parti tout mon malheur... Je ne trouverai pas de protection chez moi, et si j'osais y raconter ce qui m'est arrivé, on rirait de moi et l'on me dirait que je suis une folle.

Après ces paroles elle essuya ses yeux avec un mouvement de colère et reprit avec amertume :

— Oh ! peut-être ont-ils raison, et je voudrais trouver un homme qui pût me dire si je suis folle.

Elle me regarda fixement. On eût dit qu'elle voulait m'interroger, mais presque aussitôt elle secoua lentement la tête en ajoutant tristement :

— Vous êtes trop jeune, vous, et d'ailleurs vous êtes amoureux.

Elle garda encore un moment le silence, et elle reprit en levant les yeux au ciel :

— Et puis vous ne comprendriez pas ; c'est une si triste histoire que la mienne !

Dans ce moment, la figure de madame Deslaurières avait l'expression d'un souci véritable et d'un regret profondément senti, mais cela ne suffisait point pour détruire l'opinion que j'avais d'elle, et je ne pus m'empêcher de sourire au contraste que me présentaient ces mots : « C'est une si triste histoire que la mienne ! » avec les allures habituelles de cette femme et l'expression ordinaire de ce visage rayonnant de santé. En effet, jamais je n'avais vu si parfaitement incarnée l'idée que j'avais de ces femmes aux désirs passagers et insatiables, affranchies de tout respect du monde et d'elles-mêmes, sacrifiant à la passion du moment toute pudeur et toute retenue, et ayant à peine le temps d'éprouver un remords de leur conduite, emportées qu'elles sont par une passion sans cesse renaissante.

Comme il m'arrive d'ordinaire, j'écoutai mes propres pensées plus que les paroles que je venais d'entendre, et je dis à madame Deslaurières :

— Le plaisir se paye quelquefois plus cher qu'on ne voudrait ; mais quand on est jeune et belle comme vous, madame, on a le droit d'attendre de l'avenir tant de compensations, qu'il ne faut pas se désoler d'une contrariété désagréable.

Je ne puis dire avec quelle curiosité madame Deslaurières m'examina, et sans doute elle faisait comme moi, elle répondait plus à ses propres réflexions qu'à mes paroles, car elle reprit tout à coup :

— Ainsi, monsieur, vous aimez madame Sainte-Mars et vous la respectez ?

Ceci me parut tellement tombé du ciel, à propos de notre entretien, que, malgré mon déplaisir à entendre madame Deslaurières prononcer le nom de madame Sainte-Mars, je lui répondis :

— En vérité, madame, je ne comprends pas ce que vient faire ici ma prétendue passion et mon véritable respect pour cette dame.

— Un véritable respect, répéta madame Deslaurières avec impatience. Oh! c'est donc vrai, le mensonge, l'hypocrisie, voilà ce qu'on respecte !

— Madame! m'écriai-je indigné d'entendre accuser mon idole par une femme qui avait si peu le droit d'être sévère ; qu'osez-vous dire, et avez-vous songé à la personne dont vous parlez ainsi ?

Madame Deslaurières se tut, et reprit doucement :

— Je suppose, monsieur, que je suis maintenant hors de l'atteinte du misérable qui m'a insultée ; je ne veux pas vous imposer plus longtemps une compagnie qui vous est sans doute fort peu agréable ; veuillez donc faire arrêter cette voiture et me permettre de continuer ma route toute seule.

De la part de toute autre femme que madame Deslaurières, un congé si positif m'eût assez piqué pour que j'eusse obéi à l'instant même ; mais je ne pensai pas ma dignité engagée envers une femme qui en avait si peu, et je lui répondis assez cavalièrement :

— Comment pouvez-vous croire, madame, que la compagnie d'une femme charmante puisse m'être désagréable, et me croyez-vous indigne d'apprécier une beauté qui a rencontré tant d'adorateurs?

Je m'attendais à quelque réponse pleine de colère, et je ne puis dire quel désir j'éprouvais d'engager avec madame Deslaurières un combat d'épigrammes, comme si elle avait dû supporter la mauvaise humeur que me causaient les aventures de la journée; mais elle ne me rendit point la main; elle resta dans la tristesse préoccupée qui semblait l'accabler, et au lieu de me répondre, elle murmura sourdement ces mots, en cachant dans son mouchoir ses yeux pleins de larmes :

— Mon Dieu! mon Dieu! voilà donc où j'en suis réduite !

Que ce repentir dût être durable, c'est ce dont je n'étais pas persuadé, mais qu'il fût sincère dans ce moment, je n'en pouvais douter.

Il eût été trop brutal de continuer sur le même ton, et je lui dis en lui prenant la main qu'elle m'abandonna sans difficulté :

— Allons, madame, veuillez m'excuser, je n'ai voulu faire qu'une plaisanterie.

— Une plaisanterie, dit-elle en me regardant fixement; mais pourquoi me la faites-vous? d'où vient que vous osez me la faire?... D'où vient, reprit-elle avec colère, qu'un homme ait pu me tenir le langage que le ministre m'a tenu aujourd'hui chez la duchesse de Frobental?

Cette réflexion nous ramenait à un sujet fort sérieux, pour moi du moins, et je mis de côté toute prévention contre madame Deslaurières pour l'interroger sur ce qui s'était passé entre elle et le ministre. Cela devait se rattacher nécessairement aux projets de madame de Frobental et je désirais savoir où elle en était pour régler ma conduite d'après la sienne.

— Que vous a donc dit le ministre, madame?

Madame Deslaurières rougit et me répondit :

— N'en avez-vous pas quelque soupçon, et le mot que vous m'avez dit chez la duchesse : « Prenez garde à ce que l'on va vous demander, » n'avait-il pas rapport aux projets de madame de Frobental, dont vous étiez probablement informé?

— Je dois vous dire franchement, madame, répondis-je aussitôt, que j'avais quelques soupçons d'une mauvaise action à laquelle on a voulu vous faire servir; mais il est possible que je me sois trompé, et vous seule pouvez m'éclairer à ce sujet.

— Dites-moi donc ce dont il s'agit, reprit madame Deslaurières, et je vous répondrai avec autant de franchise que vous pouvez en mettre à me parler.

C'est une chose à laquelle je ne comprends rien et dont vous êtes probablement mieux informé que moi, puisque vous m'avez avertie assez à temps pour que j'aie pu comprendre les intentions du ministre sous les paroles doucereuses dont il a d'abord enveloppé ses propositions.

— Ses propositions, madame, lui dis-je, n'ont-elles pas eu trait à une mission secrète dont on désirait charger monsieur Deslaurières?

— C'est vrai, monsieur.

— Ne vous a-t-on pas offert de récompenser le service qu'on attendait de votre mari par un prochain avancement.

— C'est encore vrai, monsieur.

— Et ne vous a-t-on pas dit aussi qu'il s'agissait d'une affaire où était engagé l'honneur d'une grande famille?

— Oh! monsieur, reprit madame Deslaurières avec un triste sourire, le ministre ne s'est pas donné la peine de justifier par un intérêt aussi grave le marché qu'il a mis à l'avancement de mon mari.

— Quel marché, madame?

Madame Deslaurières pâlit et rougit tour à tour; ses yeux se remplirent de larmes, tandis que ses lèvres tremblaient de colère, et enfin je crus entendre qu'elle murmurait sourdement :

— Eh! monsieur, le marché est assez facile à comprendre, et malgré les formes obséquieuses du ministre, cela peut se réduire à ceci : « Vous êtes jeune et belle, je suis riche et puissant; vous avez un mari qui est dans ma dépendance, vous convient-il qu'il végète dans mes bureaux, ou préférez-vous qu'il arrive à un poste plus élevé, et que je lui mette dans les mains les moyens de faire une fortune rapide? Vous préférez sans doute le voir arriver. S'il en est ainsi, il ne tient qu'à vous que cela soit, et bientôt. »

Le marché était infâme dans ma pensée; mais il y avait une chose qui m'étonnait cependant, c'est que madame Deslaurières en fût si indignée.

Ce qui me semblait un outrage indigne pour toute autre, me semblait pour elle une fort heureuse aventure; et, malgré tout mon désir de ne pas l'offenser, je ne pus m'empêcher de lui dire :

— Je comprends qu'un pareil marché soit révoltant; mais entre nous, soyons francs, la fortune, le pouvoir qu'on partage avec son mari, ne valent-ils pas ce qu'on accorde quelquefois à une fantaisie, à un caprice?

A l'insinuation assez insolente que je venais de faire à madame Deslaurières, elle répondit :

— Je ne me vends pas, monsieur... Le prix était infâme pour moi, plus infâme pour lui, qui est puissant et qui tient la fortune de mon mari entre ses mains.

— Est-ce possible? lui dis-je.

— Oh ! s'écria-t-elle avec des larmes, plutôt la misère et les persécutions !

Dans les mœurs de madame Deslaurières, c'était un reste de probité et d'honneur dont je fus peu touché. En effet, madame Deslaurières me paraissait arrivée à cette extrême limite qui sépare le libertinage du trafic, et que beaucoup de femmes ne franchissent pas, parce qu'elles n'ont pas derrière elles le besoin qui les pousse, la misère qui les sollicite. Mais, à mon sens, la moralité de celles qui se donnent ne me semblait guère de meilleur aloi que la moralité de celles qui se vendent, et je ne suis pas encore convaincu qu'il soit plus coupable de céder au besoin de vivre, aux désirs même du luxe, que de céder aux désirs de sa passion.

Toutefois je ne voulus pas entamer une discussion à ce sujet, et je ne pensai qu'à m'instruire plus complétement des projets du ministre, qui ne devaient être, à mon sens, qu'une conséquence des projets de madame de Frobental.

— Et comme vous avez refusé, dis-je, le ministre vous a menacée ?

— Oui, monsieur, reprit tristement madame Deslaurières, il m'a menacée.

— Ou plutôt, repris-je en me rappelant ce que madame de Frobental m'avait dit relativement à mon père, il vous a menacée dans la personne de monsieur Deslaurières ?

Elle répondit par un signe de tête affirmatif.

— Oh ! lui dis-je, c'est indigne !

— Oh ! reprit-elle avec effort, ce n'est rien ; mais si vous saviez de quel air et de quel ton il m'a parlé... Mais n'est-ce pas, à la brutalité près des expressions, la façon dont vous m'avez parlé vous-même ?...

— Moi, madame ?

— Vous, monsieur ; et quand je me répète tout ce que

m'a dit le ministre, tout ce que vous-même m'avez dit, je me demande à quoi bon y mettre tant de façons. Eh! mon Dieu! mon mari a raison, la vie nous a été donnée pour le plaisir...

Un rire amer et presque convulsif échappa alors à madame Deslaurières, et elle se mit à chantonner le joyeux refrain d'une chanson fort peu morale :

> Et nargue la morale,
> Et les époux
> Jaloux!

Il y avait dans l'expression de cette femme quelque chose du désespoir qui touche à la folie ou au suicide.

Je me demandais si c'était le résultat d'un malheur ou d'un remords, et pour la première fois j'hésitai sur le jugement que je devais porter d'elle.

— N'est-ce pas, reprit madame Deslaurières en regardant d'un air de dédain mon air étonné, vous ne comprenez pas ce que je fais, ce que je dis? Ah! c'est une chose dont personne ne se doute au monde, ce qu'on peut faire de mal à une femme sans le vouloir.

— Croyez, lui dis-je, que mon intention n'a jamais été de vous blesser, et...

— Oh! je ne parle pas de vous, monsieur... Je parle d'un homme qui a été cruellement coupable envers moi...

J'écoutais madame Deslaurières avec une curiosité toute nouvelle.

Elle reprit aussitôt :

— Oh! tenez, monsieur, je voudrais pouvoir me confier à un homme d'honneur, je voudrais lui raconter tout ce que j'ai senti, éprouvé... le lui raconter... non... mais je l'ai écrit, et si jamais cela tombe dans les mains d'un homme qui veuille y voir la vérité telle que je l'y ai mise, peut-être y trouvera-t-il la condamnation de tous ceux qui devaient me protéger, et la justification d'une vie qui aurait pu être... heureuse.

Madame Deslaurières se prit à pleurer. Puis, après un moment de silence, elle s'écria :

— Oh! tout ceci me rendra folle... Oui, le ministre m'a menacée, non pas de destituer mon mari, mais de me perdre, moi.

— Comment ?

— Oh! il vaut mieux mourir en naissant, continua madame Deslaurières, il vaut mieux ne pas avoir vécu que d'être où j'en suis... Et ne pas avoir un ami, pas un soutien, pas un guide! Oh! j'en finirai... j'en finirai !

En prononçant ces paroles, elle releva brusquement les stores de la voiture, et me dit :

— Nous voici tout près de notre maison, il est temps de nous quitter. Je vous remercie de votre assistance, monsieur ; et s'il arrive que jamais on vous parle de moi, je ne vous demande qu'une grâce, c'est de vous taire sur notre rencontre chez la duchesse et sur notre rencontre dans la rue de la Pépinière.

Ceci avait été dit d'un ton de commandement qui me parut peu admissible, et je repartis.

— Je suis toujours heureux de me mettre aux ordres des dames, mais...

— Oh! monsieur, reprit-elle avec un accent de douleur, mon Dieu! ne vous armez point de la vivacité de mes manières pour me refuser une chose si simple que votre silence. Je ne vous ai point fait de mal, monsieur ; vous ne me connaissez pas, pourquoi vouloir me rendre plus malheureuse que je ne suis ? Ayez pitié de moi, mon Dieu! ayez pitié de moi! vous ne pouvez ni savoir ni comprendre ce que je souffre.

J'assurai madame Deslaurières de mon silence, et je la

laissai continuer sa route en voiture, pendant que je poursuivais la mienne à pied.

Le fiacre de madame Deslaurières était à la porte lorsque je rentrai, elle n'était pas encore descendue et elle causait avec quelqu'un dont la moitié du corps était cachée dans la voiture par la portière entr'ouverte.

Je passais et je reconnus mon ami Morinlaid, que je n'avais pas vu depuis quelque temps. J'aurais été charmé de l'éviter, mais comme s'il eût été question de moi entre madame Deslaurières et monsieur Morinlaid, j'entendis dire au moment où je passais :

— Précisément le voilà.

Mon ami se retourna, adressa un adieu plus que familier à madame Deslaurières, courut après moi sous la porte cochère et m'atteignit au moment où je recevais des mains de ma portière la clef de mon appartement et un paquet de lettres dont les diverses écritures m'étaient parfaitement inconnues.

Je voulus me débarrasser de mon ami Matthieu, mais il me dit avoir des révélations importantes à me faire, et je fus forcé de l'inviter à monter chez moi.

XXXI

LES GENS BIEN ÉLEVÉS — UN POLTRON

Aujourd'hui qu'après dix ans passés je rassemble en un récit suivi ces souvenirs que j'avais jetés indifféremment sur des papiers séparés portant la date du jour dont ils parlent, je reste stupéfait d'en trouver un si grand nombre se reportant au même quantième, et j'éprouve une fatigue cruelle à suivre ces événements dans leur rapidité.

Je me demande s'il n'y avait pas de quoi faire sauter un cerveau plus solide que le mien, sous ce choc incessant de sensations, d'idées, de découvertes qui me poursuivaient coup sur coup.

Probablement que j'avais ce jour-là la fièvre que donne le tumulte de l'action, et que cette fièvre me tenait lieu de force morale et physique, car tout ce que je viens de dire n'est que le commencement des scènes extraordinaires qui se succédèrent pour moi dans cette journée qui a tant marqué dans ma vie, non point à cause des événements qui l'occupèrent, mais pour le levain de haine, de dégoût et de crainte du monde qu'elle glissa dans mon cœur, et qui a tourné en amertume et en aigreur tous les sentiments qui font l'espérance et la joie des autres hommes.

J'étais donc monté chez moi avec mon ami Morinlaid, fort décidé à m'en débarrasser le plus tôt que je pourrais. Mais avant que j'eusse pu lui représenter que je n'avais pas le temps de l'écouter, mon ami Morinlaid se posa crânement dans mon propre fauteuil.

— Ah çà, mon cher, me dit-il, il faut que nous ayons une explication...

Avant d'aller plus loin, il faut que je dise ma pensée à ceux qui me lisent, sur certaines opinions qui me sont personnelles et auxquelles je tiens particulièrement, quoique je les croie de nature à heurter les opinions de beaucoup d'honnêtes gens. Il s'agit de ce qu'on appelle, en général, un homme bien élevé.

Il y a des hommes qui parlent doux, des hommes obséquieux, pleins de circonvolutions pour arriver à jamais au-dessus d'un *mezzo forte* plein de retenue; rien n'est brusque ni hardi dans la forme de leurs discours, rien n'est pétulant dans leurs gestes, rien n'est grimace dans l'expression de leur visage, rien ne semble troubler leur admirable sang-froid; jamais on ne peut leur reprocher une saillie trop verte où un mot trop cru; leur esprit est comme leur personne, enfermé dans les limites au delà desquelles il y a le mauvais goût pour les sots et le mauvais ton pour les bégueules.

Il existe un monde où on nomme ces hommes-là des gens bien élevés.

Ces gens-là, je les exècre, et je ne sais si je ne leur préférerais point ceux qui jettent à travers toutes les conversations et toutes les positions ou leur éternelle gaieté ou leur perpétuelle mauvaise humeur.

Mais il y a d'autres hommes qui ne passent point pour des modèles aussi accomplis que les premiers dont j'ai parlé, mais qui cependant sont beaucoup plus rares : ce sont les hommes qui vivent, pour ainsi dire, en vertu du milieu où ils se trouvent, qui savent prendre l'esprit du monde où ils sont, et surtout prendre cet esprit au point où il se trouve; qui restent retenus dans un salon où se trouvent des oreilles délicates, mais lâchent la bride à leur verve quand ces oreilles savent s'ouvrir à une verte plaisanterie, qui comprennent qu'il y a des moments où la meilleure compagnie, entraînée de mots en mots, d'anecdote en anecdote, de rire en rire, peut écouter l'histoire la plus grotesque ou la plus grivoise; mais qui, le lendemain de cette débauche de gaieté, restent dans la tempérance ordinaire de ce monde, ne se croyant pas le droit de dire une équivoque le lendemain du jour où ils en ont débité mille avec un grand succès.

J'aime ces hommes qui ont un air, des paroles, une tenue pour chacun de ceux à qui ils parlent, et j'avoue que j'ai été vingt fois charmé de rencontrer quelques-uns de nos beaux jeunes gens, jurant avec fureur contre leurs cochers, tutoyant insolemment quelque fille de coulisses, le chapeau sur la tête et le poing sur la hanche, puis abordant tout à coup une femme élégante avec les façons les plus gracieuses et les plus soumises, et saluant une jeune fille avec ce respect timide qu'on doit encore plus à l'innocence qu'à la vertu. Mais ce que j'ai toujours beaucoup plus détesté que les oisons bridés du bon ton, que les bruyants casse-cous de la gaieté, que les moroses hableurs de morale, ce sont les professeurs, les donneurs de leçons, les gens qui ne peuvent laisser passer un fait inexact sans le rétablir, une date hasardée sans la préciser, une expression impropre sans invoquer la grammaire, un principe équivoque sans le combattre, un paradoxe stupide sans se récrier; animaux insupportables, qui sont assez pareils à l'ours de la fable, écrasant à coups de pavé les moucherons qui se posent sur la conversation.

Mais ce qui dépasse pour moi tous les mots de haine que je pourrais trouver, c'est l'impertinence des gens qui n'ont rien pour la soutenir, si ce n'est la couardise de ceux qui ne les connaissent pas, et qui poussent leur insolence en avant tant qu'on les laisse aller.

Or ce que je n'avais pas remarqué jusqu'à ce jour, c'est que mon ami Morinlaid était de cette nature.

Dans une situation ordinaire d'esprit, j'eusse pu supporter cette façon d'être pendant un temps donné, sous la réserve intérieure d'éviter un pareil être comme un homme qui sent mauvais; mais dans l'état d'irritation où e me trouvais, je devais nécessairement manquer de patience, et c'est ce qui arriva.

Si j'ai fait précéder le récit de ma conversation avec Morinlaid de l'exposé de mes opinions et de l'appréciation de l'état peu normal dans lequel je me trouvais, c'est que je ne veux pas passer tout à fait pour un fou ou pour un butor.

Voici ce qui arriva.

Mon ami Morinlaid s'était donc crânement assis dans un fauteuil, et, le chapeau sur l'oreille, la mine retroussée, la voix cassante, il s'était permis de me dire :

— Ah çà! mon cher, il faut que nous ayons une explication.

Je vous prie de remarquer que je venais d'être en passe de me couper la gorge avec le fils d'un maréchal de France; que je sortais de chez une duchesse de vieille roche à qui j'avais montré qu'on ne me menait point comme un enfant; que j'étais presque en droit de croire qu'un mot de moi adroitement lancé venait de faire avorter les plans de campagne amoureux d'un ministre de la guerre; que je venais de rosser un drôle qui avait eu l'insolence de se mettre sur mon chemin, et que ce sont là des événements qui donnent à un homme une certaine idée de son importance; on peut donc s'imaginer de quel air je reçus cette déclaration cavalière.

J'ouvrais une des lettres que j'avais recueillies chez ma portière; je me contentai de lever les yeux sur mon ami Morinlaid, tout en lisant ce qu'on venait de m'écrire.

Il continua sans remarquer ma pantomime :

— Nous allons un peu vite en affaires, monsieur Michel, et surtout nous nous mêlons d'affaires qui ne nous regardent pas.

J'avais commencé ma lettre; elle était de monsieur de Sainte-Mars, et ne contenait que ces quelques lignes :

« Le marquis de Pavie a parfaitement compris les explications que je lui ai données; cependant il ne pourra dîner avec nous; c'est un plaisir que nous avons remis d'un commun accord à demain, chez Balaine, au *Rocher de Cancale*.

» Je profite de ma liberté pour m'occuper de quelques affaires.

» Avez-vous vu Justine? Il faut la décider à partir demain au plus tard.

» Le duc est toujours en prison, au secret. Il n'a point

été interrogé, quoiqu'un individu étranger à la magistrature ait pénétré jusqu'à lui sur un ordre exprès du garde des sceaux.

» Si je puis vous aller voir ce soir, nous causerons de tout cela. »

Je ne vis rien d'intéressant dans cette lettre; mais, par un pressentiment singulier, je fus mécontent de la manière dont s'arrangeait mon affaire avec le marquis de Pavie; je craignis que monsieur de Sainte-Mars ne m'eût sacrifié sans façon au besoin qu'il avait de prévenir une rencontre entre ce monsieur et moi, et ma mauvaise humeur s'en augmenta de cent pour cent.

J'avais à peine écouté Morinlaid, et je prenais une seconde lettre, lorsqu'il éleva la voix et reprit en accentuant plus aigrement ses paroles :

— Eh! monsieur Meylan, vous plaît-il de m'écouter?

— Eh! monsieur Morinlaid, lui dis-je, qu'avez-vous à me dire?

— J'ai à vous dire, reprit mon ami, que je trouve fort mauvais que vous vous mêliez d'affaires qui ne vous regardent pas.

Je ne sais pourquoi la scène du *Joueur* et du *Marquis*, de Regnard, me revint alors en mémoire. Je pris un air humble, et faisant de mon mieux le plongeon devant l'air terriblement impertinent de mon ami Morinlaid, je lui dis :

— Je ne sais pas de quoi vous voulez me parler.

— De quoi je veux vous parler, mon cher? le voici... Et d'abord, ne vous êtes-vous pas permis d'écrire à madame Sainte-Mars?

— Comme elle ne m'a pas répondu, lui dis-je, cela ne peut alarmer personne.

— Ce n'en est pas moins une impertinence pour une personne de ma famille.

— Ma lettre était fort respectueuse.

— Mais ce n'est pas là l'essentiel, reprit Morinlaid ; vous avez la prétention de vous faire présenter chez elle.

— Je n'aurais pas osé avoir cette prétention, si on ne m'avait offert de me procurer cet honneur.

— Ah bah! fit Morinlaid, et c'est monsieur de Sainte-Mars, à ce que j'ai appris, qui s'est fait fort de vous faire entrer chez ma cousine ?

— C'est lui.

— Monsieur de Sainte-Mars est un sot de vous l'avoir proposé, et vous un sot de l'avoir accepté.

Je commençais à trouver le rôle de *Valère* fort difficile à jouer ; cependant je me contins, et ce fut probablement à la compression que j'imposais à ma colère que fut due l'explosion qui s'ensuivit.

— Je ne veux être désobligeant pour personne, et si cela vous contrarie que j'aille chez votre cousine... dis-je doucement.

— Cela me déplaît, voilà tout ; mais ce n'est que la moindre des choses sur lesquelles je veux avoir une explication avec vous.

— Qu'y a-t-il donc encore ? répondis-je en me faisant le plus petit que je pouvais.

— Il paraît qu'il y a une histoire de papiers dans laquelle on veut mêler madame Sainte-Mars, je ne sais quelle intrigue de bas étage à laquelle vous prenez part. Qu'est-ce que cela signifie ? que veut-on ? que prétend-on ?

— Je n'en sais rien en vérité, dis-je d'un ton craintif.

— Monsieur de Sainte-Mars est venu aujourd'hui chez Fanny et a voulu lui persuader de lui remettre certains papiers pour les soustraire à une perquisition.

— Ah! fis-je d'un air surpris.

— Ne prenez pas ces airs-là, me dit Morinlaid ; vous avez vu la duchesse de Frobental, qui est à la tête de cette intrigue; il faut que je sache ce que veut cette femme.

— Vraiment?

— Vous le savez, et je vous demande une réponse formelle.

J'étais à bout de toute patience; je m'inclinai, et je cherchai un moyen de faire quitter son siége à mon ami Morinlaid.

— Veuillez regarder l'heure qu'il est, lui dis-je.

— Qu'est-ce que c'est? fit-il.

— Je vous en prie, regardez-la de près, ajoutai-je, pour ne pas vous tromper d'une seconde et bien vous rappeler à quelle heure vous avez reçu ma réponse.

— Au fait, dit Morinlaid en se levant et en allant vers la cheminée, cela peut être important pour vous, mon cher, à qui l'on s'est amusé à confier des secrets qui doivent vous peser terriblement... Eh bien, ajouta-t-il, il est cinq heures moins un quart.

Mon ami Morinlaid n'avait pas le nez sur la pendule que je le trouvai en position convenable pour lui répondre comme je l'entendais; et, sans qu'il pût avoir la moindre idée de ce qui allait lui arriver, je lui flanquai le plus admirable coup de pied que jamais homme ait reçu, en lui disant :

— Eh bien, n'oubliez pas que c'est à cinq heures moins un quart que je vous ai répondu.

Il est impossible de s'imaginer la figure de Morinlaid lorsqu'il se retourna de mon côté. La rage, la peur, le désir de m'étrangler, la stupéfaction, donnaient à son visage l'expression la plus comique, tandis que, la main appuyée à l'endroit blessé, il se tenait dans une attitude de Jocrisse d'un naturel auquel Brunet lui-même n'a jamais atteint.

— Voilà, lui dis-je très-froidement en voyant qu'il ne trouvait pas un mot à me dire, voilà la réponse que je fais aux insolents de votre espèce, monsieur Morinlaid.

— C'est la mort de l'un de nous deux que tu viens de signer! s'écria-t-il en retrouvant la parole.

— Et si cela vous convient, lui dis je, j'ajouterai une apostille à la signature.

— Qu'est-ce que ça veut dire? s'écria-t-il en reculant devant moi; c'est un guet-apens, un assassinat!

— C'est un avertissement d'être plus poli à l'avenir.

— Vous n'êtes qu'un brutal, reprit-il d'un ton presque larmoyant, et nous verrons quand vous aurez l'épée à la main...

La menace contrastait si fort avec le ton de l'individu, que je me mis à rire.

A ce moment, Morinlaid, revenu de sa surprise, s'appuya à quelque souvenir qui le rassura, car il reprit son ton arrogant, et me dit en me montrant le poing :

— Ah! maître capon, vous faites des excuses au marquis de Pavie, et parce que je suis bon enfant, vous prenez avec moi des manières...

Hélas! l'infortuné Morinlaid devait payer pour tout le monde; il n'avait pas fini sa phrase, que je lui sautais à la gorge et que je criais à tue-tête :

— J'ai fait des excuses à ce freluquet! Qui est-ce qui a dit ça?

— Mais c'est monsieur de Sainte-Mars qui les a apportées au marquis chez ma cousine.

J'étais furieux, et tous les noms qui me tombèrent sous la langue eurent leur épithète.

— Monsieur de Sainte-Mars est un drôle, m'écriai-je, le marquis de Pavie un faquin, et votre cousine une aventurière; et toi, tu n'es qu'un bélître qui n'est bon qu'à aller leur dire ce que je pense d'eux.

— Nous verrons, nous verrons, disait Morinlaid en se débattant sous mes mains.

— Oui, nous verrons, lui dis-je, et ce sera bientôt fait.

Pendant ce temps, je m'apprêtais à sortir, oubliant de lire les autres billets qui m'avaient été remis.

De son côté, Morinlaid cherchait sa canne et son chapeau en murmurant des menaces dont je ne m'occupais point.

—Allons! lui dis-je en lui montrant la porte, et souviens-toi que si tu la repasses jamais, c'est par la fenêtre que je te ferai sortir.

Morinlaid déguerpit et je sortis après lui, furieux, exaspéré, et n'ayant d'autre pensée que de rattraper monsieur de Sainte-Mars et le marquis de Pavie.

XXXII

GUILLOTIN — ALISON — CHEZ JUSTINE

A peine eus-je fait trois pas dans la rue que je m'aperçus que je ne savais où j'allais. En effet, j'ignorais complétement l'adresse de monsieur de Sainte-Mars; je n'étais pas mieux instruit de celle du marquis de Pavie, que j'avais été chercher le matin même chez madame Sainte-Mars, et que je n'avais pas apprise, puisque ma lettre avait été remise au marquis lui-même qui se trouvait chez elle. Je restai donc fort incertain de la direction que je devais prendre.

Un de ces braves gens qui ont toujours un admirable moyen de sortir de l'embarras où ils n'ont jamais été, est capable de dire en lisant ceci : « Eh! monsieur, il fallait aller consulter l'*Almanach des vingt-cinq mille adresses*; on y trouve tout le monde. »

Cette observation est digne de sortir de la bouche d'un patenté qui se donne souvent le plaisir de voir son nom imprimé dans l'*Almanach du commerce*; c'est donc à lui que je réponds, à lui seul, entendons-nous bien.

L'époque dont je parle était horriblement barbare; les omnibus naissaient à peine et se ruinaient, les boulevards n'étaient ni dallés ni bitumés, et l'*Almanach des vingt-cinq mille adresses* n'existait pas.

En conséquence, je n'avais aucun moyen de savoir où demeuraient les deux hommes que j'aurais voulu le plus rencontrer. Je pouvais, en désespoir de cause, remonter chez madame Sainte-Mars; mais mon ami Morinlaid s'y était réfugié, et je me rappelai que, dans ma fureur, j'avais donné à cet ange le titre d'aventurière.

Pour dire toute la vérité, le charme qui entourait cette ravissante beauté commençait singulièrement à se dissiper. Non point que j'eusse appris d'elle rien de bien certain, non que j'ajoutasse une foi entière aux récits de Justine ni aux paroles injurieuses de la duchesse; mais la fange de tout ce monde auquel elle touchait jetait un triste reflet sur l'auréole lumineuse dont je l'avais entourée en imagination, et la robe blanche dont j'avais habillé d'abord cette vestale de mon cœur avait reçu déjà quelques éclaboussures.

Cependant la passion tenait bon, et j'en étais à rougir de l'emportement qui m'avait fait insulter madame Sainte-Mars, lorsqu'à l'angle du faubourg Montmartre j'aperçus le vieux commissionnaire qui portait toutes les lettres de la maison.

Je l'abordai et je lui demandai l'adresse du marquis de Pavie.

— Laquelle? me répondit-il d'un grand sang-froid.

— Celle de la maison où il demeure.

— Oh! me dit-il alors très-ingénument, c'est l'hôtel de sa mère, rue du Faubourg-Saint-Honoré, nº...

— C'est bien... j'y vais...

Le vieux père Guillotin m'arrêta et me dit :

— Si c'est pour le trouver, ce n'est pas à cette adresse-là qu'il faut aller.

— A laquelle donc?

— Mais, dame! là où il passe tout son temps, dans votre maison.

— Hein?...

— Eh bien, pardine, chez madame Sainte-Mars.

Je regardai Guillotin de mon plus mauvais œil, et je lui dis :

— Qu'est-ce que c'est que ces impertinences-là! et comment un butor de votre espèce se permet-il de parler ainsi d'une femme qu'il ne connaît pas?

— Avec ça que je ne la connais pas... non... que je ne la connais pas, me dit Guillotin... Ah! je ne la connais pas! Elle m'en a offert des gros sous pour me faire quitter la place! Mais non, mais non, il faut qu'elle me voie là, j'y resterai, et toutes les fois qu'elle passera, je lui dirai, si ça me plaît, qu'elle n'est qu'une drôlesse.

Je ne sais pourquoi, mais les paroles de cet homme me frappèrent beaucoup plus que tout ce qu'on m'avait dit jusque-là relativement à madame Sainte-Mars.

Toutefois je n'avais aucune envie d'entrer en discussion avec un commissionnaire, et je repris :

— Ainsi le marquis de Pavie est maintenant chez madame Sainte-Mars?

— Pour le moment ils sont à la promenade; ils viennent de sortir.

— Eh bien! m'écriai-je avec impatience, puisque vous connaissez tout ce monde, vous devez savoir où demeure le comte de Sainte-Mars?

Un sourire de mépris cruel passa sur les lèvres du vieux Guillotin.

— Ah! me dit-il, est-ce que vous fréquentez ces espèces-là?

— Il vous importe peu que vous sachiez quelles sont mes relations avec monsieur de Sainte-Mars ; je ne vous demande pas vos avis, mais je veux savoir l'adresse du comte.

Le père Guillotin me regarda de travers, et après un moment de réflexion :

— Et si je ne voulais pas vous la dire ?

J'étais en veine de colère, et malgré mes opinions libérales au sujet de l'égalité de tous les *citoyens* français, je trouvai de la dernière insolence qu'un drôle de commissionnaire se permît de me refuser un renseignement que je lui demandai péremptoirement, et je me sentais fort disposé à continuer l'explication par quelque bourrade vigoureuse, quand cet homme m'arrêta par un mot qui m'étonna encore plus que ce qu'il venait de me dire :

— Le comte vous a fait quelque infamie, j'en suis sûr.

— Pourquoi me dites-vous cela ?

— Parce qu'on ne cherche pas un homme de l'air dont vous paraissez le chercher sans avoir envie de lui casser les reins.

— Et quand j'aurais ce désir ?

— Vous n'en tirerez rien, me dit-il ; cet homme-là a du jus d'oignon dans les veines. Ça n'est bon qu'à faire pleurer les femmes.

— Mais d'où êtes-vous si bien instruit ?

— Ah ! dame ! reprit Guillotin... c'est triste, bien triste... le fils d'un bon général ; d'un brave ; car il avait beau être, un gueux... c'était un brave, voyez-vous.

— Que dites-vous ?

— Ah ! reprit le commissionnaire en serrant les poings, ah ! c'est une infamie qu'il m'a faite !... Tromper un vieux soldat !... un pauvre père !... Mais, après tout, ça ne vous regarde pas... Défiez-vous seulement du fils comme j'aurais dû me défier du père ; et si vous n'avez pas quelque billet à échéance à retirer des griffes de ce damné, ne le voyez pas... à moins que vous ne lui deviez quelque chose; auquel cas, payez-le...

Je ne pus m'empêcher d'être troublé à cette phrase qui me rappelait mes engagements avec le comte de Sainte-Mars.

Guillotin s'en aperçut et reprit :

— Oh! payez-le !... Si riche que vous soyez, il vous mettra sur le pavé.

Il regarda autour de lui d'un air triste et colère, et ajouta :

— Vous voyez, il m'y a mis, moi, j'y suis sur le pavé... C'est vrai que je n'étais pas riche, mais je ne lui devais pas grand'chose... c'est égal... Ah ! comme il m'a entortillé... Allez... allez... c'est un blanc-bec, mais c'est plus retors qu'un vieux procureur... Du reste, ajouta le commissionnaire avec l'accent du plus profond mépris, c'est comme tous les jeunes gens d'à présent. Ah! quand on pense que ce sont là les fils du temps de l'Empire !...

Une certaine curiosité me poussait à interroger cet homme, et je l'eusse fait si je l'eusse osé, car il me semblait qu'il devait en savoir plus sur ce que j'avais à apprendre que tous ceux qui jusque-là m'avaient pris pour confident.

Mais l'aristocratie de mes opinions libérales se refusa à aller chercher si bas des renseignements, et je recommençai ma première question :

— Eh bien, mon brave, lui dis-je, dites-moi l'adresse de monsieur de Sainte-Mars, et je vous récompenserai généreusement.

— Je ne me fais pas payer pour un service... Monsieur de Sainte-Mars demeure là, ajouta-t-il en me montrant le nº 2 de la rue; mais vous ne le trouverez pas plus que le marquis de Pavie, car depuis que je l'ai vu partir à cheval, je n'ai pas quitté la place et il n'est pas rentré.

Je me trouvai fort désappointé de ne pouvoir rencontrer

aucun des ennemis que je cherchais, mais je voulus montrer à monsieur de Sainte-Mars que du moment que j'avais appris la manière dont il avait présenté ma conduite à monsieur de Pavie, j'avais voulu avoir une explication. En conséquence, je me décidai à aller remettre une carte chez lui ; j'en tirai une de mon portefeuille et j'écrivis au crayon : *En personne et pour affaire pressée.*

Guillotin me regardait faire, et comme si la pensée de son propre malheur lui eût paru applicable à tout homme qui avait affaire au comte de Sainte-Mars, il me répéta au moment même où je le quittais :

— Et si vous lui devez quelque chose, payez-le... payez-le !

Je ne fis pas semblant de l'entendre, mais j'avais déjà compris que l'obstacle qui m'avait forcé à accepter l'intervention de monsieur de Sainte-Mars vis-à-vis du marquis de Pavie se trouvait entre moi et monsieur de Sainte-Mars, et que je ne pourrais avoir raison de lui qu'après l'avoir payé.

Hélas ! il faut bien l'avouer, et d'ailleurs pourrait-on me comprendre si je ne jouais cartes sur table avec ceux à qui je m'adresse ? Est-ce un défaut de nature, est-ce un défaut d'éducation ? je ne sais ; mais voici comment je suis fait : toute résolution à prendre m'est insupportable quand j'ai le temps de la réflexion.

Que dans un mouvement violent de colère ou de douleur je fasse quelque action vigoureuse, et qui souvent a été bonne et raisonnable, cela m'est arrivé vingt fois ; mais que j'aie jamais pris un parti mûrement réfléchi, et dont l'exécution demande de la persévérance, de la tenue, je ne l'ai jamais pu.

D'un autre côté, il y a en moi je ne sais quoi de rêveur, de déraisonnable, de bête, qui me fait voir dans le lendemain, dans l'heure qui va venir, une espérance que je ne pourrais définir, que je ne pourrais appuyer sur rien, et qui cependant m'amuse, me leurre et me suffit pour m'excuser de ne pas agir immédiatement comme je le devrais. Ce n'est pas que je ne songe à ce qu'il serait convenable de faire, que je n'en reconnaisse la sagesse, la prévoyance; mais je recule au moment de l'action, je me raccroche à la première billevesée qui me passe par la tête pour rester coi.

Ainsi, dans la circonstance où je me trouvais, la seule bonne façon de me tirer d'affaire était, au lieu d'aller chez monsieur de Sainte-Mars, au premier du n° 2 de ma rue, de monter au second, chez monsieur Bonsenne, le correspondant auquel mon père avait confié la direction de ma conduite; de lui avouer ma faute, mon embarras, mon malheur, et d'obtenir de lui de quoi payer mes dettes.

Mais avouer à mon quasi tuteur, qui avait à me remettre pour tous mes besoins une somme de deux cent cinquante francs par mois, que du premier coup je m'étais endetté de six mille francs, sans compter les cinquante louis de madame de Frobental, recevoir le plus rude sermon que j'eusse pu prévoir, et peut-être au bout de tout cela me voir refuser, je n'en avais ni le courage ni la force.

Et cependant! cependant! Dieu est juste, Dieu vous montre cent fois le bon chemin de la manière la plus manifeste; il vous y pousse, vous l'aplanit sous les pieds; mais on en détourne la vue, on s'en éloigne; et quand on s'est engagé dans une voie déplorable, on accuse le sort, les hommes... On dit... que ne dit-on pas? On s'accuse de tout, même d'incapacité, même d'impuissance, plutôt que d'avouer la vérité.

Si je pousse aujourd'hui ces tardives exclamations sur mes fautes d'alors, c'est qu'on ne fut pas mieux servi par le hasard que je ne le fus ce jour-là pour prendre, presque malgré moi, le parti que j'aurais dû prendre de la meilleure volonté.

A peine avais-je remis au domestique de monsieur de Sainte-Mars la carte destinée à son maître, que je m'entendis interpeller sur l'escalier de la façon suivante :

— Eh ! voilà qui est aimable ! voilà qui me raccommode un peu avec vous, jeune homme. Vous venez enfin nous voir, et vous venez nous voir à l'heure du dîner... C'est beau et c'est bon.

Ce n'était rien moins que monsieur Bonsenne en personne, le correspondant de mon père, qui me prit d'autorité sous le bras en me faisant monter l'escalier, et auquel je n'osai pas dire qu'il se trompait, tant j'avais été négligent envers lui, et tant il y avait de cordialité dans son accueil.

— Eh ! reprit-il pendant que je lui demandais de ses nouvelles, ça va bien, très-bien... et vous dînez avec nous ?...

J'acceptai, faute d'oser refuser, et nous arrivâmes ainsi jusqu'à son étage. Il sonna, me fit entrer, et me conduisit à sa femme avant que j'eusse le temps d'opposer la moindre résistance à son empressement amical, et tout aussitôt il tira de sa poche un gros paquet de billets de banque, en caressa doucement les deux joues de madame Bonsenne et lui dit en essayant de rire :

— Voilà ! voilà ! hein, qu'en dis-tu ? C'est toujours de notre chère protectrice ! Ce sera pour Alison. Je vais serrer ça jusqu'à demain, puis je le porterai au Trésor... Cause avec ce garçon, je reviens.

Cette gaîté me parut triste, et fut peut-être encore plus tristement reçue.

Toutefois il paraît que le regard que je jetai sur ce paquet de billets de banque fut significatif ; car je vis madame Bonsenne m'observer d'un air surpris et peiné.

— Eh bien, Michel, me dit-elle d'un ton amical, comment allez-vous ?

— Moi, madame... répondis-je en étouffant un soupir, bien... très-bien.

L'image des billets de banque me dansa un moment devant les yeux, je la chassai, et je dis à madame Bonsenne :

— Eh bien, comment va votre fille, la belle Alison ?

— Elle est toujours bonne et triste.

Je ne pensais pas à ce qu'on me disait, et je repris, sans trop penser à ce que je disais moi-même :

— Victor, comment va-t-il ?

Madame Bonsenne baissa les yeux, et ce fut son tour d'étouffer un gros soupir.

— Ah ! pardon, lui dis-je, je pensais qu'il se serait amendé, qu'il serait rentré en grâce.

Elle secoua lentement la tête et me serra les mains; puis, après un moment de silence, elle reprit :

— Oh ! que cela vous serve de leçon, Michel ; on commence par de petites dettes, par ce qu'on appelle des folies, et on finit par de mauvaises actions.

N'avais-je pas raison de le dire ? n'était-ce pas la meilleure leçon que Dieu pouvait me donner ?

Je n'ai point à expliquer ici quelle était l'histoire du fils de monsieur Bonsenne ; cette histoire se retrouvera plus tard dans ce récit, car celle-là aussi se mêla fatalement à la mienne. Mais avant mon départ de Paris, j'avais été le témoin de quelques-unes des scènes déplorables dont il avait été la cause ; j'avais donc raison de dire tout à l'heure que, dans la position où je me trouvais, des avertissements semblaient me venir de tous côtés pour me déterminer à faire l'aveu de ma faute et à prendre un parti décisif contre les fâcheuses obligations où elle pourrait m'entraîner. La fausse honte et peut-être encore plus l'indécision de mon caractère m'empêchèrent de parler.

Cependant, si nous étions restés seuls plus longtemps

avec madame Bonsenne, elle m'eût peut-être arraché mon secret, car elle me dit une fois encore en me prenant la main avec amitié:

— Vous avez quelque chagrin, Michel?... contez-le-moi.

A ce moment sa fille entra.

Je parlerai plus tard de cette pauvre famille; mais, avant de continuer, il faut que je dise quelques mots d'Alison.

Elle avait alors vingt-quatre ans; elle était d'une beauté grave et modeste, d'une taille élancée, d'une démarche lente, mais ferme. Ce qu'il y avait de remarquable en cette belle fille, c'était l'immobilité passive de ses traits, c'était son regard qui semblait toujours aller au delà des objets visibles, c'était l'absence de toute émotion soudaine. Soit qu'elle vécût dans un souvenir ou dans une espérance, elle semblait toujours absente de sa vie présente.

Elle m'accueillit comme elle m'avait quitté un mois auparavant, comme un passant à qui elle n'avait rien à dire qui pût sortir de son cœur. Et cependant, par un charme inexplicable et auquel j'étais soumis comme tout le monde, cette femme si froide, dégagée en apparence de toute affection, inspirait le respect et le dévouement à tous ceux qui l'approchaient.

Si par hasard elle eût daigné s'occuper de moi, et qu'il lui eût plu de me dire : « Vous êtes triste, je veux savoir pourquoi ? » je le lui aurais dit.

Si elle eût ajouté : « Il faut l'avouer à mon père ! » j'aurais obéi.

Mais Alison ne daigna pas voir la sombre préoccupation que je cherchais à déguiser sous une gaieté maladroite; elle s'occupa de ses devoirs de fille de maison, allant et venant dans le salon, sans que son pas éveillât le moindre bruit, sans que les objets qu'elle posait sur un meuble résonnassent du moindre choc, sans que j'entendisse frémir les plis de sa robe de soie. On eût dit d'un fantôme qui jouait à la vie ; il me semblait que si j'avais été seul, la nuit, avec Alison, j'aurais eu peur.

Le dîner commença ; il ne s'y passa rien d'extraordinaire, si ce n'est un mot qui m'étonna.

Comme monsieur Bonsenne me demandait si je m'étais lié avec quelqu'un de mes voisins, je lui racontai, en faisant le joli cœur, mon entrée à la soirée de madame Smith ; et, après avoir dit la réception que cette dame m'avait faite, je parlai de monsieur et madame Deslaurières, en qualifiant cette dernière d'assez jolie femme de très-mauvais renom.

Alison, qui jusque-là ne s'était pas mêlée à la conversation et qui avait écouté mes plaisanteries comme un son vide de sens ; Alison, dis-je, me regarda fixement et me dit :

— Quel mal vous a donc fait madame Deslaurières ?

— Aucun, lui répondis-je.

— Eh bien donc, pourquoi lui en faites-vous ?

J'allais répondre à Alison, mais un signe de monsieur Bonsenne m'avertit que c'était un sujet dont il désirait qu'il ne fût point parlé devant sa fille.

La conversation changea de tournure, et je m'aperçus enfin qu'il était près de huit heures. Je demandai la permission de me retirer, et je regagnai ma demeure.

Les heures de répit que j'avais prises chez monsieur Bonsenne m'avaient permis de mettre quelque ordre dans mes idées.

J'avais promis à Justine de retourner chez elle, je l'avais promis également à monsieur de Sainte-Mars, et je devais y trouver madame de Frobental.

Je me rappelai en outre que Justine m'avait dit que j'étais personnellement intéressé à son salut. En conséquence, au lieu de rentrer chez moi, je montai immédiatement chez Justine.

Je ne raconterais pas toutes ces petites circonstances, si elles n'avaient donné naissance à certains événements qui ne seraient point arrivés sans cela.

Lorsque je sonnai chez Justine, il paraît qu'on hésita à m'ouvrir, car on me fit attendre assez longtemps.

Cependant, malgré ces mots : « N'ouvrez pas! n'ouvrez pas! » prononcés d'une voix assez élevée pour qu'elle arrivât jusqu'à moi, j'entendis bientôt le pas pesant de la vieille femme traverser la petite salle à manger.

Elle entr'ouvrit à peine la petite porte, afin de pouvoir sans doute la refermer plus aisément si le visage de celui qui se présentait ne lui eût pas convenu ; mais, en m'apercevant, elle témoigna une vive satisfaction, et me dit en me faisant entrer rapidement :

— Enfin c'est vous !

Je pénétrai dans la seconde chambre, pendant que la vieille refermait la porte.

A la clarté fumante d'une misérable chandelle posée sur une cheminée sans glace, j'aperçus Justine couchée : au pied du lit était madame de Frobental, le visage caché par un vaste chapeau enveloppé d'un long voile. Je ne vis point la duchesse, mais je fus assuré que c'était elle lorsque je l'entendis dire à Justine :

— Ne puis-je vous parler un moment à vous seule? Je suis ici de la part d'une femme fort riche qui vous veut du bien, mais qui désire que son nom ne soit pas prononcé à propos de cette affaire.

Quoique je ne fusse point un faiseur de scènes dramatiques, je ne pus m'empêcher de remarquer la bizarrerie de la situation qui mettait la fille et la mère en présence l'une de l'autre : la mère sortant de son hôtel ducal, la fille misérablement couchée sur son grabat ; la mère venant s'assurer qu'elle n'avait plus de fille et que celle qui était là n'était qu'une intrigante ; la fille ignorant qu'elle répondait à sa mère.

Sous aucun prétexte je n'eusse voulu manquer d'être le témoin de cette explication, et, pour faire comprendre à la duchesse que je n'avais aucune envie de lui céder la place, je lui dis aussitôt :

— Je crois connaître la dame au nom de laquelle vous venez près de Justine, et il est inutile de rien déguiser de ses intentions devant moi, d'autant plus que mademoiselle s'est mise sous ma protection et que je ne la laisserai pas à l'abandon.

— Mais, reprit Justine, il ne me convient peut-être pas de dire devant une inconnue ce que je voulais vous dire à vous seul, ce que vous sauriez déjà si vous étiez revenu comme vous me l'aviez promis, ou bien si vous étiez monté avant votre dîner, comme vous en priait le billet que j'ai fait remettre chez vous.

— Je ne l'ai point lu, dis-je à Justine, pressé que j'étais...

Je fus interrompu par la rentrée de la vieille, qui alla regagner son coin en disant :

— Vous ne l'avez pas lu ? eh bien, ça sera plus drôle...

— Je pense qu'il n'y a rien de plaisant dans tout ceci, reprit la duchesse d'une voix âcre, et je prie mademoiselle de vouloir bien s'expliquer relativement à l'événement qui s'est passé ici hier matin.

— J'ai dit, repartit Justine, mes intentions à monsieur Meylan. Je ne demande qu'une chose, la possibilité de quitter cette maison tout de suite si je le peux, et je réponds qu'on n'entendra plus parler de moi.

— Il faut, mademoiselle, reprit la duchesse, que la personne qui m'envoie, et qui désire vous mettre à l'abri de la misère, sache les motifs de votre détermination.

— Ces motifs, c'est à monsieur Meylan seul que je veux les confier, repartit Justine.

— Oh! tu peux parler devant cette dame, murmura la vieille femme; il est bon que la personne dont elle parle sache les motifs qui te font agir.

— Cette femme a raison, dit madame de Frobental; car on pourrait croire que vous ne consentez à vous éloigner maintenant que parce que vous n'êtes pas en position d'user de certains renseignements qui pourraient compromettre une personne honorable, et que vous voulez remettre à un temps plus opportun le droit de vous en servir contre elle.

— Va donc! va donc! fit la vieille avec le ricanement âcre d'une sorcière qui accomplit une conjuration diabolique et qui en prévoit le succès. Ce que tu as à dire rassurera complétement madame et les gens pour qui elle parle. Ne crains rien; d'ailleurs, monsieur Meylan n'est-il pas là pour te protéger?

Justine hésitait toujours.

— Eh bien, mademoiselle, fit la duchesse, en finirez-vous?

— Je te dis que tu peux être tranquille, reprit la vieille. Tu ne veux que le repos. Eh bien, au lieu d'un protecteur, tu en auras tout à l'heure deux pour te l'assurer.

— Eh bien, soit! fit Justine en parlant à la vieille, et prends garde à toi si tu me fais faire quelque sottise!

XXXIII

LA FILLE DE SA MERE

Justine se mit sur son séant et parut recueillir ses idées :

— Allons vite au fait, reprit-elle en s'adressant à la duchesse. Vous ne voulez pas que j'accuse le fils de la duchesse de Frobental d'avoir voulu m'assassiner ; vous voulez que je dise que c'était moi qui me jetais à plaisir par la fenêtre, et vous voulez que je disparaisse et qu'on n'entende plus parler de moi... Eh bien, tout ce que vous voulez, je le veux ; et s'il n'y avait pas quelqu'un qui me tient ici et qui est le maître de me faire arrêter demain matin si je ne pars pas cette nuit ou si je ne lui paye pas ce que je lui dois, j'aurais déjà quitté la maison sans tambour ni trompette... Mais que faire quand on n'a pas de souliers aux pieds, quand demain matin il faudrait mendier pour manger un morceau de pain ? Il faut rester où l'on est, et se servir de tous les moyens qu'on a en son pouvoir pour se tirer d'un mauvais pas. C'est pour cela que je me suis adressée à vous, monsieur Meylan, pas pour autre chose, entendez-vous ; car, quoique j'eusse peut-être le droit de demander des secours au fils de votre père, je ne me fusse jamais adressée à vous ni à personne, si je n'en étais réduite à ce point... Il faut que je sois partie d'ici demain, ou bien que je sois perdue.

— Perdue ! répéta la duchesse avec un accent cruel. C'est donc un mensonge que l'histoire infâme que l'on a rapportée à madame de Frobental, et c'est pour échapper au châtiment qu'attirerait sur votre indigne complicité avec le fils de la duchesse ou peut-être avec un autre, que vous voulez partir ?

— Oh ! reprit Justine, vous connaissez madame de Frobental, et c'est de sa part que vous venez ? eh bien, dites-lui qu'il n'y a pas de mensonge dans l'histoire qu'on a pu lui rapporter ; que moi, Justine, je suis bien sa fille et celle du comte de Sainte-Mars, que ce n'est ni par pitié ni par respect pour elle que je ne veux pas perdre son fils et que je ne la déshonore pas... Elle le mériterait pourtant ! m'entendez-vous bien ? elle le mériterait ! Mais je suis de son sang, j'ai aussi ma part de fautes dans ma vie, et c'est parce qu'il ne faut pas que ces fautes se révèlent à la justice que je ne traîne pas le duc en cour d'assises et la duchesse dans la boue.

— Mademoiselle! s'écria madame de Frobental avec une violence mal contenue, prenez garde à ceux dont vous parlez ainsi !

— Qui êtes-vous donc, pour prendre si chaudement la défense de ma mère? reprit Justine ; vous a-t-elle envoyée ici pour me sermonner? En ce cas, je vous préviens que c'est inutile. Si c'est pour me sauver, et si pour me sauver il vous faut savoir ce qui me détermine à garder le silence, écoutez-moi donc... Je ne vous dirai de mon histoire que ce qui vous est nécessaire, et puis vous jugerez tous deux si ce n'est pas votre intérêt de me sauver.

— Commence où nous en sommes convenues, dit la vieille, et si quelqu'un n'en a pas assez, je me charge de lui raconter le reste.

— Comme tu voudras, fit Justine ; et, se tournant vers la duchesse et vers moi qui m'étais rapproché du lit tandis que la vieille demeurait toujours dans son coin, la jeune fille commença ainsi :

XXXIV

RÉCIT

— A cette époque, je vivais dans une petite ville d'Espagne appelée Urgel.

J'étais, du moins je le croyais alors, chez mes parents : c'étaient des Français qui avaient quitté leur pays, et dont le nom de Moline avait été changé par les habitants du village d'Urgel en celui de Molinos. La maison se composait de celui que je croyais mon père, et qui s'appelait Jean

Molinos; de Bernardine, sa femme; du père et de la mère Molinos, et de leur fils qui était à peu près du même âge que moi. J'avais été placée dans la maison de ces paysans par...

— Passe, passe, dit la vieille; arrive au jour où tu les quittas, et dis avec qui et comment tu les quittas.

— J'y viens, reprit Justine. J'avais alors dix-sept ans, les Français étaient chassés d'Espagne, et notre armée repassait les Pyrénées. Notre village était sans cesse encombré de troupes qui prenaient tout, et qui nous laissaient souvent sans avoir de quoi manger. Quand je dis qu'ils prenaient, je me trompe; ailleurs que chez nous ils prenaient, dans la maison on leur donnait.

Jean eût tué comme un lièvre un soldat qui eût volé une poule; Jean... oh! quel homme! et comme celui-là savait ce que c'est que d'être le maître chez lui! ç'a été la cause de mon malheur...

— Allons au fait, mademoiselle, dit la duchesse.

— Laissez-la conter à sa manière, dit rudement la vieille; la tête a ses allures chez tout le monde, et quand on a eu le cerveau dérangé comme celle-là, il en reste toujours quelque chose.

— Je vais au fait plus vite que vous ne pensez, reprit Justine avec humeur, et tu n'as pas besoin de dire que j'étais folle... Pourquoi donc ne dirais-je pas ce qu'était Jean Molinos? Est-ce que j'aurais fait ce que j'ai fait, si je n'avais eu peur de lui?

— Va donc! reprit la vieille.

— Je vous disais donc, fit la jeune fille, que Molinos donnait aux soldats tout ce qui était à la maison : volailles, bestiaux, farine, vin... tout.

— Tant qu'il y en aura, ça sera pour eux, disait-il; c'est que voilà enfin le tour de la France de payer la guerre de son avoir comme elle l'a fait jusqu'à ce jour de son sang, et partout où il y a un Français, c'est la France. D'ailleurs les Anglais seront bientôt ici, et je veux qu'ils n'y trouvent rien, pas même de quoi se réchauffer s'ils avaient froid, car j'espère que la cendre de la maison sera refroidie quand ils arriveront.

A ces choses-là, le père et la mère Moline poussaient des hurlements, Bernardine pleurait, et Jeannot Moline, mon frère (vous savez que je croyais que c'était mon frère), Jeannot se rencoignait près de sa mère en criant : « J'ai peur ! »

Il n'y avait que moi qui étais toujours de l'avis de mon père... je criais comme lui ; et quand il allait porter des secours et des vivres à quelques détachements postés aux abords du village, je l'accompagnais.

— Ah ! me disait-il alors, tu devrais être le garçon, Justine, et Jeannot devrait être la fille ; vous en vaudriez peut-être mieux l'un et l'autre.

— Mais puisque je fais comme vous et que je pense comme vous, lui disais-je, mon père !

Là-dessus, il me faisait des sermons que j'aurais dû écouter... mais, bah ! au moment le plus touchant, lorsqu'il me croyait bien attentive à l'écouter... je me mettais à courir pour attraper un papillon, ou je me glissais dans quelque buisson où j'avais entendu gazouiller un nid...

Mais ce n'est pas de tout ça qu'il s'agit. J'étais ce que j'étais, et vous n'avez besoin que de savoir ce que je suis devenue.

Ce que je vous ai dit là, c'était notre métier de tous les jours, car je ne quittais pas mon père ; tout le monde, excepté lui, me détestait à la maison... Le père et la mère Moline m'eussent battue si Jean les eût laissés faire, et ma mère elle-même (je croyais que c'était ma mère) me traitait si durement, que c'eût été à faire mourir une autre que moi. Mais j'étais comme ça : le chagrin et moi nous n'avions jamais bien vécu ensemble, et je n'étais pas plutôt toute seule ou avec mon père, que je ne pensais plus à rien qu'à chanter et rire.

J'écoutais parfaitement Justine, d'abord parce que je savais par expérience et pour l'avoir déjà entendue que c'était là sa façon de raconter, ensuite parce que je voulais savoir comment s'engagerait cette histoire dont je croyais prévoir la fin.

Mais la duchesse laissa échapper quelques marques d'impatience et dit assez aigrement :

— Mais je ne peux pas rester ici toute la nuit !

— Bah ! bah ! fit la vieille, on n'a pas trop d'une nuit pour une bonne action ; on en donne tant aux mauvaises...

— Qu'est-ce que c'est ? fit la duchesse.

— Écoutez, écoutez... reprit la vieille, et peut-être il y aura un moment où vous aurez peur de n'avoir pas assez entendu.

Le ton de la vieille femme devenait de plus en plus âcre et menaçant. Mais la duchesse n'était pas facile à effrayer. Elle haussa les épaules et dit à Justine :

— Continuez, mademoiselle.

Justine reprit :

Or, voilà qu'un jour la débandade se mit dans les troupes qui étaient aux environs du village. On croyait les Anglais à vingt lieues, et on entendait déjà leurs canons.

Tandis que les compagnies filaient les unes après les autres, marchant plus vite qu'au pas, ne laissant guère de traînards que ceux qui n'avaient plus la force de fuir, voilà qu'à l'entrée du village, moi et mon père nous remarquons un monsieur à cheval planté au milieu de la route, laissant passer tous les autres et ne bougeant pas plus qu'un roc au milieu d'un *gave* ¹.

On lui parlait, on lui criait de filer.

— Non, dit-il une fois; l'empereur m'a dit de remettre cet ordre au maréchal, et puisqu'il est resté tout à fait à l'arrière-garde, je l'attendrai.

On lui disait que le maréchal avait dû prendre une autre route, que ce n'était pas possible: il n'entendait pas raison.

Ce n'était pourtant pas un jeune homme, de ceux qui se disent qu'une épaulette ou une croix valent bien une jambe. Ah! dame, on est si prodigue quand on a toute sa vie devant soi, et qu'on peut y puiser à pleines mains comme dans un coffre dont on ne voit pas le fond...

— Pardieu! dit mon père, voilà un brave homme!

Je regardai l'inconnu; il était exténué de fatigue, et c'est tout au plus s'il avait la force de se tenir sur son cheval qui avait tout au plus la force de se tenir sous lui. Il attendit comme ça six heures, tandis que l'on passait toujours, et durant six heures nous restâmes à le regarder attendre.

Mais, dame! voilà qu'à la fin du jour l'homme et le cheval tombèrent presque à la fois. On leur avait passé à côté tant qu'ils étaient restés debout, on leur eût passé alors sur le ventre... Mon père ne voulut pas de ça.

— Ah! se disait-il en jurant par son gros juron, je sauverai celui-là, puisque les autres se sauvent si bien.

Il le ramassa, le chargea sur son dos, et nous rentrâmes à la maison, où l'on faisait déjà les paquets.

— Voilà un vrai Français, dit mon père, à qui il faut donner à boire et à manger.

— Il n'y a plus rien! dit la mère Moline avec rage.

¹ Un torrent.

Son fils la regarda à la faire rentrer dans un trou de vipère, et il se tourna vers sa mère qui répondit en pleurant :

— Il n'y a plus rien...

Mon père aperçut dans un coin un paquet sur lequel était assis le père Moline et le força de se lever. Il éventra le paquet avec son couteau et en tira un jambon, du pain et un cruchon.

— Il devrait y avoir vôtre sang à boire et votre chair à manger, dit-il en regardant les deux vieux, si vous étiez bons à nourrir un brave homme !

Je me rappelle ces paroles-là, voyez-vous, comme si je les entendais encore.

Jean ne parlait jamais à son père et à sa mère qu'avec des menaces de mort et des paroles à faire frémir... Pourquoi ça?... Je n'en savais rien alors, car il était bon et doux pour sa femme et pour moi, et pour mon frère, quoique celui-ci se fût mis du parti des vieux.

On fit manger l'inconnu, et mon père voulut qu'on lui laissât le temps de se reposer, quoique tout le monde criât que les Anglais approchaient.

Mais ce n'étaient pas les Anglais qui étaient notre plus grand danger, c'étaient les habitants du pays, tous Espagnols, qui nous détestaient, d'abord parce que nous étions français, et puis parce que mon père leur faisait peur.

— Les Anglais seraient à dix heures d'ici, disait toujours la grand'mère, que dès qu'il n'y aura plus un soldat français dans le pays, nous serons égorgés.

Mon père ne répondait pas ; mais il avait pris ses pistolets, son fusil, son sabre, et il sortait à tout moment sur la route pour voir où en étaient les choses. L'étranger, qui s'était couché sur un mauvais matelas, dormait toujours comme s'il eût été à cent lieues dans la France, en sûreté dans sa maison.

Enfin mon père, qui devenait de plus en plus inquiet, rentra une dernière fois en disant :

— Allons, il faut partir.

Le cheval était attelé à la charrette, tout le monde y courut sans penser à l'étranger.

Mon père voulut l'éveiller, mais il dormait d'un sommeil de plomb. Il ouvrait les yeux un moment, marmottait quelques paroles et retombait. Nous avions beau faire, c'était comme une masse engourdie.

Enfin mon père le prit avec moi et me dit :

— Allons, viens, nous le chargerons sur la voiture.

— Nous l'emportâmes.

Les vieux avaient déjà emmené la charrette, ce qui ne me surprit point ; mais Bernardine les avait suivis, ça n'était pas naturel.

Mon père n'y prit pas garde et me dit :

— Attends-moi là un moment, ils ne peuvent pas être loin, je vais revenir vous chercher tous deux.

Aussitôt il se mit à courir de toutes ses forces, en criant : « Bernardine ! Bernardine ! »

Je restai à côté de l'étranger. Il était assis par terre, le dos appuyé à la muraille, aussi endormi qu'un sac de blé qu'on aurait jeté là.

Je m'étais assise à côté de lui sur un banc, et j'attendais sans trop m'impatienter, bien sûre que mon père ne nous abandonnerait pas ; mais bientôt, et lorsqu'une demi-heure fût passée sans que je visse mon père reparaître, je commençai à m'étonner ; j'allai moi-même sur la route au-devant de lui, l'appelant de toutes mes forces ; la nuit était venue. Comme je criais à tue-tête, j'entends une voix à quelque distance qui me répond en espagnol :

— Qui est là ?

— C'est moi, c'est Justine Molinos.

Je n'avais pas achevé mon nom, qu'à cinquante pas de

moi je vois jaillir une lumière, puis une balle me siffle aux oreilles, puis le bruit d'un coup de fusil.

Je m'enfuis tout épouvantée du côté de la maison, et dans ma frayeur je veux entrer, mais je me sens arrêtée par une main solide, et j'entends une voix qui me dit :

— Rends-toi, gredin !

C'était l'inconnu, que ce coup de feu avait réveillé en sursaut. Il vit que j'étais une femme; mais il ne se rappelait rien; il ne comprenait pas où il était... Je voulus le lui expliquer, ce n'était pas possible... Enfin j'entendis des voix... Je reconnus que c'étaient des Espagnols, et j'entraînai l'étranger derrière la maison, d'où nous gagnâmes un petit sentier.

Il me suivait comme un imbécile; nous marchâmes comme ça un bon quart d'heure; il se rendormait pour ainsi dire tout debout, et il finit par retomber à quelques pas d'un petit carrefour où il y avait une sainte Vierge. Dans mon désespoir, je me jetai à genoux et je mis à prier en pleurant.

Dans ce temps-là je priais, fit Justine en ricanant; puis je n'ai plus prié et j'ai pleuré...

Maintenant je ne prie ni ne pleure. Et pourtant, bonne sainte Vierge, c'est vous qui m'avez donné l'idée qui me fit sauver cet homme... votre père, ajouta-t-elle en se tournant vers moi.

— Quoi !... m'écriai-je.

— Oui, oui, c'était votre père... oui...

Puis elle reprit en frappant du poing sur ses genoux :

— Et j'ai raison de ne plus prier, car si je n'avais pas cru recevoir cette pensée du ciel, je ne l'aurais pas sauvé, il serait mort là, égorgé par le premier laboureur qui l'aurait rencontré le matin... et je ne serais pas ici...

Justine poussa une sorte de rugissement sourd.

— La la, fit la vieille, tout doux ! Tu en étais à dire qu'il te vint une idée pour sauver monsieur Meylan.

— Oui, reprit Justine, qui baissa la tête en se balançant sur son lit comme un enfant de mauvaise humeur. Je pris de l'eau dans la fontaine... (Il faut vous dire qu'il y a des fontaines dans la montagne dont l'eau est froide comme la glace et lourde comme du plomb : ça vous écrase l'estomac quand on en boit ; mais ça vous saisit si fort quand on s'y plonge, qu'on y gagne la fièvre); je pris donc de cette eau et j'en jetai sur le visage de monsieur Meylan; il se réveilla un peu, assez pour qu'il pût se traîner jusqu'à la fontaine. Alors je l'inondai si bien, qu'il se réveilla tout transi, et que toutes ses idées lui revinrent. Il se souvenait de tout jusqu'au moment de son entrée dans notre maison; je lui expliquai le reste.

— Et vous ne m'avez pas abandonné ! s'écria-t-il. Oh ! ce sera une reconnaissance qui ne finira qu'avec la vie que vous m'avez conservée.

Ça se dit ces choses-là, ça se dit à une pauvre fille de la campagne comme à une grande dame, surtout quand on entend venir des gens qui vous cherchent comme le chasseur cherche un lapin...

Ah! vous voulez savoir en quoi mon histoire vous intéresse, monsieur Michel, vous verrez, vous verrez...

Nous partîmes au galop jusqu'à une petite colline que je voulais gravir pour gagner une route qui nous eût menés tout de suite en France; mais monsieur Meylan, qui se connaissait mieux que moi en certaines choses, me dit que le sommet de cette colline était déjà occupé par les troupes anglaises; et il nous fallut marcher toute la nuit dans le creux de la vallée, et en suivant un méchant petit ruisseau qui nous servait, pour ainsi dire, de guide.

Quand le jour arriva, nous nous trouvâmes aux environs d'un petit village appelé, je crois, les Faverols, dont presque toutes les maisons étaient en feu. Voici pourquoi : les habitants du village s'étaient révoltés, ils avaient égorgé dans la nuit un petit détachement français qu'on avait laissé en observation. Deux ou trois hommes seulement avaient rejoint le gros du régiment, qui n'était qu'à une lieue de là ; et quoiqu'il ne fît pas bon pour les Français de retourner en arrière, une compagnie était revenue sur le village, l'avait surpris à la pointe du jour, avait massacré tout ce qui était vivant et mis le feu à tout ce qui était bâti.

Nous apprîmes tout cela d'un vieux bonhomme, blessé de deux coups de baïonnette dans le ventre, et qui se mourait sur la grand'route en poussant d'atroces hurlements. Je lui demandai s'il n'avait pas aperçu une charrette avec un homme, une femme et deux vieilles bonnes gens.

— La charrette à Molinos, me dit le mourant en me regardant : oui, oui, il est passé ici ce matin, mais il a eu son compte, ou du moins sa femme l'a eu pour lui, et c'est bien mieux, car ça lui a fait plus de mal que si ça lui était arrivé à lui-même ; les deux vieux marchaient derrière la voiture, les mains attachées, et sa femme était dessus, geignant et criant de toutes ces forces, car elle a eu les deux jambes fracassées, probablement d'un boulet ou bien d'autre chose.

D'après ce que me disait cet homme, mon père et ma mère ne devaient être qu'à deux à trois heures de marche en avant de nous, et je voulus me remettre en route pour les rattraper tout de suite.

Mais ne voilà-t-il pas que votre père, pour remercier ce vieux scélérat des renseignements qu'il lui avait donnés, se penche vers lui pour le relever, mais il n'était pas à sa portée que voilà un coup de couteau qu'il attrape dans la cuisse.

— A propos de cela, reprit Justine en ricanant, votre

père a été bien bon enfant dans cette circonstance : au lieu de laisser ce vieux gueux mourir là en se tordant comme une chauve-souris qu'on jette au feu, il l'acheva d'un coup de pistolet.

— Tout cela est une histoire fort intéressante, dit la duchesse en interrompant Justine, et je comprends que monsieur Meylan l'écoute avec patience ; mais je ne vois pas en quoi elle peut se rattacher au sujet qui m'a amenée ici.

— Tous les détails de cette histoire sont parfaitement vrais, dis-je à madame de Frobental ; je l'ai entendu raconter vingt fois à mon père, quoiqu'il ne m'ait jamais dit le nom de la jeune fille qui l'accompagnait.

— Oh ! fit Justine en ricanant, il y a bien autre chose qu'il ne vous a pas dit !

— Et qui m'intéresse fort peu, reprit madame de Frobental.

— Votre tour va bientôt venir, repartit Justine.

— Et l'exactitude de son récit en ce qui concerne mon père, dis-je à la duchesse, vous garantit la vérité de ce qui vous regarde personnellement.

— Parlez donc, mademoiselle, fit madame de Frobental.

— J'aurais pu laisser là votre père, reprit Justine, pour courir après ma famille, et surtout après ma mère qui devait avoir besoin de moi ; mais déjà monsieur Meylan m'avait parlé un langage que toutes les filles sont promptes à écouter, surtout quand elles n'ont pas beaucoup de sens et qu'elles n'ont pas eu beaucoup de bonheur, surtout encore quand elles ont vu toute leur vie un fils parler à son père du ton dont Moline parlait au sien.

Il m'avait dit que j'étais jolie, il m'avait dit que j'avais des façons d'être qui sentaient la grande dame, et qu'il serait bienheureux de pouvoir me récompenser de lui avoir sauvé la vie, en me rendant riche et heureuse comme je méritais de l'être.

Justine s'arrêta, et se laissant aller à une de ces soudaines exclamations par lesquelles elle interrompait de temps en temps son récit, elle s'écria :

— Comprenez-vous qu'un homme à peine sorti de la mort, car si je l'avais laissé dans son sommeil c'eût été comme si je l'eusse laissé dans sa bière ; comprenez-vous que là, sur-le-champ, sans que rien l'y pousse, il lui prenne une mauvaise idée contre la pauvre jeune fille qui vient de le sauver ?...

Oh ! depuis six ans que c'est arrivé, j'ai bien vieilli, j'ai passé par de bien vilaines mains ; mais, sur mon Dieu et sur mon âme ! je ne crois pas avoir rencontré dans ma vie un homme si froidement scélérat que celui-là.

La duchesse se tourna légèrement vers moi, mais je m'abstins de répondre.

Si le récit de cette jeune fille était vrai, et je devais le croire, le jugement qu'elle portait de mon père n'était que juste.

Justine continua :

— Au lieu donc de courir après mon père et ma mère, comme je l'aurais dû, je restai avec monsieur Meylan, et lui se traînant comme il pouvait, moi le soutenant de toutes mes forces, nous arrivâmes jusqu'à la frontière française.

Les Anglais étaient toujours sur nos talons ; mais du moment qu'on ne se battait pas dans le pays, nous n'avions plus d'autre crainte que celle d'être maltraités par les troupes régulières du duc de Wellington, mais du moins nous ne risquions pas d'être égorgés par les habitants de l'endroit, comme nous l'eussions été en Espagne.

Les blessures de monsieur Meylan s'étaient envenimées ; nous nous arrêtâmes chez le curé du pays, où je restai avec votre père pour le soigner, car dans ce moment-là personne ne s'occupait guère des blessés. Nous restâmes là quinze jours, quinze jours presque tout seuls, car le curé était toujours en route, bien plus occupé de donner aux Anglais des nouvelles de la marche de notre armée que de veiller sur une pauvre fille qu'il ne connaissait pas et dont il ne se souciait guère.

Et cependant, mon Dieu! c'est vrai, je suis allée trois ou quatre fois à lui, le soir quand il rentrait, et je lui demandais si une pauvre fille était sage d'écouter un homme riche et haut placé qui lui disait qu'il voulait l'épouser, et qui s'offrait même à l'épouser devant le curé, en attendant d'aller chez le maire.

— Ah! fit la duchesse en me jetant un regard de côté.

— Comment vouliez-vous que je comprisse quelque chose à tout cela, moi? reprit Justine; comment est-ce que je pouvais m'imaginer qu'emporté par les rêves de ses haines politiques, un prêtre pouvait me mentir jusqu'à me dire : « Un maire! à quoi bon un maire? Oh! l'heure est venue où toutes ces abominables inventions de la révolution vont être détruites, et quand le prêtre aura dit à un homme et à une femme : Soyez unis! ils le seront comme ils doivent l'être, non pas devant les hommes, mais devant Dieu. »

Pouvais-je croire que c'étaient là les paroles d'un homme qu'enivrait l'idée de ressaisir le pouvoir qu'avaient eu les prêtres autrefois ?

Pouvais-je savoir que votre père serait assez misérable pour profiter de la stupidité de cet homme et pour me dire qu'avant que nous eussions quitté le Salvat, nous serions solennellement mariés?...

Et si l'un de nous deux doit compte à Dieu de la faute que j'ai commise, osez dire si c'est à moi ou à votre père que Dieu donnera le châtiment...

La question était cruelle, et je commençais à comprendre quel intérêt je pouvais avoir au récit de cette fille;

mais la duchesse, soit qu'elle persistât sincèrement dans la pensée que Justine était une intrigante qui avait appris son secret, soit chez Moline, soit par monsieur de Sainte-Mars, et qui voulait le vendre, soit plutôt qu'elle ne voulût connaître de la vie de cette malheureuse que ce qui pouvait l'intéresser personnellement, la duchesse, dis-je, s'écria avec impatience :

— Mais qu'est-ce que tout cela a de commun avec ce qu'on vous demande ? Que vous soyez ou non la fille de ce Moline, et vous l'êtes sans doute, que m'importent les erreurs de votre jeunesse, à moi qui ne viens vous demander qu'à ne pas compromettre le nom du duc de Frobental dans toutes ces hideuses histoires ?

J'avais été fort peu du parti de la duchesse, alors même que j'ignorais la part que je pouvais avoir dans toutes ces horribles complications de crimes ; mais à présent que je voyais poindre à l'horizon le commencement d'une action douteuse à laquelle le nom de mon père se trouvait mêlé, à l'instant où il m'était facile de prévoir, au train dont allaient les choses dans cette histoire, que cela pouvait tourner au crime et à l'infamie, je trouvai les superbes dédains de madame de Frobental singulièrement déplacés, et je lui dis :

— Hé ! madame, écoutez, puisque vous êtes venue pour apprendre, et n'oubliez pas que le duc de Frobental, dont vous venez ici sauver la vie, est sous l'accusation d'un meurtre, et que sa mère peut s'y trouver sous une accusation peut-être encore plus terrible.

La duchesse se retourna vers moi à cette apostrophe ; la douteuse clarté qui éclairait la chambre où nous étions réunis ne me permit pas de voir l'expression complète de son visage, mais j'entendis la sourde exclamation qu'elle laissa échapper.

— Ah ! dit-elle, c'est ainsi…

Elle se retourna vers le lit de Justine, et lui dit doucement :

— Continuez, mon enfant ; monsieur a raison, je commence à croire que vous êtes la véritable victime de toutes les intrigues où l'on vous a mêlée, et c'est moi qui vous protégerai contre tous, si haut qu'ils soient placés et à quelque distance qu'ils se trouvent.

Cette dernière parenthèse n'avait pas le sens commun, mais j'y devinai la menace qu'on m'adressait relativement à mon père, et prenant alors mon parti comme avait fait la duchesse, je m'emparai de ses propres paroles et je les répétai avec cette variante :

— Continuez, dis-je à Justine ; madame a raison, je commence à croire que vous êtes la véritable victime, et c'est moi qui vous protégerai contre tous, si haut qu'ils soient placés et si près qu'ils soient de vous.

C'était une déclaration de guerre, et ceci posait la question d'une façon formelle entre la duchesse de Frobental et moi.

— A la bonne heure ! murmura la vieille en ricanant ; va, ma fille, va.

Cette interruption avait permis à Justine de se remettre de l'espèce d'exaltation fébrile qui l'agitait ; elle continua donc :

— Du reste, il n'en fallait pas tant à votre père pour me pousser à mal faire, il n'eût pas eu besoin de jouer la comédie jusqu'au bout... et de me faire croire à un prétendu mariage... devant un prêtre à moitié fou...

— Quoi ! m'écriai-je...

— Continuez, fit vivement la duchesse.

Mais il était facile de voir que plus elle avançait dans son récit, plus Justine devenait embarrassée. Tout à coup elle se tourna vers nous et s'écria :

— Mais après tout, pourquoi donc hésiterais-je à parler ?

Mon père avait raison, ou plutôt Moline, il avait raison quand il disait que j'avais hérité des vices de ma famille et du sang féroce de ma mère.

La duchesse tressaillit ; mais Justine reprit avant qu'elle eût eu le temps de l'interrompre :

— Et pour la faute qu'elle a commise, elle n'a pas eu pour excuse l'ignorance, la pauvreté ; et pour le crime qu'elle a voulu faire, elle n'a pas été sous le couteau d'un homme implacable et qui était devenu comme une bête fauve... Vous ne vous doutez pas de ces choses-là, vous autres. Vous n'avez pas d'idée de ces atrocités... Je vais tout vous dire, et puis vous verrez... vous verrez...

Nous quittâmes le Salvat, et nous nous mîmes à la recherche de mon père et de ma mère.

Je croyais monsieur Meylan lorsqu'il me disait :

— Dans les circonstances où nous sommes, il est nécessaire que j'aille à Paris : il faut que j'assure ma position vis-à-vis du nouveau gouvernement. Vous comprenez que je ne puis vous emmener ; je vous laisserai chez votre père, auquel il faut tout cacher, sans quoi je serais très-grièvement compromis ; et puis je reviendrai vous chercher, et nous publierons notre mariage.

— Il est impossible, m'écriai-je, que mon père ait fait une telle lâcheté et un pareil crime !

— Ah bah ! fit Justine d'un ton brusque, laissez donc là vos grands mots et prenez cela du bon côté... Asseyez-vous à une table où l'on boit et où l'on se grise, racontez ça comme une bonne plaisanterie, dites que vous avez rencontré une fille maritorne qui s'est éprise de vous et qui s'est imaginé que vous alliez l'épouser ; dites bien comment vous vous êtes moqué du même coup et de cette imbécile de fille et d'un imbécile de prêtre qui a cru révolutionner les lois ; assaisonnez le tout d'une peinture burlesque de la cérémonie ; et si vous avez de l'esprit, vous ferez rire à gorge déployée tous vos auditeurs.... Votre père a de l'esprit et il fait rire souvent avec mon histoire, qui vous fait frémir et qui vous fait honte... Allez, allez, croyez-moi, ne vous révoltez pas tant, il vous arrivera peut-être de faire plus de mal que ça et d'en rire; mais moi je n'ai pas eu à faire des gorges chaudes de mon malheur. Ah ! une pauvre femme, quand on l'a déshonorée et jetée là, toute chargée de sa faute... elle ne rit pas... elle...

Justine s'arrêta soudainement et reprit bientôt, en abordant son récit à un autre point :

— Savez-vous ce que je trouvai à la maison, lorsque nous eûmes appris que mon père s'était retiré dans une cabane qu'il possédait dans la montagne Saint-Barthélemy, où votre père me conduisit en me disant : « Attendez-moi, et soyez sûre que je ne vous abandonnerai pas !... » savez-vous ce que je trouvai ?

J'entre; mon père était assis dans un coin, ma mère gisait sur son lit. Vous savez que mon père m'aimait mieux que les autres. Je m'attendais à ce qu'il me sauterait au cou; mais voilà qu'il me regarde d'un air hébété, et qu'il me dit :

— Que viens-tu faire ici?... il n'y a plus de quoi manger... Va-t'en... va-t'en...

Ma mère Bernardine, au contraire, qui avait été toujours froide pour moi, m'appela doucement et me dit tout bas :

— Reste, reste, Justine...

Et puis elle me dit, en me montrant son front et en regardant son mari :

— Le chagrin... la fureur... Je te dirai tout.

J'avais cru que mon père avait deviné ma faute, et qu'il me chassait comme coupable; mais je vis bien que sa raison était dérangée.

Un moment après mon arrivée, il me parlait comme si nous n'eussions pas été séparés pendant près d'un mois; il ne pensait pas à me demander ce que j'étais devenue. Il se promenait dans la chambre, préparant le souper et écoutant au dehors comme s'il attendait quelqu'un; puis il murmura tout bas :

— Pas encore... pas encore...

— Mets ton couvert, me dit ma mère, comme si de rien n'était.

Je lui obéis; mon père ne parut pas s'apercevoir du changement, et il me dit :

— Allons, mets la table à sa place.

Ma mère me fit signe de l'apporter près de son lit.

J'étais dans un profond étonnement, et je dis tout bas à ma mère :

— Et grand-père, et la grand'mère?

Un cri effrayant se fit entendre, et je vis Moline qui avait saisi une hache et qui la tenait levée sur ma tête en criant :

— Qu'est-ce qui a parlé de père et de mère ?

— Personne! personne! s'écria Bernardine; ce sont les oreilles qui te tintent :

Moline baissa son arme et la jeta dans un coin.

— Oui... oui... dit-il, il y a dans l'air des voix qui me parlent comme ça.

Il se prit à rire et ajouta :

— Elles disent que c'est mal; je dis que c'est juste. Oui, ajouta-t-il en s'animant et comme s'il répondait à des êtres invisibles qui l'obsédaient de tous côtés, c'est juste ! c'est juste!

Puis il écouta encore et se reprit à dire en haussant les épaules :

— Je savais bien que c'était juste, les voilà qui ne disent plus rien.

Puis il s'assit lentement près de la table.

— Allons, soupons, me fit-il.

Ce fut un triste repas; mon père ne mangeait pas, il avait ouvert devant lui son grand couteau catalan, et il le repassait sur le dos de son assiette de faïence en chantonnant le refrain d'une chanson du pays qu'il m'avait apprise quand j'étais toute petite, et qu'on chante dans la moisson; ça voulait dire en français :

> Coupons, coupons, nous aurons
> Une bouchée pour une javelle,
> Une miche pour une gerbe,
> Une oie grasse pour une meule;
> Coupons, coupons, et mieux nous en souperons.

Je ne puis vous dire l'expression féroce dont mon père accompagnait son chant et son geste, tandis que ma mère pleurait silencieusement.

Je tremblais de tous mes membres, je ne savais si je rêvais.

Cependant la nuit vint, et ma mère me parut plus inquiète.

Tout à coup Jean se leva, et prit son chapeau et son fusil.

— Jean! Jean! lui dit sa femme, reste avec nous!

— Il faut que j'aille chercher le souper de demain, répondit-il brusquement.

Et il s'éloigna, tandis que ma mère, levant les mains au ciel, s'écriait douloureusement :

— Ah! mon Dieu, mon Dieu, pourquoi ne m'avez-vous pas fait mourir sous la roue de notre charrette!

— Que voulez-vous dire? m'écriai-je.

— Justine, me dit-elle, ne me quitte plus... nous sommes tous perdus.

— Qu'y a-t-il donc, mon Dieu? m'écriai-je, qu'y a-t-il donc?

Elle pleurait tant qu'elle ne put me répondre.

Je me rappelai alors tout ce que nous avait raconté le vieil Espagnol que nous avions trouvé gisant sur la route.

— Il vous est arrivé malheur dans votre fuite?

— Écoute, me dit-elle, il faut que tu saches tout; sans ça tu pourrais lui dire quelque chose qui le contrarierait; et dans l'état où il est, il te tuerait, vois-tu... il te tuerait... il ne connaît plus personne...

— Mais Jeannot, qu'est-il devenu?...

— Mais écoute-moi donc, reprit ma mère; tout ça est si horrible que je ne sais par où commencer. Approche-toi... parlons bas... S'il rentrait par hasard et qu'il m'entendît, il entrerait en fureur, et qui sait?... Laisse la porte ouverte et fais attention si tu entends des pas.

J'obéis et je me rapprochai du lit de ma mère.

— Tu sais, me dit-elle, le moment où nous quittâmes la maison. J'étais sur la charrette avec la mère Moline, tout à fait en haut de la paille et du foin sous lequel nous avions caché tous nos bons effets. Le père Moline conduisait le cheval, et Jeannot était devant, tremblant de tout son corps et il pleurait. Tu le connais, il est né comme ça, il est poltron, il avait peur et c'est ce qui lui a fait perdre la tête; sans ça, il n'eut pas fait ce...

La mère s'arrêta suffoquée par un gros soupir, je devinai que Jeannot avait fait quelque mauvaise chose, car elle se reprit à pleurer.

J'attendis et elle recommença en disant :

— J'étais si occupée de Jeannot pour tâcher de le rassurer, que je ne m'étais pas aperçue que le père s'était assis sur le brancard et avait mis le cheval au trot. Tout à coup, je m'aperçois de ça et je me mis à crier :

— Et mon mari?... et Justine?...

— Ne te mets pas en peine, ils nous rattraperont, me répond le père Moline.

— Au train dont nous allons ?

— Eh bien ! me dit la mère, ils courront.

— Arrêtez ! dis-je aussitôt, arrêtez !

— Touche la bête, dit la mère Moline à son mari.

Je me mis à crier, à supplier, à menacer pour que l'on s'arrêtât ; mais la vieille criait plus fort que moi, et le père Moline fouettait si fort le malheureux cheval qu'il avait pris le galop.

Dans mon désespoir, je me mis à appeler Jean de toute ma force, et mes cris devenaient si perçants qu'ils commencèrent à épouvanter la mère, si bien que, furieuse de voir que je ne voulais pas me taire, elle profita d'un moment où je me soulevais, pour me pousser rudement en me criant :

— Eh bien, puisque tu ne peux pas te passer de lui, va le chercher !

Le coup fut si violent que je roulai du haut de la voiture en bas. Soit que le vieux Moline eût eu peur de mes cris, soit que le cheval se fût arrêté de lui-même, je me trouvai les jambes devant la roue de la voiture, sans cependant pouvoir m'en retirer, parce que mes jupons étaient pris dessous.

— Arrêtez ! arrêtez ! m'écriai-je en me débattant de toutes mes forces.

Je n'entendis pour toute réponse que ces mots de la vieille : « Meurs là et que ça finisse !... » et ceux-ci de mon fils : « Sauvons-nous, grand-père ! sauvons-nous !... »

Puis le cheval reprit sa marche. Je sentis craquer mes jambes et je perdis connaissance...

Je frémissais en écoutant ma mère, et je reconnaissais bien là la férocité implacable des deux vieillards, qui exécraient leur bru.

— Après, ma mère ? après ?... dis-je à Bernardine.

— Lorsque je revins à moi, continua-t-elle, je me trou=

vai sur le bord de la route, la charrette tout près de moi, les deux vieux attachés derrière ; quant à Jeannot, il avait disparu.

Voici ce qui était arrivé : Moline avait entendu mes cris, et, courant de toutes ses forces, il était passé près de moi sans m'apercevoir ; il avait bientôt rattrapé la voiture et m'avait demandée ; les vieux avaient répondu que j'étais descendue, et que j'avais voulus retourner sur mes pas. Mais Jean les connaissait trop bien pour les croire ; il leur avait fait rebrousser chemin, et comme ils avaient essayé de s'échapper, il les avait attachés derrière la voiture : c'est de cette façon qu'il était revenu près de moi et qu'il m'avait trouvée gisante sur la route.

Alors il avait fallu s'expliquer, et comme les vieux disaient toujours qu'ils ne savaient pas comment mon malheur était arrivé, ton père interrogea Jeannot. Le malheureux enfant lui raconta la vérité ; il n'y avait pas de sa faute, il avait perdu la tête, il n'avait pas compris ce qui s'était passé. Que veux-tu ? c'est un enfant qui est fait ainsi, la peur le rend fou...

Mais quand ton père entendit ça, tu ne peux pas t'imaginer dans quelle fureur il entra.

— Et tu as laissé assassiner ta mère ! lui dit-il, et tu n'as pas sauté à la gorge de ces deux infâmes et tu ne les a pas étranglés !... Ton affaire est jugée, à toi, en attendant la leur...

Là-dessus Moline prit un pistolet de sa ceinture et fit feu sur son fils. Mais la peur sauva Jeannot cette fois : il était tombé avant que le coup fût parti.

Heureusement pour lui que le bruit de cette arme me tira un peu de l'engourdissement où j'étais ; je me remuai, je gémis, j'appelai, et Jean vint à moi. Il m'ôta du milieu de la route et me déposa sur le bord ; il alla chercher de l'eau dans un fossé pour me faire revenir.

C'est pendant ce temps que Jeannot se releva et s'échappa. Nous n'en avons plus entendu parler.

Je n'ai pas appris ça tout de suite, ma pauvre Justine, car déjà la tête de Jean était sens dessus dessous ; ça n'a été qu'à la longue, pendant qu'il parle tout seul, que je l'ai deviné ; mais ce qu'il y a de plus terrible, c'est que sa folie lui vient de ce qu'il croit avoir tué son fils ; lorsque j'essaye de lui rappeler que Jeannot s'est relevé et qu'il s'est sauvé, alors Moline dit qu'il veut courir après lui, qu'il veut le tuer, et il reste des journées entières absent.

— Mais grand-père et grand'mère, qu'en a-t-il fait ? dis-je.

— Écoute, me dit mystérieusement ma mère en tremblant, entends-tu ici dessous... là, à l'endroit de cette trappe ?

— Oui, lui dis-je en remarquant en effet une trappe qui se levait avec un vieil anneau de fer.

— Eh bien ! reprit ma mère, il les a enfermés là. Tous les matins il leur jette un morceau de pain et il leur donne une bouteille d'eau, en attendant, dit-il, qu'il les juge et qu'il les exécute.

Je frissonnais de tout mon corps en écoutant ma mère.

— Maintenant, comment se sont-ils laissé conduire jusqu'ici ?

— Ils ont bien crié et bien imploré les passants ; mais dans la bagarre où nous étions, chacun ne pensait guère qu'à se tirer lui-même d'affaire. D'ailleurs, une fois que nous eûmes passé les Faverols, Moline, au lieu de suivre la route de l'armée, prit le chemin de la montagne et nous mena jusqu'ici.

— Mais quelle est cette maison ? lui dis-je.

— Ah ! reprit ma mère, ne m'en parle pas, c'est à faire frémir. Je ne le sais pas bien, jamais Moline ne me l'a dit ;

je l'ai deviné à quelques paroles qu'il a laissées échapper et qui se rattachent à une histoire qui remonte à plus de vingt ans. Mais, vois-tu, me dit ma mère en baissant la voix, c'est ici, j'en sûre, qu'a été commis un crime dont je n'ai jamais bien su les détails.

— Quel crime ?...

A ce moment, Bernardine, qui m'avait parlé jusque-là avec confiance et amitié, se mit à me regarder d'une façon bien étrange et me dit :

— Tu me demandes ce crime, toi !... Oh ! reprit-elle, maudite soit ta famille, elle a été la cause de tous nos malheurs !

Ce n'était pas là le premier mot qui m'eût fait quelquefois penser que je n'étais pas la fille de Bernardine, mais celui-là n'était pas douteux, car il séparait ma famille de la sienne.

Cependant je me croyais toujours la fille de Moline. Je voulus hasarder une question; Bernardine me repoussa durement en me disant :

— Va, va, il est probable que tu en sauras bientôt plus que moi, car il a remis à un de ces jours le jugement qu'il s'obstine à vouloir prononcer, et c'est, dit-il, pour solder tout d'un coup leur compte du passé d'autrefois, et de ce qu'ils m'ont fait dernièrement.

— Mais, dis-je à Bernardine, est-ce que personne ne vient vous soigner ?

— Tu sais bien, me répondit-elle, que ton père est *rhabilleur*[1]. Il m'a soignée lui-même, et je pense que deux mois ne se passeront pas sans que je puisse marcher ; mais d'ici là il faut que je vive presque toujours seule, surtout

---

[1] Il y a dans le midi de la France et il y avait surtout à cette époque un grand nombre de paysans exerçant la chirurgie, sous le nom de *rhabilleurs*, et s'occupant spécialement de la guérison des membres démis ou fracturés.

la nuit, en entendant sortir de dessous terre des cris et des imprécations qui viennent comme d'une tombe ; et puis c'est plus encore ce qui arrivera que ce qui est arrivé qui m'épouvante... Ton père, vois-tu, jugera les vieux et les exécutera comme il l'a dit. J'ai bien eu la pensée de les faire échapper, non parce que je veux les sauver, mais parce que j'épargnerais un crime à Moline.

— Mais, dis-je à Bernardine, je puis les sauver, moi.

— Et s'il le savait, me répondit-elle, il te tuerait.

Je ne dis plus rien à ma mère... Vous comprenez, nous fit observer Justine, que je l'appelle tantôt ma mère, tantôt Bernardine, selon que ça me vient à la bouche, vous me comprenez tout de même, n'est-ce pas ?

— Sans doute, lui dis-je, captivé par la terreur que m'inspirait ce récit, me demandant avec effroi si le nom de mon père, mêlé à toutes ces horreurs, n'en sortirait pas flétri.

La duchesse, soit qu'elle eût cet espoir qui lui assurait ma complicité et mon silence, soit qu'elle fût dominée par cet assemblage de circonstances atroces, dit à Justine :

— Continuez, continuez.

Justine reprit :

— Ma mère me dit donc : « Et pourtant le crime serait moins abominable, car tu n'es rien pour lui, tandis que tuer son père et sa mère... »

Je me sentis glacée à cette pensée ; mais je n'osais plus interroger Bernardine. Seulement je pensais que si monsieur Meylan m'avait emmenée, j'eusse été à l'abri de cette terrible alternative, ou de risquer ma vie en sauvant les vieux Moline, ou de les voir massacrer par leur propre fils.

Nous étions rentrées, moi et Bernardine, dans le plus profond silence, et nous écoutions le vent qui criait à travers les pins de la montagne et qui se mêlait aux gémissements qui sortaient de dessous la trappe.

Dans cette terrible angoisse, je me mis à genoux, et je me tournai vers Dieu pour lui demander appui et conseil; il me semblait que la prière m'avait calmée et que de bonnes inspirations allaient me venir, lorsque je fus interrompue par le rire de quelqu'un qui s'était approché tout doucement de moi et qui me cria à l'oreille :

— Imbécile !... imbécile !...

C'était mon père.

— Allons, debout, me dit-il ; on ne prie que moi ici, il n'y a ici de maître que moi... et le diable, ajouta-t-il en riant.

Je tombai assise sur un vieux coffre, et mon père me dit en me regardant d'un air farouche :

— Quant à toi, fille de scélérats à la peau dorée, tu marcheras droit dans la vie que je t'ai gardée, ou je t'enverrai à ton Dieu que tu pries, comme s'il écoutait les pauvres... Va, va, reprit-il plus tristement, il n'y a que les riches qui ont un Dieu, et la preuve, c'est qu'ils vivent dans le repos de leur fortune et de leur conscience. Ah ! ah ! reprit-il en riant avec fureur, c'est vrai, c'est un Dieu de pardon et de miséricorde pour eux : on lui paye des messes et il protége...

Ma mère et moi nous nous taisions. La tête de mon malheureux père était tout à fait tournée... Jamais, c'est vrai, il n'avait été très-dévot, mais jamais je n'avais entendu sortir de sa bouche un blasphème, et il imposait toujours silence aux deux vieux lorsqu'ils attaquaient la religion.

— Allons, dit-il après un moment de silence, il est temps de se coucher.

Nous n'étions ni des seigneurs ni des bourgeois, mais nous avions toujours eu nos aises dans la maison. Je regardai où je pourrais me coucher, car j'étais rompue à la fois de fatigue et de l'émotion de tout ce que j'avais appris. Je cherchai autour de moi, il n'y avait rien. Le lit de Bernardine était assez large pour deux. Je m'imaginai que pour cette nuit au moins elle m'offrirait de coucher près d'elle ; mais mon père ouvrit le coffre sur lequel j'étais assise, et en tira un matelas à moitié pourri.

— Couche là-dessus, me dit-il, et tant que ça durera, ça durera.

Il était dans un état à ne pas lui adresser une observation, car je ne sais pas ce qu'il aurait fait si on l'eût contrarié.

Je me mis sur le matelas. Quant à lui, il se coucha sur la trappe de la cave où étaient enfermés son père et sa mère...

Je passai une dure nuit sans sommeil, malgré ma fatigue extrême, et je n'eus qu'une pensée, celle de m'échapper et de retrouver votre père.

Aussi, dès que le matin fut venu et que le jour paraissait à peine, je me levai doucement, croyant mon père et ma mère profondément endormis. Comme j'allais passer près de mon père, il me prit par mon jupon et me dit :

— As-tu envie de descendre là-bas avec les autres ?

— Moi, lui dis-je, et pourquoi donc ?

— Parce que tu veux t'en aller pour me dénoncer à la justice !

Je me défendis de cette odieuse accusation ; mais Moline se prit à me regarder avec des yeux qui me firent peur.

Ce n'était plus son regard ferme, clair et rapide ; il y avait quelque chose de vague, d'éloigné, qui semblait voir ailleurs quand il regardait, comme le regard d'un somnambule ; ça devait être vrai, car il me dit aussitôt :

— Oh ! j'y vois clair maintenant, j'y vois dans vos pensées à toutes deux, dit-il en s'adressant aussi à sa femme qui s'était éveillée à notre première parole. Toi, Bernardine, tu as envie de sauver les vieux..., et toi, ajouta-t-il en se tournant vers moi qui ne pus supporter la fascination de son regard, tu as fait quelque chose de mal !... Eh bien, reprit-il encore en se levant, chaque chose viendra à son tour... il y aura justice pour toi comme pour les vieux ! Ah ! je serai juste, ajouta-t-il en serrant les poings, juste pour tous !...

J'étais immobile et tremblante, et peut-être que si à ce moment il m'eût interrogée, je lui aurais avoué ma faute ; mais il se mit à penser à autre chose.

C'était l'heure où il avait coutume de donner à manger aux vieux. Il leva la trappe, et tout aussitôt j'entendis sortir de ce gouffre des vociférations, des cris, des menaces.

Moline ne fit qu'en rire.

C'étaient bien certainement de grands scélérats que ces deux êtres, et je l'appris plus tard ; mais c'était horrible de les entendre. Il y avait un vieil escalier délabré qui descendait à la cave ; ils s'y précipitèrent, je les vis alors... O mon Dieu ! penser que des créatures humaines puissent arriver jusque-là ! c'est épouvantable. Les damnés doivent être ainsi... Ils avaient à peine la force de grimper, et ils s'accrochaient des mains et des ongles aux marches de l'escalier. Le père Moline tira sa femme qui allait plus vite que lui. Il était effrayant, avec sa longue barbe, ses cheveux hérissés et sa pâleur de cadavre...

La mère Moline remonta aussitôt ; ses cheveux gris pendaient le long de ses joues maigres, et ses yeux rouges luisaient sur son visage comme des taches sanglantes.

Ils vinrent ainsi jusqu'au bord, se bousculant, se poussant... Moline ne se baissa même pas, il les repoussa du pied et les fit rouler jusqu'au bas, au milieu de leurs cris et de leurs hurlements ; puis il posa sur l'une des dernières marches un pot d'eau et un morceau de pain, et leur dit en ricanant :

— Je vous promets que vous sortirez de là le 17 du mois prochain.

Ma mère me fit un signe, et pendant que Moline refermait la trappe, elle me dit tout bas :

— C'est le jour où il veut, dit-il, les juger et les exécuter.

Nous avions plus d'un mois à passer avant d'arriver à ce moment, et j'espérai que durant ce temps mon père changerait d'idée ou que je pourrais m'échapper. Mais il me semblait que depuis que la raison de Moline était partie, quelque chose de surnaturel en eût pris la place. Il se tourna vivement vers moi, comme si j'eusse dit tout haut ce que je pensais en moi-même, et il reprit en me montrant son fusil :

— Tu ne t'en iras pas, entends-tu, toi ! il faut que tu assistes à cette justice, et souviens-toi que si tu étais assez loin pour que je ne pusse pas te rattraper en courant après toi, il y a là dedans une balle qui t'atteindra partout...

Il ne crut pas ses menaces suffisantes sans doute, car il ajouta avec plus de violence :

— Partout, fusses-tu devant un tribunal, jurant Dieu et les saints que tu dis la vérité en racontant ce que tu sais.

— Je n'ai aucun désir de vous quitter, mon père, lui dis-je.

Il haussa les épaules et reprit :

— Prépare le déjeuner de ta mère, il y là dedans tout ce qu'il faut.

Je vis un sac qu'il avait rapporté la veille et jeté dans un coin : il y avait de la volaille, du pain, du lard, du vin, tout ce qui était nécessaire pour plusieurs jours.

J'obéis, et Moline se mit à se promener devant la porte de la maison.

Quand j'eus fini, il s'assit à table avec nous, mangea à peine, ne but que de l'eau. Il ne lui restait plus qu'un bon sentiment au cœur, c'est l'amitié qu'il avait pour sa femme. Il la soignait et lui coupait les bons morceaux ; il la retournait dans son lit avec la plus tendre sollicitude.

Quand le repas fut fini, Moline entra dans un hangar et en apporta un paquet : il était rempli de linge, mais ce n'était pas celui de la maison.

— Démarque ça, me dit-il, et raccommode-le.

Je n'avais ni fil, ni aiguilles, ni ciseaux... Je le lui fis observer.

— Tu en auras cette nuit, me dit-il.

La pauvre Bernardine semblait anéantie.

Lorsque nous fûmes seules, elle laissa éclater ses larmes et se mit à prier.

— Qu'avez-vous encore ? lui dis-je.

— Tu ne comprends donc pas, me dit-elle, que tout ça est volé ?

— Volé ! m'écriai-je ; lui, mon père, il vole !...

Il faut vous dire, reprit Justine, que du caractère dont je connaissais mon père, voler était de sa part une chose plus extraordinaire que tuer ; il avait eu toute sa vie la main leste au couteau, et dans les querelles avec les Espagnols il avait souvent été accusé d'avoir versé le sang ; mais voler était pour lui le crime d'un lâche, et, pour qu'il s'y fût décidé, il fallait que son esprit eût tout à fait changé.

Je me mis à pleurer aussi en pensant que je me trouvais emprisonnée dans ce repaire de crimes.

Jean rentra, nous cachâmes nos larmes, mais il les avait vues.

— Oh ! nous dit-il, vous pouvez pleurer, je ne vous en veux pas à vous autres : pleurez, pleurez, ça console.

Puis il resta jusqu'au soir à se promener autour de la

maison, allant, venant, rentrant, parlant au hasard. Le soir arrivé, il s'éloigna comme il avait fait la veille; mais cette nuit-là il avait eu la précaution de fermer les portes en dehors, de façon que nous étions prisonnières moi et ma mère. Cependant, comme il n'avait pas la conscience de ce qu'il faisait, il ne s'était pas aperçu que la fenêtre pouvait facilement s'ouvrir.

Malgré ses menaces, je n'avais pas renoncé à l'idée de m'échapper; la curiosité de ma mère me seconda.

— Tâche donc, me dit-elle, de voir de quel côté il s'en va. Ah! si je pouvais marcher, je l'aurais déjà suivi, je l'aurais déjà arrêté au moment où il a commis sa première mauvaise action...

J'ouvris doucement la fenêtre, je levai les crochets qui retenaient les volets et j'attendis pour voir si ce bruit était arrivé jusqu'à lui. Je n'entendis rien et je poussai les volets. A l'instant même, un éclat de bois vint me frapper à la joue, et j'entendis le bruit d'un coup de fusil. L'épouvante me renversa sur le sol. Bernardine se mit à pousser des cris, mais elle ne pouvait venir à mon aide.

Je m'attendais à voir reparaître mon père, et je me tenais presque pour morte; mais rien ne bougea au dehors, et je me relevai; je n'étais point blessée.

— Couche-toi... couche-toi... me dit Bernardine tremblante; je lui dirai que c'est moi qui t'ai dit d'ouvrir la fenêtre.

Je me blottis sur mon matelas, attendant à chaque instant un malheur. Mais les heures se passèrent sans que mon père rentrât, et, la fatigue dominant enfin mes terreurs, je m'endormis profondément et ne m'éveillai que le lendemain matin. J'appris alors que mon père n'était rentré qu'au milieu de la nuit; sa femme n'avait pas soufflé mot. Alors il s'était approché de moi, m'avait remué du pied; ce mouvement me fit pousser un gémissement sans cependant m'éveiller tout à fait.

Lorsque j'ouvris les yeux le matin, Jean s'occupait à ranger sur la table des aiguilles, du fil, enfin tout ce qu'il m'avait promis; il ne me fit aucune observation, ne m'adressa pas la parole; mais il me montra du doigt l'ouvrage qu'il m'avait préparé, et la place où la balle de son fusil avait été se loger dans le mur.

A l'exception de cette circonstance, qui ne se renouvela point puisque je n'essayai plus de m'échapper, toutes nos journées se passèrent, pendant plus d'un mois, comme celle que je viens de vous dire.

L'habitude est une mauvaise maîtresse : elle vous enseigne, malgré vous, des choses qu'il semblait qu'on ne pourrait jamais apprendre; elle vous fait accepter sans révolte des idées qui vous paraissent impossibles à excuser la première fois qu'elles se présentent à vous. Ainsi, mon père sortait tous les soirs; tous les soirs il revenait avec un nouveau butin, et comme c'était là l'aliment de notre vie, nous n'étions plus, moi et ma mère, à nous épouvanter de le voir arriver chargé des fruits du vol; bien au contraire, nous l'attendions avec anxiété et souvent avec la crainte de manquer de nourriture.

Cependant rien ne diminuait la sombre mélancolie de Moline. La guérison de Bernardine avançait; déjà elle pouvait se lever et se traîner jusqu'à la porte de la maison, appuyée sur mon bras.

Nous nous entretenions souvent ensemble du fatal projet que Jean avait conçu au sujet des deux vieillards. Comme il n'en parlait presque plus, nous voyions approcher avec moins de crainte le jour qu'il avait désigné pour ce jugement.

Nous nous étions persuadé que si nous pouvions, durant toute cette journée, le distraire de sa mauvaise pensée, il renoncerait à son dessein, parce qu'il n'aurait pas été accompli à l'heure fixée.

Quant à moi, je gardais mon secret dans mon cœur, non-seulement par terreur, mais comme une espérance. Pour rien au monde je n'aurais osé l'avouer à mon père, et j'attendais le retour de monsieur Meylan pour m'arracher à la vie de crime et de misère dans laquelle j'étais plongée.

XXXV

SUITE DU RECIT DE JUSTINE

— Enfin le jour fatal arriva ; rien ne nous annonça que mon père y fit plus d'attention qu'à un autre. D'ailleurs, dans la solitude où nous vivions, c'est à peine si nous pouvions calculer à quel quantième du mois et à quel jour de la semaine appartenait la journée présente.

Le soir arriva sans que rien vînt nous alarmer, et nous attendions le moment où Jean nous dirait de nous coucher, trop heureuses ce jour-là de le voir partir pour quelque expédition nocturne, et préférant de beaucoup le crime qu'il pourrait commettre en volant quelque ferme des environs, à la justice qu'il prétendait faire des deux vieillards. L'heure habituelle du repos arriva ; mais Jean ne nous dit rien et ne fit point mine de vouloir sortir.

Les alarmes de Bernardine commencèrent ; elle voulut s'assurer de la pensée de son mari, et me fit signe de préparer mon lit, pour voir si cela le déterminerait à quitter notre cabane. Mais à peine avais-je commencé à tirer de mon coffre le matelas sur lequel je couchais, que Jean me dit d'une voix rude :

— On ne dort pas ici cette nuit !

Ce mot suffit pour nous apprendre que ce que nous

avions espéré du calme apparent de mon père nous avait trompées, et que sa pensée s'était d'autant plus attachée à l'exécution de son projet qu'il l'avait plus silencieusement médité.

Dans cette circonstance, Bernardine ne craignit pas d'attaquer de face la résolution de son mari, et lui demanda sévèrement ce qu'il prétendait faire.

— Vous le verrez toutes deux, répondit Moline, et que cela vous serve de leçon à toutes deux.

Le regard dont il accompagna ses paroles était effrayant de cruauté, et cependant il n'arrêta point Bernardine.

— Ce que tu veux, lui dit-elle, ne se fera pas, et je saurai bien t'en empêcher.

Mon père la regarda froidement, tira un pistolet de sa poche et le posa sur la table près de laquelle il était assis.

Je poussai un cri d'effroi et je me précipitai entre lui et ma mère, tant j'avais été épouvantée du regard qui lui avait été adressé. Jean tira un second pistolet et le plaça de même sur la table, et, me regardant alors comme il avait regardé ma mère, il ajouta :

— Il y en a pour tous ceux qui manqueront à leur devoir !

L'énergie de Bernardine n'était que dans la faiblesse de son mari pour elle. Toujours sûre de triompher, soit par des menaces, soit par des larmes, je l'avais vue quelquefois pousser ses exigences au delà de toute raison. Je m'attendais donc à une lutte violente entre mon père et ma mère ; mais, comme si Bernardine eût compris du premier coup que tout son pouvoir s'était perdu et abîmé dans le naufrage de la raison de mon père, je la vis passer soudainement du ton impérieux qu'elle avait pris à l'accent du désespoir, et elle s'écria en jetant autour d'elle un regard éperdu :

— Mon Dieu! mon Dieu! est-ce que personne ne viendra à notre aide?...

— Sois tranquille, repartit Jean, il va venir quelqu'un; car l'heure de la justice a sonné pour tout le monde!

Sans savoir quelle pouvait être la personne dont mon père nous annonçait l'arrivée, nous espérâmes que la présence d'un étranger serait un obstacle à l'exécution de ses desseins, et nous gardâmes un moment le silence. Mon père restait immobile, sans impatience apparente; on eût dit que, comme le destin, il avait marqué son heure à chaque chose, et que rien ne pouvait ni la hâter ni la retarder.

En effet, à un certain moment, il se leva en disant :

— Ils doivent être au bas de la montagne.

Cependant nous ne possédions dans la cabane ni montre ni pendule qui eussent pu l'avertir de l'heure exacte où il parlait ainsi; mais, de même que depuis sa folie il semblait lire les pensées que ma mère et moi nous n'osions émettre, on eût dit qu'il lisait de même les heures du jour sur un cadran invisible.

Il attendit quelques minutes après ces paroles, plus profondément préoccupé qu'il ne l'avait été jusque-là, et il se prit à dire :

— Allons, il faut que tout soit prêt quand ils seront ici.

Aussitôt il tira de sa poche une longue corde toute neuve, la coupa en deux, et, étant monté sur la table sur laquelle il plaça une chaise pour s'élever le plus haut possible, il attacha ces deux cordes chacune à l'une des poutrelles transversales de notre chaumière.

J'avoue que je ne compris rien à ces singuliers préparatifs, et je regardai ma mère. A la pâleur livide répandue sur ses traits, au tremblement convulsif qui agitait tout son corps, au geste machinal par lequel elle porta ses deux mains à son cou en poussant un profond gémissement, je compris à quel usage étaient destinées ces deux cordes, e à mon tour je me sentis glacée jusqu'au fond de l'âme; je vis danser la cabane, la tête me tourna, j'étais ivre de peur.

Bernardine essaya de balbutier quelques mots; mais Jean se contenta de tourner la tête vers elle, et tirant un second paquet de cordes de sa poche, il répéta la phrase qu'il avait déjà dite :

— Il y en a pour tous ceux qui manqueront à leur devoir !

A l'aspect de pareils préparatifs, nous ne pouvions comprendre quelles étaient les personnes qu'attendait Moline. C'étaient sans doute des complices, car si ce devait être des victimes, il avait dû calculer que, seul contre cinq ou six personnes, il trouverait une résistance assez désespérée pour prévenir le crime qu'il méditait.

Cependant nous nous demandions quels pouvaient être les complices de Jean Moline, vivant dans la plus profonde solitude et ne connaissant personne. Le moment approchait où nous allions en être instruites, car nous entendîmes une voix qui appelait Jean; c'était une voix de femme, et lorsque Bernardine l'entendit, sans doute qu'elle la reconnut immédiatement, car elle s'écria aussitôt :

— Elle !...

— Oui, lui dit Jean en se tournant de son côté, elle !... car si le crime appartient à quelqu'un, c'est à *elle* surtout qu'il doit revenir.

Il y eut un moment dans les yeux de ma mère une expression de joie cruelle, et lorsque j'eus appris quelle était la femme qu'on avait ainsi désignée, je pensai que Bernardine s'était presque réjouie du crime de son mari, du moment que cette femme partagerait le châtiment qu'il voulait infliger aux deux vieillards.

Pendant ce temps, Moline avait ouvert la porte de la cabane, et avait répondu d'une voix toujours calme :

— Par ici, par ici; on vous attend.

Un moment après, je vis entrer une femme qui pouvait avoir quarante ans, vêtue avec une riche simplicité; un homme beaucoup plus âgé qu'elle l'accompagnait.

Derrière eux se glissa une seconde femme qui me parut être une servante, et dont l'extrême ressemblance avec mon père me frappa dès le premier abord.

Nous étions donc dans la cabane quatre femmes et un homme contre Moline seul, et je commençai à me rassurer sur la portée des projets qu'il pouvait avoir.

Le monsieur qui était entré s'approcha de Moline et lui dit d'un ton doux, mais résolu :

— Vous me connaissez sans doute, monsieur?

— Vous êtes le comte de Lory; c'est vous qui voulez épouser la marquise de Prémontré, et qui depuis quinze ans n'attendiez pour cela que la mort de son mari. Le vieux marquis en a fini, et votre future n'a plus que deux mois de veuvage à faire... En attendant, continua-t-il, vous vous êtes fait son protecteur : très-bien. L'affaire qui va se passer ici ne pouvait pas avoir de meilleur témoin qu'un futur; car je suppose que vous ne serez pas fâché d'apprendre que les deux personnes qui pouvaient le plus cruellement accuser la marquise de Prémontré auront bientôt disparu de ce monde.

Celle qu'on appelait de ce nom regardait autour d'elle avec une grande frayeur; elle reprit d'une voix tremblante :

— Jean, vous n'avez pas voulu m'attirer dans un piége... Jean, je ne vous ai jamais fait de mal, moi...

Un sourd ricanement répondit à cette parole de la marquise, qui se précipita vivement vers la femme qui la suivait, en lui disant :

— Marine, quel est donc le projet de ton frère?

J'appris ainsi quelle était cette femme dont le visage m'avait frappée, et dont j'avais entendu souvent parler dans la maison de mon père comme d'un caractère implacable et résolu; car elle était, au dire de ma mère, l'image vivante du visage et du cœur de Jean Moline.

Cependant, malgré la résolution dont cette femme était douée, elle parut frappée de l'expression sinistre de Jean, et elle répondit d'une voix mal assurée :

— En vérité, je ne sais pas ce qu'il a.

Et tout aussitôt elle se dirigea vers la porte qu'elle avait refermée. Elle voulut la rouvrir, sans doute pour appeler du secours; mais Jean Moline la prévint et ferma la porte à double tour, prit la clef, la mit dans sa poche et repoussa sa sœur en lui disant :

— Personne maintenant ne sortira de cette maison que la justice que j'ai promise à chacun ne soit accomplie.

Je n'avais pas regardé Bernardine pendant ce temps; mais je détournai mon attention des autres personnes en l'entendant murmurer tout bas et à plusieurs reprises ces mots :

— Elle est encore belle...

Je suivis la direction de son regard tout empreint d'une expression haineuse, et je vis que c'était madame de Prémontré qu'elle examinait avec cette attention.

Quant à celui qu'on avait appelé monsieur de Lory, il paraissait rassurer la marquise; et, bien que ce ne fût plus un homme jeune, il ne semblait pas facile à intimider.

— Finissons-en vite, dit-il à Moline. Vous avez écrit à la marquise de Prémontré qu'il fallait qu'elle se trouvât ici cette nuit pour son honneur et son repos, expliquez-vous donc !

— Tous ceux qui doivent entendre ce que j'ai à vous dire ne sont pas encore présents, répondit mon père; attendez un moment.

Aussitôt il leva la trappe qui fermait la cave où étaient enfermés les deux vieux, et il les appela.

Il y avait déjà longtemps que la fureur qui les précipitait

naguère à l'entrée de leur prison lorsqu'ils la voyaient s'entr'ouvrir ; il y avait déjà longtemps, dis je, que cette fureur était tombée ; le manque d'aliments, la privation de lumière, et peut-être aussi la perte de tout espoir, avaient abattu cette force cruelle qui rendait leur vieillesse si hideuse et si redoutable. Ils montèrent lentement l'un après l'autre, le père d'abord, la mère ensuite, pâles comme des spectres, chancelants comme des gens ivres, l'air égaré comme des idiots.

A cet aspect, les nouveaux venus reculèrent en poussant un cri d'horreur.

Nous-mêmes, ma mère et moi, quoique nous fussions habituées à les voir tous les matins, nous éprouvâmes le contre-coup de cet effroi, et il me sembla que je voyais sortir deux cadavres de leur tombe. Jean leur montra deux tabourets qu'il leur avait préparés en face de la table, derrière laquelle il se plaça. Il avait mis cette table en travers de la porte de manière que lui-même barrât l'entrée de la maison.

Sur un signe muet qu'il fit aux autres personnes, elles allèrent s'asseoir derrière le vieux Moline et sa femme, sur un banc que mon père avait également préparé pour les recevoir.

Ma mère était à la droite de Moline, assise sur le pied de son lit, les yeux toujours attachés sur madame de Prémontré, et paraissant oublier complétement dans la contemplation qui l'absorbait les craintes qu'elle avait eues relativement au projet de son mari, et l'étrangeté de la scène à laquelle elle assistait.

Quant à moi, j'étais tout à fait à l'angle de cette grande chambre, accroupie sur les fagots jetés dans ce coin et dans la situation d'un enfant qui attend l'explosion d'une arme à feu, et qui d'avance ferme les yeux et se bouche les oreilles.

Je savais que j'allais apprendre quelque chose d'horrible,

que j'allais assister à un spectacle effrayant, et je n'avais cependant ni la force ni le courage d'être un témoin attentif de cette scène.

Par un inexplicable retour sur moi-même, au lieu de penser à ce qui allait se passer devant moi, je n'étais occupée que de ma faute, et j'en éprouvais à la fois plus de terreur et de remords que je n'en avais senti jusque-là.

Est-ce que cette justice exceptionnelle qui allait sans doute atteindre des coupables que la loi des hommes oubliait, m'avertissait déjà du sort qui pouvait me frapper à mon tour? Est-ce que déjà quelque chose s'agitait en moi de cette existence qui me fut révélée quelques heures plus tard, et qui devait être aussi mon crime? Je ne sais; mais je me tenais blottie dans un coin, comme si j'eusse voulu échapper aux regards de mon père, comme si c'était moi qu'il avait appelée et forcée de s'asseoir sur le tabouret où étaient les deux vieillards.

Cependant ils restaient là, muets, immobiles, regardant autour d'eux d'un air hébété, et cherchant à comprendre pourquoi cet appareil, pourquoi la liberté qu'on leur avait rendue, pourquoi ces étrangers qu'ils ne connaissaient pas.

Marine les appela vainement de la place où elle était; ils parurent ne pas l'entendre, et le son de la voix de leur fille ne les émut ni l'un ni l'autre.

Mon père les regardait attentivement, mais l'aspect de la dégradation de ces deux vieillards, dégradation dont il était la première cause, n'excita sur le visage de Jean ni une expression de repentir ni un mouvement de regret. Il semblait plutôt examiner avec un cruel sang-froid le moment où il pourrait saisir dans leurs yeux un éclair d'intelligence, afin d'en profiter pour arriver jusqu'à leur esprit.

Soit qu'il eût trouvé un instant favorable, soit qu'il ne voulût pas attendre plus longtemps, il éleva tout à coup la voix et leur dit d'un ton lugubre :

— Écoutez, vous autres, et souvenez-vous... c'est aujourd'hui la nuit du 17 au 18 mai !

A cette parole, le regard indécis des deux vieillards se fixa sur Jean Moline, qui continua du même ton lugubre :

— C'est aujourd'ui la nuit' du 17 au 18 mai, et c'est ici la cabane du mont Saint-Barthélemy ! vous souvenez-vous tous les deux de ce que vous avez fait ici, à pareille nuit, il y a précisément de cela vingt ans ?

L'intelligence revenait au vieux Moline ainsi qu'à sa femme, et avec l'intelligence cette hideuse expression de menace et de bravade dont ils accueillaient ordinairement les reproches de leur fils.

Sans doute ils allaient lui répondre, lorsque soudain madame de Prémontré se leva en disant d'une voix éperdue :

— Jean, qu'allez-vous dire ? Jean, que prétendez-vous faire ?... Taisez-vous, par grâce, taisez-vous !

— Il n'y aura pas de grâce ni pour vous, ni pour eux, dit Jean Moline. Asseyez-vous et écoutez.

A ce moment madame de Prémontré se tourna vers monsieur de Lory, et lui dit avec un véritable accent de désespoir :

— Protégez-moi, monsieur ! protégez-moi ! C'est un piége infâme où l'on m'a attirée ; me laisserez-vous insulter par cet homme ?

Avant que monsieur de Lory eût le temps de prendre la parole, Jean se leva, et s'adressant à madame de Prémontré, il lui dit en ricanant :

— Mais qu'avez-vous donc, madame la marquise ? pourquoi dites-vous que je vous ai insultée ? Je n'ai pas encore prononcé votre nom, et voilà que vous avez déjà peur de ce qui va se dire.

— Oh ! par grâce, par pitié, taisez-vous... taisez-vous ! reprit madame de Prémontré.

— Je n'ai encore rien dit, reprit Jean.

— Il suffit que madame ne veuille pas entendre ce que vous avez à dire, fit monsieur de Lory, pour que vous n'ajoutiez pas un mot de plus ; et d'ailleurs me croyez-vous homme à supporter la violence qui voudrait nous retenir ici prisonniers ?

— Je vous ai dit, répondit Jean dont le visage pâle s'injecta de sang par plaques marbrées qui lui donnèrent un aspect effrayant, je vous ai dit que personne ne sortirait, et je vous dis maintenant qu'il faudra que vous m'entendiez jusqu'au bout.

Monsieur de Lory allait sans doute répliquer ; mais Marine l'arrêta aussitôt en le tirant par le pan de son habit et en lui disant tout bas :

— Laissez-le dire, ou sans cela il arrivera malheur.

En effet, Jean tenait ses pistolets dans ses mains, et je suis persuadé qu'il n'eût pas fallu un geste imprudent de monsieur de Lory pour que mon père le renversât mort à ses pieds. Le comte se rassit, et madame de Prémontré lui dit tout bas, en retombant près de lui sur le banc où ils étaient :

— Oh ! vous ne croirez pas cet homme... il va mentir ! il va mentir !

Je ne sais pas ce que pensa ce monsieur de l'épouvante de la marquise ; mais ce que je sais bien, moi, c'est que la frayeur qu'elle montra me persuada que mon père allait dire la vérité.

A ce moment, un léger ricanement, parti du coin de la chambre où nous étions, interrompit Justine au milieu de son récit. Quoique depuis quelques moments il semblât s'éloigner de l'intérêt direct que nous y pouvions prendre, madame de Frobental et moi, l'étrangeté et l'horreur de ce que nous entendions avait fini par captiver notre attention, et nous fûmes tout déconcertés, contrariés de l'interruption de la vieille.

— Oh! oh! avait-elle dit en ricanant, la petite fait des observations morales!

— J'oubliais que vous étiez là, répondit Justine.

— Va, va toujours, continue, dit la vieille, ne te gêne pas parce que je suis là; dis la chose comme elle s'est passée, et peut-être que tout à l'heure ça sera aussi plaisant ici que ça l'a été chez Jean Moline.

Cette observation nous ramena au motif de ma présence dans la chambre de Justine; et, plus curieux que je ne l'avais été encore d'apprendre quelle avait été la destinée de cette jeune fille, je la priai de continuer.

Je remarquai cependant que, pour la première fois, madame de Frobental semblait avoir été frappée par la voix de la vieille femme qui venait de parler. Son œil ardent, fixé sur elle, semblait vouloir percer la pénombre qui l'enveloppait dans le coin où elle s'était réfugiée.

Mais Justine reprit son récit; et malgré l'espèce d'inquiétude qu'elle avait un moment éprouvée, la duchesse fut bientôt captivée de nouveau par ce qui nous était raconté à tous deux.

Toutefois, il sembla que cette interruption avait brisé l'espèce de contemplation rétrospective par laquelle Justine se reportait dans le passé et lui faisait raconter dans tous ses détails une scène qu'elle semblait encore avoir sous les yeux : son récit devint plus rapide, plus animé; il prit pour ainsi dire le caractère d'une discussion exaltée. En effet, c'est ainsi qu'elle continua :

XXXVI

SUITE DU RÉCIT DE JUSTINE

— Eh bien, nous en étions là lorsque voilà tout à coup mon père qui se lève et qui se met à raconter l'histoire de sa jeunesse. Il raconta d'abord comme quoi il avait été l'aimé de la marquise de Prémontré, et puis comment un premier malheur était arrivé !...

Oui, oui, ils pouvaient appeler ça un malheur ! monsieur de Prémontré était employé à l'étranger; il y avait plus d'un an qu'il avait quitté la France, qu'il avait laissé sa femme seule dans son château, et voilà que la marquise allait devenir mère.

C'était alors une grande dame, et c'était pour elle un bien grand déshonneur. Elle avait pour servante un serpent, une vipère, la Marine, la fille des vieux, la sœur de Jean. Cette servante dit tout bas à la marquise qu'il n'y avait qu'une chose de difficile dans sa position, c'était de cacher la naissance de l'enfant. Quant à s'en débarrasser lorsqu'il serait né, elle lui dit tout bas qu'il y avait des gens qui pour de l'argent se chargeraient volontiers de mettre l'enfant de côté ! Quels étaient ces gens-là ? c'étaient le père et la mère Moline.

Vous comprenez, continua Justine dont la voix tremblait, de quel air mon père devait dire tout ça... Vous comprenez aussi qu'ils étaient tous là présents, la marquise, Marine et les deux assassins, grinçant les dents, pâles, enragés, pendant que mon père leur racontait leurs infamies, mais tremblants et accroupis dans leur peur, car mon père tenait un pistolet de chaque main...

Ils auraient bien voulu crier que ce n'était pas vrai;

mais outre la peur qu'ils avaient de mon père, ils avaient tous peur les uns des autres ; car si l'un d'eux eût osé dire : « Ce n'est pas vrai, » un autre eût pu lui répondre aussitôt : « C'est vrai. » Aussi c'était pitié de les voir, surtout Marine et la marquise, la tête basse et comme mortes, tandis que mon père leur disait :

— Oui, ce fut le 12 mai que naquit cet enfant dans le pavillon du parc... Le soir, monsieur Bonnissens le remit lui-même à vous, ma mère, qui deviez l'emporter en nourrice, et, le 17, vous l'apportiez ici ! Mon père, qui avait voulu être de moitié dans les cinquante louis qu'on vous avait promis et qui voulait les gagner comme vous aviez promis de les gagner, vous accompagnait... La nuit du 17 au 18 vint, alors vous descendîtes dans cette cave, et vous y avez enterré tout vivant... l'enfant...

Ma mère et moi nous poussâmes un cri d'horreur.

— Tout vivant ! répéta mon père, vous entendez bien ? Ils me l'ont dit, ils s'en sont vantés, ils y ont enterré tout vivant l'enfant qui leur avait été donné à tuer !

— Oh ! jamais, s'écria alors la marquise, je n'ai jamais donné un pareil ordre...

A cette dénégation, la mère Moline se tourna vers sa fille et lui dit :

— Cet ordre, c'est toi qui me l'as apporté, Marine.

Tout aussitôt, la sœur de mon père se tourna vers madame de Prémontré en lui disant :

— Et vous savez, vous, madame, de qui je l'ai reçu.

La marquise retomba sur son banc.

C'était une chose hideuse à voir que tous ces gens se jetant leur crime à la face, et rien ne put exprimer la joie cruelle que mon père éprouvait à les voir ainsi se débattre sous ces terribles accusations.

Ce fut alors que mon père leur reprocha la vie qu'ils lui avaient faite.

— Je vous ai sauvé à tous, dit-il, le bagne et l'échafaud que vous avez mérités ; puis il s'est trouvé, ajouta-t-il en s'adressant aux deux vieillards, il s'est trouvé une femme qui, malgré l'horreur que vous inspiriez à tout le monde, a eu assez d'amour pour moi pour ne pas craindre d'entrer dans votre maison : je lui promis de la protéger contre vos fureurs, et depuis dix-neuf ans qu'elle est devenue votre fille, si je ne l'ai pas toujours sauvée de vos injures, du moins n'aviez-vous jamais osé porté la main sur elle. Mais il est venu un jour où vous m'avez cru impuissant à la protéger, un jour où vous avez compté que le danger où j'étais vous la livrait sans défense ; vous avez profité de la seule heure où votre haine contre elle a pu se dresser en liberté, et vous l'avez mutilée... vous avez fait plus, vous avez rendu mon fils coupable de ce crime et vous m'avez fait tuer mon enfant !... A tous ces crimes-là il faut un châtiment; ce châtiment, je vous l'ai promis, et je vous l'infligerai.

Malgré la solennité des paroles de mon père, malgré la résolution implacable qui ressortait de l'expression de son visage et la froide fermeté de ses paroles, le père et la mère Moline répondirent par un ricanement méprisant aux paroles de leur fils.

En toute autre circonstance, cette audace eût exaspéré Moline et il se fût répandu contre eux en reproches qui m'eussent fait trembler ; mais cette fois j'éprouvai un froid que je n'avais jamais ressenti, car il ne leur répondit rien. Il en était arrivé à ce point qu'il n'écoutait plus que ce qu'il disait lui-même ou plutôt ce que l'enfer semblait lui dire tout bas à l'oreille.

Je sentis que les deux vieux étaient tout à fait condamnés. Je tombai à genoux et je me mis à prier.

Mon père se mit à rire, et se leva tout à coup. Je m'arrêtai dans ma prière.

— Va toujours, me dit-il, ce sera la prière des agonisants... car il est temps, la nuit s'avance, et il faut que justice soit faite avant le lever du soleil...

— Écoutez, vous autres, ajouta-t-il en s'adressant aux deux vieillards, s'il vous reste encore dans le cœur autre chose que la crainte de la mort, faites votre prière, car il y a longtemps que je vous ai condamnés à mourir, et l'heure de l'exécution est venue.

A cette menace, Marine se leva et voulut prendre la parole; mais son frère l'arrêta en lui disant d'une voix sinistre :

— Ne te mêle pas de leurs affaires; je t'ai pardonné comme je leur avais pardonné pour le premier crime que tu leur as fait commettre; ne t'associe pas au second pour lequel je les punis, si tu ne veux pas partager leur châtiment.

A son tour, monsieur de Lory voulut s'interposer, et lui dit :

— Croyez-vous que je vous laisserai assassiner deux vieillards sans défense?

— Oh! reprit Jean, je ne tiens pas à ce que vous soyez présent à leur supplice; vous pouvez quitter cette cabane.

— Et c'est ce que je vais faire à l'instant, dit le comte, pour y ramener les hommes qui m'aideront à prévenir cet horrible parricide.

Jean écarta la table derrière laquelle il était assis, et ouvrit la porte.

— Allez, dit-il, monsieur le comte, allez.

Monsieur de Lory hésita à sortir; mais madame de Prémontré n'eut pas plutôt vu une issue à sa fuite, qu'elle se précipita hors de la maison en appelant monsieur de Lory.

Le comte la suivit, épouvanté sans doute de l'égarement

auquel elle était en proie; mais il s'arrêta à quelques pas de la porte, à la voix de Jean qui lui cria :

— Et maintenant vous pouvez allez prévenir les magistrats et appeler la force armée, vous pouvez me conduire devant les tribunaux... seulement, n'oubliez pas qu'en y menant le fils qui a tué son père, vous y traînerez aussi la mère qui a tué son enfant !

La voix de madame de Prémontré appela immédiatement monsieur de Lory; et Marine, qui craignait que le comte ne se laissât aller à son indignation et n'allât chercher du secours, Marine s'échappa en même temps de la cabane pour prévenir une dénonciation qui eût fait remonter la justice à la connaissance d'un crime dans lequel elle se trouvait compromise et qui pouvait perdre la marquise.

Mon père referma la porte.

Jusqu'à ce moment les vieillards avaient conservé leur audace; mais ils commencèrent à se regarder d'un air alarmé, lorsqu'ils virent s'éloigner les étrangers dont la présence pouvait les protéger.

Ma mère elle-même n'avait pas sans doute cru à la réalité de ces menaces, car elle m'appela tout bas et me dit, sans oser cependant s'adresser à son mari :

— Ce n'est pas possible, n'est-ce pas? il ne le fera pas.

— Regardez-le, lui dis-je.

Mon père barricadait la porte.

— Jean... Jean... lui cria sa femme, je ne crois pas cela.

Il ne lui répondit pas; et comme elle ne pouvait quitter son lit tant sa faiblesse était encore grande, elle me poussa vivement vers lui en me disant :

— Mais arrête-le donc, toi !

Je me jetai aux genoux de mon père en lui criant grâce pour sa femme et pour moi; il me repoussa si durement, que j'allai retomber sur le lit près de ma mère.

Je faillis m'évanouir, et je restai un moment les yeux fermés, tout étourdie du coup que j'avais reçu. Je fus arrachée à cette espèce d'anéantissement par les cris aigus, par les hurlements furieux qui retentissaient dans la cabane.

Ma mère m'appelait et appelait son mari, me secouant de toutes ses forces, s'agitant vainement pour se lever.

Des coups violents étaient frappés à la porte, et l'on entendait les voix de monsieur de Lory et de Marine qui appelaient Jean et le suppliaient de leur ouvrir. Je me soulevai pour voir ce qui se passait, sans avoir bien la conscience de tout ce que je venais d'entendre.

Ma mère m'avait pris la main dans une des siennes; et comme je lui disais:

— Mais qu'y a-t-il? qu'est-ce qui se passe?

— Regarde! me dit-elle d'une voix rauque et presque éteinte.

Je levai les yeux, et je vis le corps du père Moline qui pendait déjà à l'une des cordes attachées à la poutre du toit.

Pendant ce temps, la mère Moline se débattait dans les mains terribles de son fils, qui lui passait au cou le bout de l'autre corde.

Je voulus crier et m'élancer; mais à cet instant quelque chose d'inouï tressaillit en moi, et au moment où je restais béante et immobile, les yeux fixés sur le visage de la mère Moline, dont la vie s'éteignait dans d'horribles convulsions; au moment où la mort prenait cette existence, il me sembla qu'une autre vie s'animait dans la mienne; et ce fut en face du crime de l'homme que je croyais mon père que je compris toute l'étendue du crime qu'avait commis le vôtre, le vôtre, monsieur Michel; alors je m'évanouis...

A cette dernière parole, la voix de Justine était tombée

tout à fait, et nous-mêmes, épouvantés du récit que nous venions d'entendre, nous gardions un profond silence, ne trouvant ni parole ni voix pour exprimer l'horreur que nous ressentions.

La duchesse de Frobental fut la première à dominer cette émotion; elle dit à Justine, d'un ton moins aigre que celui dont elle lui avait parlé jusqu'à ce moment :

— Je comprends que, puisque vous avez été témoin de pareilles scènes, dont je sais que la connaissance est arrivée à la justice, vous puissiez craindre de paraître dans une affaire qui obligerait les magistrats à vous interroger sur vos antécédents; je comprends, en conséquence, que vous évitiez d'être forcée de raconter les crimes de votre famille, car c'était bien là véritablement votre famille, j'en suis sûre maintenant.

— Cette famille n'était pas la mienne! répondit vivement Justine, et ce n'est pas pour ses crimes, mais pour les miens, que je ne veux pas comparaître devant les juges et accuser votre fils... Si je vous ai raconté tous ces crimes, madame, c'est parce qu'ils sont, comme je vous l'ai dit, la cause et l'excuse de celui que j'ai commis moi-même.

La voix de Justine s'assombrissait, et son regard errant de tous côtés semblait éviter de se reposer sur un objet déterminé.

— Vous vous imaginez peut-être, reprit-elle violemment, qu'après ce crime commis notre existence changea; vous croyez peut-être que ce monsieur de Lory, qui avait semblé si indigné de l'horrible justice de mon père, osa aller le dénoncer... Oh non ! non ! fit amèrement Justine. Il y avait à côté de lui la marquise de Prémontré; pour accuser mon père, il fallait la perdre, ou tout au moins la compromettre, et cet homme l'aimait cette femme, cette femme qui a fait rougir quiconque l'a connue...

— Justine! s'écria tout à coup la vieille femme en l'interrompant.

— Oh! reprit celle-ci, tant pis pour ceux qui m'écoutent... Du reste, il y a assez longtemps que je parle, le cœur me lève de raconter toutes ces horreurs...

Voilà pourtant où j'ai vécu, et parmi tout ça, savez-vous le comble des atrocités? c'est que lorsque je revins à moi, ma mère était hors de la maison et la trappe de la cave était levée. Je ne me souvenais plus de ce qui s'était passé, et je me demandais d'où venait ce bruit sourd de coups de pioche que j'entendais au-dessous de moi.

Enfin, à force de rappeler mes idées égarées, je retrouvai peu à peu mes souvenirs, et je devinai que c'était à la même place où le père et la mère Moline avaient creusé la fosse de l'enfant de leur fils, que celui-ci leur creusait à son tour une fosse.

Ah! vous n'avez jamais été, aucun de vous, dans ces angoisses-là, jamais vous n'avez senti cette odeur de morts dans laquelle j'ai vécu huit mois, car j'ai encore vécu huit mois dans cette affreuse maison; et ne pensez pas que la vengeance que mon père avait tirée des siens eût satisfait la fureur dont il était possédé.

Le crime attache au crime et mon père se démenait dans son remords, non pas pour se repentir, mais pour l'étouffer dans de nouvelles violences. Lui qui avait tant aimé Bernardine, qui l'avait aimée au point de la venger si cruellement, il ne parlait plus que de punir et de faire justice. Comme s'il eût voulu s'excuser de l'abominable exécution qu'il avait faite, il disait toujours qu'il avait mission de poursuivre les coupables qui échappent aux lois, et lorsqu'il nous disait ces choses-là, il nous regardait avec l'avidité d'une bête fauve qui ne demande qu'un prétexte pour se jeter sur sa proie.

Que voulez-vous que je vous dise de plus? nous en étions

arrivées, ma mère et moi, à ne plus oser nous parler, à ne pas nous regarder. Bernardine, après avoir pleuré longtemps, perdit tout espoir, et je la vis peu à peu s'en aller dépérissant à la fois de son corps et de son esprit. Elle s'abrutissait chaque jour davantage et devint presque tout à fait idiote. Mon père devenait de plus en plus fou, de façon que je vivais entre la folie imbécile de ma mère et la folie sanguinaire de mon père.

Et puis c'étaient toujours les mêmes menaces.

— Oh! s'écriait Jean, qu'une faute se commette ici, et la mort en sera le châtiment!

Alors il me regardait avec des yeux si terribles que je me sentais glacer le sang dans les veines. Je me taisais et m'accroupissais dans un coin de la cabane pour me dérober à ses regards qui auraient pu me deviner.

Voilà comment j'ai vécu pendant ces huit mois...

Enfin, une nuit vint où je crus ma dernière heure sonnée; je ne pouvais plus en douter d'après les menaces de Jean, il devait me tuer pour la vie qui allait naître de moi. Heureusement... que dis-je, heureusement!... non, non, mieux eût valu mourir alors que de vivre comme j'ai vécu depuis... Heureusement enfin! puisque je l'ai dit, mon père n'était pas dans la cabane; quant à ma mère, elle ne quittait plus son grabat, arrivée au dernier état de l'imbécillité.

Oh! ce crime, je ne l'eusse pas commis si j'avais espéré un pardon, si j'avais pensé que ma vie pût être nécessaire à la vie de l'enfant; mais comme il criait, tout froid et tout grelottant à côté de moi, j'entendis à quelque distance la voix de mon père chantant avec force : c'était l'indice qu'il était dans un de ses moments les plus furieux... J'eus peur de mourir; je n'avais pas eu le temps de comprendre ce que c'est que d'être mère... et puis, je vous l'ai dit, le crime attache au crime...

N'y avait-il pas une tombe ouverte dans cette maison, une tombe, là, sous ma main? Je me traînai jusque-là, je soulevai la trappe, je poussai la malheureuse petite créature... j'entendis un grand cri, puis, quand la trappe fut retombée, je n'entendis plus rien et j'allai tomber dans mon coin, à moitié expirante!...

— Oh! misérable! s'écria la duchesse.

Justine n'entendit pas et continua d'une voix sourde.

— Mon père entra et dit :

— On criait ici!

— Ce sont les morts qui se plaignent! murmura Bernadine en essayant de se dresser.

Mon père leva la main sur elle et la força de se coucher tout à fait.

Quant à moi, je ne dis rien, et bientôt après je m'endormis...

— Vous avez dormi, misérable! s'écria la duchesse, près du cadavre de votre enfant!

Justine se redressa avec fureur, et dit à la duchesse :

— Oui, je l'ai fait... Eh bien, c'était ma destinée... et si je l'ai fait, est-ce ma faute? Est-ce ma faute d'avoir été livrée à cet horrible abandon?... et puis... j'avais le sang de ma mère dans les veines, j'ai fait d'un autre ce qu'elle a voulu faire de moi.

— Ce n'est pas vrai! s'écria la duchesse en se levant.

— C'est vrai! dit la vieille femme en se plaçant en face d'elle. Ne te souviens-tu plus, Hélène, de la nuit où tu m'envoyas chercher par le comte de Sainte-Mars?

Madame de Frobental recula... et moi-même je me pris à regarder cette vieille avec épouvante.

— Qui êtes-vous donc? fit la duchesse, je ne vous connais pas!

— Comment avez-vous appelé cette femme? dit Justine en s'adressant à la vieille.

— Je l'ai appelée Hélène, reprit la vieille; c'est Hélène de Favreuse, duchesse de Frobental, c'est ta mère, entends-tu?...

— Vous mentez... vous mentez... s'écria la duchesse en cherchant à s'échapper.

— Hélène, Hélène, dit la vieille, voilà ta fille que tu m'as remise pour la tuer, et que j'ai sauvée en la confiant aux Moline!

La duchesse s'arrêta en s'écriant avec un mouvement désespéré:

— Ce n'est pas possible!

Aussitôt elle s'empara de la lumière posée sur la cheminée et la porta tout près du visage de la vieille... et là, l'œil fixé sur elle, elle la regarda en murmurant d'une voix sourde et entrecoupée:

— Non... oui... oui... oh! oui... Jeanne! c'est Jeanne!

— Jeanne de Favreuse, marquise de Prémontré... en es-tu sûre à présent?

— Oh! je rêve, je rêve... fit la duchesse en chancelant.

XXXVII

FIN DU RÉCIT DE JUSTINE

Je me précipitai pour soutenir la duchesse de Frobental et prendre la lumière qu'elle portait.

Elle me regarda fixement et me dit, comme si j'avais été le magistrat devant qui elle allait comparaître:

— Je suis la duchesse de Frobental, monsieur. Ces deux femmes ont menti : ma sœur est morte et ma fille est morte.

— Vous aviez donc une fille? lui dit Justine en sortant de son lit et en lui prenant la main.

— Non... fit la duchesse en se dégageant, non !

— Hélène, dit la vieille, voilà ta fille !

La duchesse se jeta sur un siége, en se détournant de tout ce qui l'entourait et en murmurant sourdement :

— Je suis folle, je suis folle... elles sont mortes !

— Non, tu n'es pas folle, reprit la vieille, non ! Seulement tu n'as jamais su pourquoi cette enfant et moi nous avons fait croire à notre mort : c'est que peu de jours après le crime qui avait été commis, la justice, éveillée par les bruits sinistres qui couraient sur l'habitation de Moline, le fit suivre dans la nuit et l'arrêta.

— Oui, reprit Justine, et c'est alors que je m'échappai ; car on vint le lendemain dans la maison, on la fouilla, et on y trouva la trace de tous nos crimes, tous ces cadavres entassés et dont chacun répondait à un forfait...

J'étais absente et je me sauvai à travers la montagne, et c'est là que je rencontrai la marquise fuyant aussi ; car à peine Moline avait-il été arrêté, qu'il avait tout raconté aux juges.

— Oui, dit la marquise de Prémontré (car je ne doutais plus que ce ne fût là la femme dont j'avais lu l'histoire) ; mais je fus prévenue par monsieur de Lory, à qui l'un des juges donna avis des révélations de Moline. Depuis l'horrible scène de la cabane, je ne le voyais plus ; mais, malgré son mépris pour moi, il ne voulut pas me laisser traîner devant des juges. Je sortais de mon château par une porte au moment où les gendarmes entraient par l'autre. J'étais déguisée en paysanne, et j'avais emporté assez d'argent pour gagner la frontière. J'avais pris mes précautions pour dépister les agents de l'autorité : une lettre, laissée chez moi à l'adresse de monsieur de Lory, lui apprenait que je n'avais pas voulu survivre à la honte de l'accusation portée contre moi... Mais on ne crut pas d'abord à cette résolution. L'homme qui était chargé de me poursuivre s'était fait mon ennemi, parce que je n'avais pas voulu l'écouter et que je lui avais préféré monsieur de Lory. C'était le fils de monsieur Bonnissens le médecin, lui qui était devenu substitut du procureur du roi, lui qui poussait si loin la haine qu'il m'avait vouée qu'il dirigea la poursuite des gendarmes contre moi.

— Bonnissens! s'écria madame de Frobental, mais c'est le nom du commissaire de police...

— Qui a constaté le crime de votre fils! m'écriai-je à mon tour.

— Ah! reprit madame de Prémontré, ce sera drôle... Nous sommes tous au rendez-vous...

La duchesse regardait sa sœur, comme pour bien apprécier la vraisemblance de ce qu'elle racontait.

La marquise continua :

— Ce fut en me jetant tout à fait dans la montagne que je pus éviter les poursuites; c'est là que je rencontrai Justine fuyant comme moi, pour le même crime que moi, et c'est là que nous avons associé nos misères.

— Mais, reprit madame de Frobental, votre mort a été constatée.

— Oui, oui, reprit la marquise, et vous savez comment : les débris de mes habits trouvés au bord d'un torrent, le fichu de Justine trouvé au penchant d'un gouffre, ont fait croire que j'avais mis ma résolution à exécution et que Justine en avait fait autant que moi. Mais qu'importe comment cela est arrivé! Ce qu'il y a de certain, c'est que tu as recueilli mon héritage, Hélène; c'est que tandis que je vivais dans la misère, tu trônais, toi aussi coupable que moi, honorée et respectée, riche et heureuse !

— Heureuse!... s'écria la duchesse. Mais regarde-moi donc, Jeanne, vois mes cheveux blancs, vois mes joues creusées, vois ce corps qui n'a plus de force... Mais tu ne sais donc pas qu'à l'heure où j'ai appris l'horrible accusation portée contre toi, une nuit a suffi pour me faire tout à fait vieille, une nuit d'horreur et de crainte !

— La misère et la faim ont été plus longues, fit la marquise, et je suis plus vieille que toi, Hélène. Mais le moment est venu où nous allons rétablir la balance.

— Que prétendez-vous donc toutes deux ? s'écria la duchesse, épouvantée du ton menaçant dont sa sœur venait de parler. Vous voulez me dénoncer... toi, ma sœur !... toi, ma fille !...

— Ah !... fit Justine, vous êtes donc ma mère, ma mère qui m'a abandonnée ? Ah ! c'est bien... c'est bien... Nous verrons maintenant, nous verrons...

— Mais que voulez-vous ?... que voulez-vous ?... fit madame de Frobental.

— Ce que je veux, reprit la marquise; ma fortune, toute ma fortune...

— Ce que je veux, dit Justine, oh ! je veux être riche aussi. Je veux...

Elle sembla chercher dans sa tête quelque chose d'énorme à demander, et elle finit par dire :

— Je veux deux mille francs de rente.

Il y avait eu tant de misère dans cette existence, que l'ambition de cette malheureuse ne voyait pas au delà de cette somme si misérable elle-même.

— C'est bien, c'est bien, fit la duchesse. Et vous partirez ce soir... aujourd'hui ?...

— Oui, oui, dit Justine, aujourd'hui même.

— Ce matin, fit la duchesse, dans une heure, car on peut venir vous interroger relativement au crime de mon fils, et alors...

— Alors, vous comprenez, dit Justine, qu'on cherchera à savoir qui je suis, et alors je dirai tout.

La duchesse n'écoutait point Justine.

— Mais, dites-moi donc, reprit-elle tout à coup, pourquoi le duc s'est-il porté à ces affreuses violences contre vous?

— C'est qu'il me connaît pour ce que je suis.

— Lui, mon fils! fit la duchesse avec terreur.

— Et monsieur de Sainte-Mars aussi, reprit madame de Prémontré.

— Et votre fils, dit Justine, voulait que je lui donnasse les papiers qui prouvent que vous êtes ma mère.

— Quels papiers? fit la duchesse.

— Votre lettre que monsieur de Sainte-Mars m'apporta de la cabane de Moline, dit la marquise; celle que vous m'avez écrite pour me reprocher de n'avoir pas exécuté vos ordres quand je vous appris l'existence de Justine; celle où vous m'avez envoyé l'argent avec lequel Moline a consenti à quitter la France... Ah! il y a de quoi tout prouver, dit madame de Prémontré; je n'ai rien oublié, je n'ai rien perdu : car je vous connaissais, Hélène; je savais que le jour où le malheur s'abattrait sur moi, vous ne me viendriez pas en aide et que je vous implorerais en vain, car vous n'avez jamais eu ni cœur ni entrailles.

— Ma sœur! fit la duchesse.

— Eh! s'écria madame de Prémontré avec un mépris cruel, voilà deux heures que vous êtes en présence de votre fille, et vous ne lui avez pas encore tendu la main.

— A cette... fit la duchesse.

Elle fit un mouvement pour parler à Justine; mais comme si c'était là une chose qui lui fût impossible, elle secoua la tête en disant :

— Jamais! jamais! je ne connais pas cette femme, je ne veux pas la connaître...

Justine ne parut nullement blessée de cette froide répulsion.

— Eh! mon Dieu, dit-elle à la duchesse d'un ton dur, je ne vous demande pas vos embrassades et vos larmes; je ne vous demande que de me tirer de la mauvaise affaire où m'a mise votre fils... J'ai bien vécu sans vous, et je vivrai encore très-bien sans votre secours. Faites-moi partir, et même, si vous ne voulez pas me donner de quoi vivre, je vous en tiens quitte. Je n'ai pas été vous chercher, moi!

— Mais comment se fait-il donc, dit la duchesse, que mon fils vous ait découverte?

— C'est le doigt de Dieu qui l'a conduit, repartit la marquise, pour que le mauvais fils se servît de la faute de sa mauvaise mère pour la punir...

— Allons, allons, reprit vivement Justine, ne jouons pas la comédie, marquise; tout ceci est venu par hasard. Si Dieu se mêlait des choses de ce monde, il ne m'aurait pas laissée commettre mon crime; car si j'avais été arrachée six jours plus tôt au pouvoir de Moline, je n'aurais pas à me reprocher cette horrible action.

— Mais enfin, reprit la duchesse, comment le duc a-t-il appris que vous existiez et qui vous étiez?

Je racontai à la duchesse ce que Justine m'avait elle-même dit à ce sujet.

Madame de Frobental m'écoutait avec l'attention d'un avocat qui va décider de la marche d'une affaire.

Rien de ce qu'on dit être les sentiments ordinaires de la nature ne vivait entre ces trois femmes, également corrompues et dénaturées, l'une par l'ambition et l'hypocrisie, la seconde par le libertinage, la dernière par la misère, vices qui n'avaient laissé en elles d'autres pensées, d'autre occupation que la sûreté de la vie matérielle. Et cependant je n'avais peut-être vu que la partie la moins hideuse des sentiments de ce trio misérable.

En effet, je n'avais vu passer jusque-là devant moi que le récit de crimes horribles, de catastrophes sanglantes, mais je vis bientôt agir quelque chose de plus révoltant encore: ce fut la passion avide luttant contre l'avarice; ce fut un spectacle repoussant que cette sœur marchandant à sa sœur son silence, que cette fille quêtant quelques écus à sa mère, que cette mère discutant le pain de sa fille qu'elle avait abandonnée, que cette sœur refusant à sa sœur l'héritage qu'elle avait reçu d'elle.

En écrivant ces pages, j'avais pris une résolution, c'était de ne les interrompre par aucune réflexion ; ce sont là de ces sales besognes qu'il faut accomplir jusqu'au bout sans s'arrêter, sans y réfléchir, le nez bouché, les yeux fermés, les oreilles closes ; sans cela, au premier moment d'arrêt on y renoncerait.

Eh bien ! ce courage que j'ai eu pour écrire toutes ces horreurs sanglantes, je ne me le sens pas pour dire cette dégradante discussion. Elle me révolta, elle me fit venir le dégoût aux lèvres, et je finis par dire à ces trois femmes :

— Arrangez-vous donc et finissez-en ; ou, à défaut de l'une de vous pour livrer les autres à la vindicte des lois, c'est moi qui me chargerai de vous y envoyer.

Un triple ricanement me répondit aussitôt :

— Ah ! oui, fit Justine, et vous direz ce que je vous ai raconté de votre père.

— Cela lui servira pour son avancement, dit la duchesse.

— Et il remerciera son fils d'avoir mis au jour l'histoire de ses bonnes fortunes, ajouta la marquise.

Je n'avais rien à répondre, et j'essayai de les laisser ensemble arrêter les dispositions qu'elles avaient à prendre ; mais la marquise me rappela.

— Oh ! me dit-elle, je ne suis pas la dupe des offres de ma chère sœur ; elle est toute prête, dit-elle, à me faire une obligation, ainsi qu'à sa fille.

— Que voulez-vous de plus l'une et l'autre ? fit la duchesse.

— Une obligation, reprit la marquise, n'est bonne que

pour quelqu'un qui peut la faire valoir, et s'il vous convenait demain de nier celle que vous allez contracter ce soir, est-moi, est-ce Justine qui irions la porter chez un huissier pour la faire reconnaître valable? Au nom de qui l'écririez-vous ? au nom de la marquise de Prémontré ? elle est morte ; au nom de Justine? elle est morte aussi, et s'il fallait faire reconnaître qu'elles vivent, que deviendraient-elles ? Non, Hélène... Avant qu'il soit dix heures, tu auras apporté ici cent mille écus d'abord, et tu auras signé au nom de monsieur Meylan une obligation du double.
— Je ne vous connais que pour ce qu'on dit de vous dans cette maison, jeune homme, mais j'aime mieux votre parole que tous les écrits de ma sœur. Si vous êtes un honnête homme, vous m'enverrez cet argent ; sinon le garder ce sera un vol, et un jour viendra où vous le payerez, comme chacun de nous paye maintenant tous ses crimes.

J'allais refuser, mais la duchesse exigea que j'acceptasse ; seulement, prétendant qu'il lui était impossible de trouver en si peu de temps une somme si forte que celle qu'on lui demandait immédiatement, elle la réduisit à cent mille francs, en offrant d'augmenter d'autant l'obligation.

Tout cela fut convenu, et par cette remarquable facilité de caractère qui, malgré mes répugnances instinctives, m'a toujours laissé m'engager dans les affaires où je n'avais pas d'intérêt pressant, j'acceptai d'être l'intermédiaire par lequel devait passer la restitution à faire par la duchesse à la marquise, et la somme d'argent qui devait assurer l'existence de Justine.

Cela fait, nous nous donnâmes rendez-vous, pour le matin même, à cinq heures.

Au moment où nous nous séparâmes, il était à peu près deux heures de la nuit.

Note de 1840, *à ma marraine.* — Comme je l'ai dit, à l'époque où j'écrivis ces tristes souvenirs, je n'avais pas voulu les interrompre par une seule réflexion ; de même aujourd'hui qu'ils doivent être lus par des yeux étrangers, je n'ai point voulu y mêler l'expression des sentiments qu'ils m'ont inspirés.

Dix fois en les lisant je me suis arrêté étonné, épouvanté, et comme si c'étaient là des choses dont je n'eusse pas la moindre idée ; je me demandais si c'était là une histoire véritable ou un roman.

Mais alors j'évoquais ces souvenirs, non pas dans l'écrit, qui me les rappelait mal, mais dans ma propre mémoire, et je m'assurais pour ainsi dire que j'avais vu et connu tous ces personnages ; qu'il y avait eu entre moi et quelques-uns d'entre eux des relations assez longues, et je me demandais comment il se peut faire que le cœur et l'esprit se referment pour ainsi dire sur de pareilles scènes, qu'on les voit, qu'on les entend, et que le premier étonnement, le premier effroi, la première horreur passée, on vit comme si tout cela n'avait pas existé.

Non, cela n'est pas vrai, on ne vit pas ainsi, on n'a pas l'indifférence que l'on se croit. Le venin jeté dans l'âme par ces horribles révélations l'empoisonne dans ses plus doux sentiments.

Vous me demanderez, madame, pourquoi je hais, pourquoi je méprise, pourquoi je soupçonne ; vous me demanderez pourquoi je prends dans un salon, contre une bégueule hypocrite, la défense d'une femme perdue ; c'est parce que, par exemple, si la femme perdue est madame de Prémontré, la bégueule hypocrite qui la condamne est peut-être madame de Frobental.

Vous me direz sans doute que je m'arme de l'argument des méchants, et que je fais comme Justine lorsqu'elle disait, pour justifier son crime : « Est-ce ma faute si j'ai tué, moi qui ai été élevée dans le meurtre ? »

Et c'est vrai, je fais comme elle ; je dis : Est-ce ma faute si je doute, si je déteste, si je méprise, moi dont les premières émotions de jeune homme ont été heurtées à de pareilles confidences, tiraillées par de si vils et de si infâmes intérêts ?

Eh bien, oui, je le dis, et je le dis tout haut : la cause des vices humains est dans l'exemple des vices qui les ont précédés.

» D'ailleurs, l'histoire n'est-elle pas là pour nous le démontrer ? A mesure que la société s'organise et par conséquent resserre ses relations, la corruption arrive, fermente et s'étend sur le corps social comme une lèpre hideuse. La marche de cette gangrène morale est quelquefois suspendue par les grandes catastrophes qui désorganisent les sociétés ; mais que la paix revienne, et elle regagnera bientôt tout le temps qu'elle a perdu dans ces violentes secousses.

Voilà vingt-six ans que la France est en pleine paix ; c'était toute une nouvelle génération d'hommes à préparer au grand travail de la reconstitution morale, rien ne semblait devoir gêner la marche des réformateurs. Eh bien, qu'est-il arrivé, je vous prie de le dire ?

On invente des systèmes pour moraliser les peuples, et tous commencent par l'abolition de tous les freins moraux. Où donc est maintenant le respect des fils pour les pères, des filles pour leurs mères, la solidarité des frères pour les sœurs ? Tout cela vit dans un étrange pêle-mêle où chacun se pardonne pour être pardonné.

Arrachez à toute famille le voile derrière lequel s'abrite son obscurité, et vous y trouverez tous les désordres...

Mais à quoi bon ces réflexions ? J'ai vu, j'ai appris, je raconte. Je n'ai à répondre à ceux qui crieraient au scandale que par cette proposition : « Osez dire que ce n'est pas vrai; et, si vous voulez me laisser entrer dans votre existence, je raconterai votre histoire, ou celle de votre père, ou celle de votre frère, ou celle de vos sœurs, ou de l'un des vôtres, et à la dixième ligne vous me demanderez grâce. »

XXXVIII

BONNES RÉVÉLATIONS INTERROMPUES PAR DE NOUVELLES CONFIDENCES

Lorsque j'eus quitté la chambre de Justine, je rentrai chez moi.

J'étais si fatigué, et, pour me servir d'un terme qui représente parfaitement l'état d'étourdissement où je me trouvais, j'étais si ahuri de tout ce que je venais d'entendre, si brisé, si incapable d'une réflexion, que je me jetai sur mon lit pour me reposer.

Toutefois, comme je devais retourner dans quelques heures chez Justine, j'éloignai le sommeil pour me donner audience à moi-même, afin de mettre un peu d'ordre dans mes idées et de régler un peu la conduite que j'aurais à tenir.

En effet, dans tout ce qui se passait autour de moi, j'étais volontiers comme le volant que de vigoureux joueurs se renvoient l'un à l'autre, mais qui doit finir par rester à terre comme un hochet inutile, tout meurtri et tout déplumé. C'était un rôle que je ne voulais plus jouer, et j'avais probablement trouvé le moyen d'en sortir, lorsque quelque chose de plus fort que ma volonté, quelque chose que l'homme ne compte presque jamais dans les arrangements de sa vie, la fatigue physique, fit taire l'agitation morale, et je m'endormis comme une souche sur ce lit où je devais tenir conseil avec moi-même.

Ce n'était là qu'un petit incident fort méprisable, mais il prendra toute la valeur d'un grand événement lorsqu'on saura que, au lieu d'être réveillé à cinq heures, du matin-comme je l'avais promis à la marquise et à Justine, je m'aperçus en ouvrant les yeux que le soleil du levant quittait déjà les bords de ma croisée et qu'il était près de onze heures. J'étais tout habillé, je me jetai en bas de mon lit et je montai chez ma voisine.

Je trouvai la porte ouverte et madame Dumesnil occupée à balayer un appartement à la fois vide de locataires et de meubles. Je m'informai de ce qu'étaient devenues Justine et la vieille.

— Ma foi, me répondit la portière, tout ça est parti ce matin, en compagnie de monsieur de Sainte-Mars et d'une vieille dame que je ne connais pas.

— Et l'on ne vous a rien laissé pour moi? dis-je à la portière; point de lettres? aucune recommandation?

— Rien, me répondit-elle; il n'a pas plus été question de vous que du Grand Turc.

On comprend qu'une pareille réponse dut me faire singulièrement déchoir de l'importance que je m'étais donnée dans toutes ces affaires.

J'ai dit combien il m'avait été désagréable jusque-là d'y être engagé malgré moi, et il semblait que je dusse me trouver très-heureux d'en être débarrassé. Mais par une contradiction assez ordinaire, je fus très-piqué d'avoir été ainsi mis de côté, et je rentrai chez moi bien décidé à ne pas me laisser jouer d'une façon si leste.

J'avais d'ailleurs deux points de rattachement fort graves pour moi, c'était ma dette envers monsieur de Sainte-Mars et ma dette envers la duchesse de Frobental; mais pour acquitter l'une et l'autre, je me trouvais absolument dans la même position que la veille, et cette fois je me résolus très-sérieusement à m'adresser à monsieur Bonsenne.

Toutefois, je ne pus pas mettre ma bonne résolution entièrement à profit, et, grâce à mon caractère aussi vaniteux que timide, je pris un moyen terme entre la mauvaise honte qui m'avait empêché de lui parler la veille et le courage que je m'étais donné ce jour-là ; au lieu d'aller le voir, je lui écrivis.

J'avais à peine fini ma lettre, et je me préparais à sortir pour la lui porter, lorsque je vis entrer chez moi le vieux monsieur de Favreuse. Il avait l'air railleur qui lui était habituel, et il me dit en entrant :

— Êtes-vous bien pressé de sortir? Je venais vous demander à déjeuner, car nous avons à causer longement de choses très-sérieuses.

Ceci me remettait en scène dans le grand drame qui menaçait de se dénouer sans moi ; mon rôle reprenait de l'importance, et je m'empressai de répondre que j'étais trop heureux de recevoir monsieur le comte de Favreuse et d'entendre tout ce qu'il aurait à me dire.

Je descendis pour commander un déjeuner dans le café voisin, et en passant je donnai ma lettre au commissionnaire Guillotin pour qu'il eût à la remettre chez monsieur Bonsenne.

Lorsque je remontai, je trouvai le vieux comte qui feuilletait d'un doigt dédaigneux le Code annoté que je laissais invariablement ouvert sur ma table, pour témoigner d'une étude dont j'eusse été fort embarrassé de donner d'autres preuves.

— On vous fait apprendre ces choses-là, dit le comte au moment où j'entrais ; c'est une singulière instruction que celle qu'on donne aux jeunes gens de notre époque : il n'y a pas un père de famille qui ne dise que l'éducation de son fils est incomplète s'il n'a pas fait son droit, c'est-à-dire s'il n'a pas appris la manière de défendre son bien *per fas et nefas*, quand il en a ; et la façon de s'emparer du bien d'autrui, quand il n'en a pas.

Je n'étais pas très-amoureux du droit, mais je n'aimais pas non plus à laisser railler l'occupation à laquelle j'étais censé me livrer. D'ailleurs, il est assez de ma nature de n'être pas de l'avis de celui qui parle. Je répondis à monsieur de Favreuse par une dissertation sur le mérite de la loi, sur l'avantage de l'homme qui la connaît parfaitement et qui s'en sert, non pas pour l'éluder, mais pour la suivre exactement. Je fis enfin de ce pathos avec lequel l'*opposition* a fait pendant plus de quinze ans des articles de journaux.

Monsieur de Favreuse m'écouta avec cette patience polie et perfide qui laisse un homme s'empêtrer dans une suite de raisonnements auxquels il ne croit pas.

Quand j'eus fini, ou plutôt quand je me fus tellement embrouillé que je ne savais plus que dire, monsieur de Favreuse me répondit :

— Vous ne pensez pas un mot de ce que vous dites, mon cher ami. Je n'invoquerai pas mes cheveux blancs pour vous parler comme je le fais, attendu que les cheveux blancs n'ont plus de majesté quand ils sont poudrés comme les miens ; mais voilà quelque soixante ans passés que je suis de ce monde, et cela m'a donné une expérience que je desire fort mettre à votre service. Voulez-vous m'en croire ? habituez-vous de bonne heure à être vrai, du moins vis-à-vis de vous-même, à vivre et à parler en vertu des sentiments que vous avez dans le cœur, et vous y gagnerez d'être beaucoup plus sage que vous ne le seriez autrement.

Je voulus prendre le petit ton léger de monsieur de Favreuse, et cherchant à dandiner ma phrase comme lui, je répondis en parlant aussi du bout des lèvres :

— Est-ce pour me donner seulement des conseils de cette nature que vous m'avez fait l'honneur de me rendre visite ?

— Ces conseils, dit le comte en souriant, seront un excellent préambule à ce que je puis avoir à vous dire de plus sérieux. Mon cher ami, l'homme qui fait semblant d'adorer ses devoirs et qui y ment tous les jours commet deux crimes au lieu d'un. Ainsi, pour prendre l'exemple que nous avons sous la main, vous venez de me vanter l'étude des lois, et vous ne vous en occupez pas du tout. Si vous la méprisiez comme moi, vous agiriez en vertu de vos opinions, et il n'y a rien de plus honorable au monde ; mais vous dites que vous estimez cette étude, et cependant vous la négligez, c'est presque de l'apostasie.

— C'est tout au plus de la paresse, répondis-je à monsieur de Favreuse.

— Vous n'êtes point paresseux, me dit-il ; seulement vous aimez mieux autre chose que ce qu'on vous fait faire, et en cela vous avez raison. Mais j'en reviens à ce que je vous disais d'abord, et je prends acte de l'exemple que je viens de vous donner pour vous conseiller de juger et de parler toujours selon vous-même, et non pas en raison d'une morale toute faite et en laquelle vous ne croyez pas. Ainsi vous avez été témoin depuis quelques jours de choses contre lesquelles vous n'auriez pas assez de mépris et d'exécration si elles vous étaient tout à fait étrangères, et que vous ne craindriez pas de qualifier des plus vilains mots si vous n'aviez pas un petit intérêt à être indulgent...

Je compris parfaitement l'allusion de monsieur de Favreuse, mais je me gardai de lui montrer qu'elle avait porté, et je répondis :

— Puisque vous abordez ce sujet, je vous dirai ce que j'en pense, et j'userai de la méthode que vous venez de m'indiquer, en jugeant selon mes vraies opinions. Jamais je n'aurais imaginé que le monde pût cacher de si honteuses turpitudes ; et en parlant de l'exécration et du mépris qu'elles m'inspirent, vous avez trouvé les mots justes que j'aurais craint peut-être de prononcer devant vous.

Malgré son assurance moqueuse, le comte parut contrarié de la rude franchise de ma réponse, et il me dit d'un ton assez sec :

— Laissons pour un moment ce sujet, et puisque voilà le déjeuner qui arrive, mettons-nous à table, je ne suis pas fâché d'avoir un morceau sous la dent lorsque je parle de certaines choses.

Ce ne fut que bien longtemps après que je découvris que cette petite phrase, que je trouvai fort ridicule, et qui me sembla un reste de ces vieilles prétentions qui tenaient encore aux petites folichonneries du temps de Louis XV ; ce ne fut que longtemps après, dis-je, que je découvris que c'était là une précaution admirable de monsieur de Favreuse.

L'homme qui mange en parlant est presque toujours sûr de ce qu'il dit. Lorsqu'il est embarrassé par une question pressante, il avale une bouchée, ou boit lentement au besoin ; il mâchonne sa phrase d'une manière inintelligible, et se donne toujours le temps de réfléchir à ce qu'il doit répondre, il pèse chaque mot avant de le laisser échapper : tout cela de l'air le plus naturel du monde, et sans qu'on soit averti de l'embarras qu'il éprouve.

Nous nous assîmes, et au bout de quelques instants, monsieur de Favreuse me dit :

— Vous avez rencontré chez ma nièce... — et j'appelle la duchesse de Frobental ma nièce, quoique je ne sois que le cousin germain de son père ; dans ma jeunesse on appelait cela un oncle à la mode de Bretagne ; mais maintenant qu'il n'y a plus d'autre mode que celle du Code Napoléon, le plus incivil de tous les codes, je devrais l'appeler ma cousine... mais, ajouta-t-il avec ce clignement d'yeux et ce sourire qui donnaient à ses paroles une impertinence qu'elles n'avaient pas par elles-mêmes, vous pardonnerez à un vieillard de garder d'anciennes habitudes qui ne blessent personne, à moins que votre science de légiste ne puisse pas les supporter...

— Parlez comme il vous conviendra, monsieur le comte, lui dis-je; je tâcherai de vous comprendre de mon mieux.

— Eh bien, reprit-il, vous avez rencontré chez ma nièce une personne qui habite cette maison, madame Deslaurières.

— Oui, monsieur.

— Que vous semble de cette dame?

J'étais horriblement humilié des façons de monsieur de Favreuse, et je ne voulus pas lui donner l'avantage de s'armer de mes paroles contre moi ; aussi lui répondis-je très-froidement :

— Monsieur, il ne m'en semble rien.

— Comment! reprit le comte, un jeune homme comme vous, fort inflammable, à ce que je puis croire, est resté une heure à causer avec une jolie femme sur le canapé d'un salon, il l'a accompagnée dans un fiacre dont les stores étaient baissés, sans s'être fait une opinion à son sujet? Cela est très-étonnant.

— C'est pourtant ainsi, dis-je à monsieur de Favreuse.

Il s'arrêta à cette réponse, me regarda en face et reprit:

— Écoutez, mon cher monsieur, je vous ai conseillé de parler et d'agir, dans toutes les occasions de la vie, selon vos sentiments bons ou mauvais ; il est possible que ce conseil vous paraisse stupide, mais je vous prie de le suivre au moins pendant trois heures : c'est à peu près le temps que nous avons à causer ensemble. Sans cela, nous n'arriverons à rien de bon, ni pour vous, ni pour moi. Et d'abord je commence par vous déclarer que j'ai besoin de vous, et ensuite que vous avez besoin de moi, le tout sans vous en douter... Or quand je vous demande ce que vous pensez de madame Deslaurières, vous me répondez que vous n'en pensez rien, et je sais, moi, que vous en pensez beaucoup de mal.

— Et quand cela serait vrai, monsieur ?

— Cela est vrai. Supposez que vous me l'avez dit ; alors je vous réponds que j'en pense beaucoup de bien.

— Cela dépend de la façon dont on considère les choses, et si je m'en rapporte à ce que je crois avoir deviné de vos opinions en fait de morale, je ne m'étonne point de l'estime que vous faites de madame Deslaurières.

— Eh bien, jeune homme, soyons francs : de quel crime l'accusez-vous ?

— Mais je ne l'accuse d'aucun crime, moi, monsieur.

— Oh là là ! reprit le comte en se jetant au fond de son fauteuil, nous recommençons toujours le même jeu ; il faudra que nous passions huit jours à discutailler si nous procédons ainsi, et je ne vois qu'un bon moyen de me tirer de là, c'est de parler pour vous et pour moi. Je dis pour moi — que je pense beaucoup de bien de madame Deslaurières ; je dis pour vous — que vous la croyez une... vous devinez le mot. Je vous réponds — que ce n'est pas vrai ; vous me dites — que cela vous est fort égal ; je vous réplique — que cela ne me l'est pas, à moi, et que je veux sauver cette femme qui, sans cela, peut être perdue sans retour, car elle est déjà assez compromise pour ne trouver appui et protection de personne. Il ne faut donc pas que les gens qui la connaissent et l'aiment lui manquent ; or je la connais et je l'aime, je veux la protéger, et j'ai besoin de vous pour cela. En retour du service que je vous demande, je vous en rendrai un non moins important si vous acceptez.

Tout ceci me paraît clair, précis et loyalement posé. Vous va-t-il de traiter de cette manière? Si cela vous va, dites-moi nettement *oui;* si cela ne vous va pas, dites-moi *non*. Mais si vous vous décidez à me dire *oui*, ne vous amusez pas, je vous en supplie, à faire de petites finesses; et si dures que puissent être les objections que vous avez à me faire, faites-les-moi tout droit; nous arriverons au moins ainsi à une conclusion.

— Eh bien, monsieur, dis-je à monsieur de Favreuse, puisque vous m'engagez à vous parler nettement, je vous dirai qu'il me répugne extrêmement de me mêler des affaires d'une femme aussi perdue que l'est madame Deslaurières.

— Voilà qui est catégorique, dit monsieur de Favreuse avec un petit sourire railleur; il vous répugne de vous mêler des affaires de madame Deslaurières, mais vous vous en mêlerez probablement si je vous démontre la nécessité où vous êtes de le faire.

— Je serais curieux d'apprendre, dis-je à monsieur de Favreuse, comment je suis dans une pareille nécessité.

Ce fut à ce moment que la précaution prise par le vieux comte, de déjeuner pendant notre explication, le servit à merveille. Il resta un moment silencieux, fort occupé de la tournure qu'il allait donner à sa réponse; puis, comme s'il avait pris une résolution héroïque, il me jeta tout à coup cette phrase à la tête :

— Mon cher monsieur, vous êtes un homme perdu sous quarante-huit heures, si je ne vous prends pas sous ma protection!... Il y a de par le monde une femme qui s'appelle madame de Frobental, sur le compte de laquelle vous avez appris trop de choses pour qu'elle ne vous fasse pas une très-mauvaise affaire pour se débarrasser de vous ; mais, comme vous pouvez m'être utile, je me charge de contrecarrer les mauvais desseins de ma nièce, à moins que vous ne refusiez de me servir, auquel cas je vous laisse tout à fait à sa disposition, et vous verrez ce qui vous en arrivera... Voilà encore une fois qui est clair et positif.

— Eh bien, monsieur, dis-je à monsieur de Favreuse, voilà qui est encore non moins clair et non moins positif : Je n'ai aucune peur des mauvais desseins de madame de Frobental, et cela précisément à cause de ce que je sais sur elle ; je n'ai donc pas besoin de votre protection, et par conséquent je ne suis pas dans la nécessité de vous aider dans vos vertueux desseins au sujet de madame Deslaurières.

— Mon bon ami, fit monsieur de Favreuse de l'air le plus indifférent du monde, vous êtes un idiot.

— Monsieur ! m'écriai-je avec une fureur chevaleresque.

— Vous êtes un idiot, reprit-il très-froidement, et voici pourquoi : Il y a quelques heures, à quelques pieds au-dessus de vous, deux femmes qui en savaient bien plus que vous sur le compte de madame de Frobental, et qui de plus avaient en main la preuve de ce qu'elles auraient pu dire, ces deux femmes ont disparu ; à l'heure qu'il est, je vous défie de les découvrir dans tout Paris ; et si vous les rencontriez jamais, et que vous voulussiez invoquer leur témoignage pour soutenir vos assertions, elles vous répondraient tranquillement qu'elles ne vous connaissent pas et que vous en avez menti...

Voulez-vous que je vous donne une preuve de ce que peut madame de Frobental (et je compte dans la puissance d'un esprit supérieur de savoir céder à propos) ? voulez-vous cette preuve ? Eh bien, monsieur, venez dans quinze jours dans l'église Saint-Philippe du Roule, et vous y verrez célébrer le mariage de monsieur de Sainte-Mars avec mademoiselle de Frobental.

Je ne pus retenir une exclamation d'étonnement, et monsieur de Favreuse reprit aussitôt :

— Vous savez quelles étaient les prétentions du comte, de quelles armes il voulait se servir pour arriver à son but? Eh bien! monsieur, pendant les quelques heures où vous avez si paisiblement dormi, tous ces intérêts ont été arrangés à l'amiable, et la paix a été faite sur les ruines de tous les droits et de toutes les espérances de madame de Prémontré et de Justine... Je vous dirai plus tard comment tout cela s'est passé; mais ce qu'il faut que vous sachiez tout de suite, c'est que l'on n'a pas pu s'entendre avec le petit duc de Frobental, qu'on avait espéré réduire par le moyen de monsieur le ministre de la guerre, lequel s'est fait maintenant son premier protecteur.

— Vraiment? m'écriai-je.

— Oui, vraiment. Son Excellence ne sévira contre le petit duc qu'à certaines conditions : or madame Deslaurières se trouve comprise dans les conditions de Son Excellence, et il ne me plaît pas, à moi, qu'elle soit ainsi sacrifiée.

J'écoutais monsieur de Favreuse d'un air tout à fait ébahi, et je lui dis :

— En vérité, monsieur, j'avoue mon impuissance à comprendre de pareilles intrigues, et je serais tout prêt à me mettre à vos ordres pour combattre les mauvais desseins de madame de Frobental, si, d'une part, je pouvais comprendre l'intérêt que vous inspire madame Deslaurières, et si, d'une autre part, je devinais en quoi et comment je puis vous être utile.

— Si c'est là ce qui vous arrête, mon jeune ami, dit monsieur de Favreuse, je me charge d'éclairer votre religion à ce sujet; seulement, au lieu d user une heure, nous en causerons cinq ou six; à moins, ajouta-t-il, comme s'il ne pouvait s'empêcher de mettre une raillerie au bout de toutes ses phrases, que vous ne soyez appelé loin de chez vous par vos études de droit.

— Je vous parle sérieusement, lui dis-je, je vous écouterai sérieusement.

— Eh bien, reprit-il, je serai sérieux à ma façon. Écoutez-moi, et vous verrez que je ne vous demande rien que vous ne deviez et que vous ne puissiez faire, rien même qui ne vous soit très-utile.

———

Puisque je livre ce manuscrit aux chances de la publicité, il est nécessaire que j'explique mieux que je ne l'ai fait jusqu'à ce moment le caractère de ceux qui m'ont fait ces récits. Les événements de la vie de Justine expliquent suffisamment, du moins je le pense, la brutalité et l'incohérence de ses confidences; mais je ne puis laisser au long récit de monsieur de Favreuse le soin de sa propre justification.

En effet, il est possible que les théories de cet esprit sceptique et corrompu étonnent si fort ceux qui liront ces mémoires, qu'ils attribuent à une fantaisie de celui qui les a écrits les façons de voir de cet homme.

Monsieur de Favreuse, fort dédaigneux des principes les plus consacrés de la morale usuelle, avait sur certains objets une religion particulière. Fort peu soucieux de ce qu'on appelle vulgairement l'honneur des hommes et des femmes, il se faisait des devoirs sévères à l'égard des choses pour lesquelles on a volontiers beaucoup d'indifférence.

Ennemi des idées passées à l'état de constitution sociale par la Révolution de 89, il avait des théories de liberté qui eussent épouvanté les esprits les plus *libéraux*, pour me servir des mots de l'époque dont je parle.

Je viens de le qualifier d'esprit sceptique, et je m'aperçois que je me suis trompé, en ce sens qu'il avait des opinions parfaitement arrêtées sur tout; seulement il croyait autre chose que ce qu'on croit généralement. Il doutait, il est vrai, de la vertu, mais il ne doutait jamais du vice, excepté quand un homme se vantait d'une mauvaise action. A ce sujet, son grand principe était qu'on ne se vante que de ce dont on est incapable.

« On n'a de prétention, disait-il, qu'à être ce qu'on n'est pas. »

Assurément je ne veux justifier ni les opinions ni les aphorismes de monsieur de Favreuse, j'avertis seulement du caractère de l'homme qui les émettait. Si maintenant j'essayais d'expliquer ce caractère, je dirais que c'est là une des créations qui appartiennent bien plus à la société qu'à la nature.

Un pareil homme ne naît point avec une de ces prédestinations qui dépendent d'une organisation fortement arrêtée.

Ce n'était pas un de ces hommes qui, indépendamment des choses et des circonstances au milieu desquelles ils vivent, vont au but que leur marquent des penchants décidés; ce n'était pas un homme qui, persévérant dans la foi religieuse sociale ou politique qu'il a adoptée, fait tout incliner devant le culte auquel il a voué sa vie; non, monsieur de Favreuse n'était point de cette trempe.

Monsieur de Favreuse était au contraire une de ces organisations molles et indifférentes qui ne se passionnent pour rien, et qui cependant prennent leur part de tout.

Dans des esprits ainsi faits, chaque chose laisse sa trace, chaque émotion son souvenir, chaque déception son levain, chaque expérience sa leçon : traces qui se croisent, souvenirs qui se contrarient, levains qui fermentent et se détruisent les uns les autres, leçons qui se contredisent sans cesse. Il en résulte un caractère qui, fatigué d'être perpétuellement en doute, ne prend plus rien au sérieux, à moins qu'une grande passion n'ait laissé dans le cœur de cet homme une trace plus profonde, un souvenir mieux gravé, un levain plus puissant, une leçon qui parle plus haut que toutes les autres.

Cette passion devient alors la seule chose que cet homme respecte, et c'est ce qui était arrivé à monsieur de Favreuse, comme on pourra le voir par le récit qu'il me fit. Un seul devoir, un seul fait, un seul serment lui était sacré; il faisait bon marché de tout le reste.

Qu'on veuille donc bien lire ce qui va suivre avec le souvenir de ce que je viens de dire, et on s'expliquera peut-être cette incohérence d'opinions, ce chaos de principes opposés jeté à travers cette narration, et partant cependant de la même bouche.

Et maintenant, voici le récit de monsieur de Favreuse, tel que je l'entendis en 1821, tel que je l'écrivis en 1829, tel que je viens de le relire en 1840.

FIN DU PREMIER VOLUME

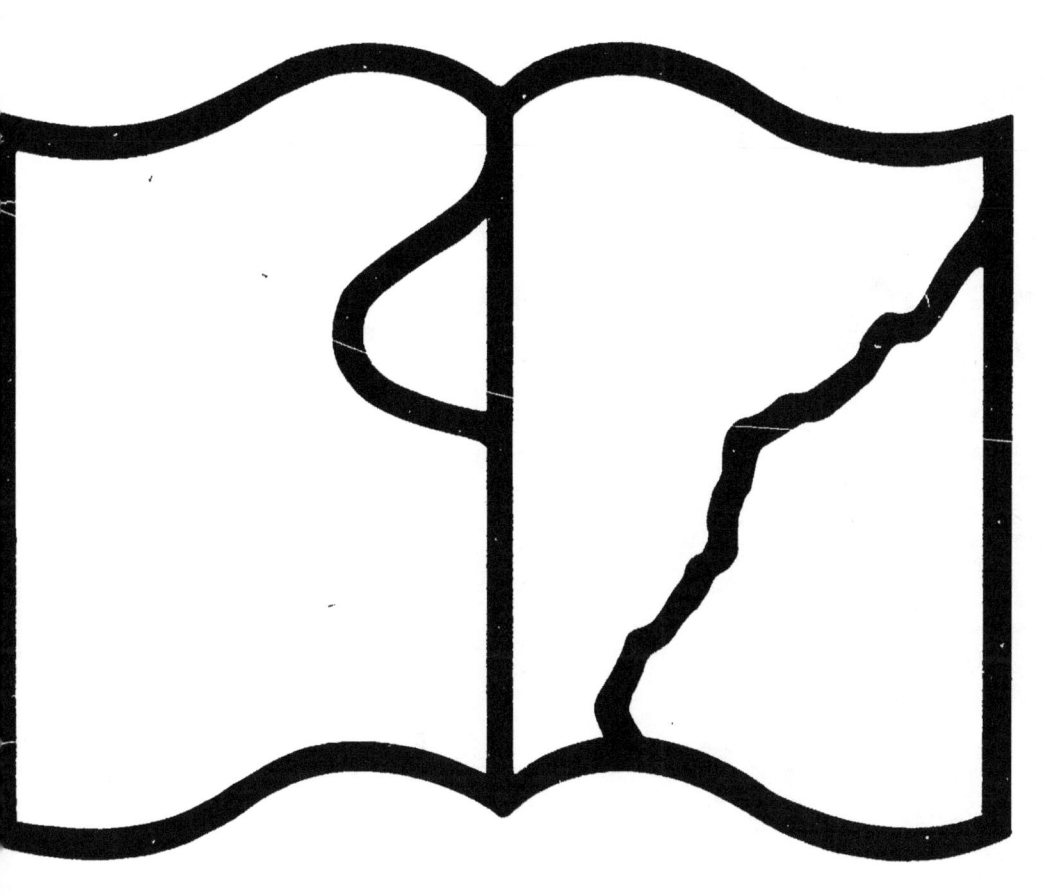

www.ingramcontent.com/pod-product-compliance
Lightning Source LLC
Chambersburg PA
CBHW060053190426
43201CB00034B/1490